陪伴·体验·支持

以『学习故事』助推教师专业成长

顾春华 主编

华东师范大学出版社·上海

图书在版编目（CIP）数据

陪伴·体验·支持：以"学习故事"助推教师专业成长/顾春华主编. —上海：华东师范大学出版社，2021

ISBN 978-7-5760-1612-3

Ⅰ. ①陪… Ⅱ. ①顾… Ⅲ. ①学前教育—教学研究 Ⅳ. ①G612

中国版本图书馆CIP数据核字（2021）第064765号

陪伴·体验·支持：以"学习故事"助推教师专业成长

主　　编　顾春华
策划编辑　彭呈军
责任编辑　朱小钗
特约审读　朱美玲
责任校对　邱红穗　时东明
版式设计　刘怡霖
封面设计　经蕙宁

出版发行　华东师范大学出版社
社　　址　上海市中山北路3663号　邮编 200062
网　　址　www.ecnupress.com.cn
电　　话　021-60821666　行政传真 021-62572105
客服电话　021-62865537　门市（邮购）电话 021-62869887
地　　址　上海市中山北路3663号华东师范大学校内先锋路口
网　　店　http://hdsdcbs.tmall.com/

印 刷 者　杭州名典古籍印务有限公司
开　　本　787×1092　16开
印　　张　18.5
字　　数　295千字
版　　次　2021年5月第1版
印　　次　2021年5月第1次
书　　号　ISBN 978-7-5760-1612-3
定　　价　58.00元

出 版 人　王　焰

本书编委会

主编　顾春华

编委　沈　英　吴丹时　倪尤霞　方　丹

　　　　倪　华　周　萍　马京华

前　言

和孩子一起成长

曾经看过一篇散文《牵一只蜗牛去散步》：上帝给我一个任务，叫我牵一只蜗牛去散步，在和蜗牛散步的过程中，我听到鸟叫，听到虫鸣，看到满天的星斗，直至后来幡然醒悟：莫非我错了，是一只蜗牛牵我去散步。孩子就是那只蜗牛，每次爬行都留下属于自己努力和成长的印记。作者的心路转变像极了这几年沉浸在孩子“学习故事”中的我们，陪着“蜗牛”一起散步的过程，也是我们感受惊喜、收获成长的美妙时刻。

2012年，中国教育部正式颁布了《3—6岁儿童学习与发展指南》，一次偶然的机会，听到了新西兰卡尔教授来上海作报告，第一次接触了“新西兰的学习故事”，就被他们“相信儿童是有能力的、自信的学习者与沟通者”的理念所触动。在这之前，我一直认为儿童是需要成人教的，儿童是知识的被传授者和接受者。那一刻，我不禁开始问自己：儿童是谁？儿童怎样学习？教师又该做什么？于是，“学习故事”到底是什么的好奇心驱使我走近儿童，走近教师，走近学习故事。

“学习故事”是一种用来记录、评价和支持儿童学习的方式。自2016年始，带着对孩子主动发展和教师专业成长的双重期待，我们在华东师大专家团队引领下开展“从‘学习故事’走向专业成长——促进教师理解和支持儿童学习的行动研究”。

研究伊始，我们也走过不少的弯路：混淆“案例”和“学习故事”的概念，混淆老师的“教”和孩子的“学”的价值取向。研究从一开始的只聚焦在幼儿数学活动和个别化学习中的学习故事拓展到从幼儿一日生活的各个环节中去发现“精彩时刻”……我一直相信一句话：孩子往前奔跑，不是因为后面有老虎在追，而是因为前面有蝴蝶在飞。而我们，竭力去做助力蝴蝶向前飞的那阵风，引领着孩子收获沿途的风景。在学习故事的陪伴中，我们和孩子们一起共同学习、共同欣赏、共同思考、共同成长……在此分享我们课程建设过程中的三点心得。

“看”和“看懂”：每一个生活环节都蕴含着丰富的教育契机，我们愿意“看”并“看懂”儿童，了解孩子的内心世界，理解孩子、充分尊重幼儿，成为孩子成长道路上有力的支持者、引导者，让孩子成为积极、主动、真正的学习者。

“金子”和“淘金者”：每个孩子都是独一无二的“金子”，“淘金者”要做的就是要将“金子”挖出来，滤去表面的沙子，让更多的“金子”熠熠发光。教师要善于观察、善于发现、善于思考，追随孩子的脚步，捕捉孩子不寻常的时刻，敏锐地关注幼儿的闪光点。

“学校”和“家庭”：在和家长分享孩子的“哇”时刻之后，家长感叹于孩子的无限潜力，也尝试着行动起来，有目的、有意识地观察，重新认识儿童、发现孩子自己的力量，家庭成为了我们幼儿园教育力量的有力组成部分。

三年的实践中，孩子学习态度趋于积极、学习能力逐渐增强、学习效率逐步提高。老师正确的专业理念、丰富的专业知识、持续生长的专业能力也正在成形：老师们撰写学习故事的方法日趋成熟；我们总结梳理出教师观察、理解、判断、支持幼儿的专业核心要素；提炼学习故事促进教师理解与支持幼儿的策略；积累诸多优秀儿童“学习故事”案例和教师专业成长故事案例。课题负责人顾春华园长的文章“以‘学习故事’助推教师专业成长”“和儿童一起成长——基于儿童视角的反思性课程实践与研究”分别于2016、2017学年在上海市奉贤区暑期校、园长培训会议上进行交流汇报。

课题研究进程中，我们的教师先破后立，借助“学习故事”在观察、解读、回应中不断强化自身的核心专业素养，持续自我更新、专业成长。对于我们而言，教师的专业知识、专业技能、专业情怀是培养儿童核心素养的前提，也是影响幼儿教育质量的关键因素。我们做的所有其实就是为儿童提供更自由、更有利于自主探究、更能激发儿童自我效能感的学习环境，激发儿童学习的兴趣，帮助他们独立地摸索、探索不断反复和优化的过程，让儿童在自主学习中找到快乐、得到满足、积累经验，同时更新教师教育观念，促进教师更好地理解和支持儿童的学习，提升教师专业水平，获得儿童发展和教师成长的双赢。

在此，真诚感谢华东师范大学黄瑾教授和她的研究团队，上海市劳动模范、特级教师郭宗莉老师，上海市特级教师徐苗郎老师等专家在项目理论、实践、研究反思中给予我们的支持与帮助。在大家的期望中，我们和孩子肩并肩，和孩子一起成长……正如歌曲《蜗牛》里唱的那样：我要一步一步向上爬，等待阳光静静看着它的脸，小小的天有大大的梦想，我有属于我的天！

顾春华

2021年3月于上海

序　一

观察是早期教育领域倡导的一种儿童发展评价方法。它通过搜集儿童个体的多种信息，聚焦儿童学习与发展，帮助教师反思和优化课程设计。在当前教育改革之教师专业能力的提升中，观察和评价尤为重要。

"学习故事"，也称为"叙事性评价"，是通过对儿童在真实情境中的行为的连续性描述来展示儿童的学习与发展状况，展示学习与情景的多方面联系，强调对儿童的学习与发展的全面和整体的观察和评价方法，该评价方法在教师作为评价主体的研究和实践中，近年来已经逐渐从边缘走向了中心，它为教师更好地聚焦和理解儿童的学习，体验儿童作为主体的学习经历并思考如何有效地给予支持带来了有益的思考。

由顾春华老师主编的《陪伴 · 体验 · 支持：以"学习故事"助推教师专业成长》一书正是以此为题探索其实践路径和方法策略的又一成果分享。该书通过对"学习故事"的国内外相关文献整理，系统地介绍了"学习故事"的定义、特点、理论基础、评估模式、评价方法等相关研究，基于对教师观察、解读、评价儿童能力的现状调研，针对其中存在的问题，尝试结合以"学习故事"为介入载体，来寻找促进教师理解和支持幼儿学习的有效路径，并以此展开行动研究。可以看出，幼儿园教师在"学习故事"的教育实践中更新了教育理念，充实了专业知识，逐步掌握了撰写"学习故事"的方法，也带动实现了教师个体专业素养的提升和专业能力的发展。该书的学术和应用价值主要有以下三点：

第一，帮助教师实现从"教师视角"向"儿童视角"的转向。"学习故事"的亲历，让教师沉下心来走近儿童，聆听儿童的声音，体验儿童的经历，发现儿童的学习……在幼儿园课程改革的大背景下，国家《3—6岁儿童学习与发展指南》提出的“关注幼儿学习与发展的整体性、尊重幼儿发展的个体差异、理解幼儿的学习方式和特点、重视幼儿的学习品质”这一要求对教师的专业性提出了更高的诉求，要求教师在教育观、课程观的方面形成转变，即教师应根据幼儿的兴趣生成课程和活动，而生成的前提是对儿童学习需要和发展特点的捕捉与发现，它要求教师将活动和教育的关注点转向儿童，关注儿童、研读儿童、理解儿童，“学习故事”的探索正是帮助教师实现这一转向的重要突破点。

第二，帮助教师成为“教育现场”中灵敏的反思者。在幼儿一日生活中的47则“学习故事”案例记录，还原了真实的幼儿“学习现场”。在这个现场中，教师都秉持着这样的信念：“相信每一位儿童都是有能力的主动学习者”。在“学习故事”实践运用中所突出的三个重点“注意”“识别”和“回应”，正好也对应了教师专业成长核心要素中的“观察”“理解”和“支持”。在行动研究的过程中教师们也逐渐意识到他们撰写“学习故事”的最终目的并不是检查幼儿的发展，而是更好地促进幼儿的发展。“学习故事”的运用加深了教师对幼儿学习成长、互动对话等多方面的观察和理解，使教师自觉地进入了“反思者”的角色之中，即由“教育现场”的情景分析和“聆听儿童”，进一步促进了教师对其教育教学行为的自我反思和调整优化。

第三，帮助教师在研修共同体中经历成长和蜕变。本书所呈现的成果是幼儿园推进教师专业成长的行动研究之路，书中所记录的教师专业成长故事案例，展现了每一位教师通过借助“学习故事”发现和理解儿童学习，使自身不断在“反思中实践，实践后再反思……”的良性循环中走向专业成长的过程。这个过程中，教师将“实践性知识”加以激活、评判、验证和发展，并使之升华为个人的朴素教育实践理论。同时，该研究所总结的通过“学习故事”助推教师专业成长的路径、原则和策略，也从实践层面为幼儿园更好地促进教师加强“儿童视角”，提升专业智慧的成长环境支持和策略运用提供了有价值的经验分享和借鉴启示。

华东师范大学　黄　瑾
2021年3月10日

序　二

党的十八大以来，习近平总书记站在党和国家事业发展薪火相传、后继有人的战略高度，为新时代教师队伍建设指明前进方向，提出要努力造就适应新时代要求的高素质专业化创新型教师队伍，为加快推进教育现代化、建设教育强国、办好人民满意教育不懈努力。

在深入推进区域教育综合改革中，奉贤区教育局在区委区政府的领导下把优秀师资作为教育发展第一资源，把“贤师”队伍建设摆在优先发展位置，创新推进全员岗位聘任、乡镇教师支持计划、卓越教师培养工程，在实践中探索出了长期有效的工作机制。除此之外，教师队伍专业化水平的提升也离不开教师自身的主观能动性，因为教育是一门实践科学，学习、实践、反思循环往复，是提升专业性的重要途径。

近日，中共中央、国务院印发了《深化新时代教育评价改革总体方案》，这是新中国第一个关于教育评价改革的系统性文件。提倡用开放、超前、辩证的思维来改革目前的教育评价，少用“应试性”评价、“终结性”评价、“单一性”评价，多用“激励性”评价、“发展性”评价、“多元性”评价。

“学习故事”是一套由来自新西兰的明确教育观引领的学习评价体系，在被引介入我国之后，受到中国幼教界的高度关注。其一系列观点，充分与《3—6岁儿童学习与发展指南》中所提倡的理念相符，也与教育评价改革的思想不谋而合。以往我们对儿童学习发展的教育评价总是以“不足”“差距”呈现，继而思考如何给他们“补缺”，但“学习故事”在儿童是“有能力、有自信的学习者和沟通者”这一儿童观的引领下，倡导发现儿童的优点、兴趣，继而评价与支持儿童的学习。

在华东师范大学专家学者的指导下，解放路幼儿园顾春华园长主编的《陪伴 · 体验 · 支持：以“学习故事”助推教师专业成长》，述说了“学习故事”在幼儿园的真实实践，呈现了教师的成长蜕变，以及革新理念后如何对儿童的发展进行更有效的评价，进一步理解与支持儿童的策略。实践“学习故事”不仅仅为儿童未来的学习生活带来积极深远的影响，也促进了教师的专业学习与发展，亦推动了幼儿园的前进齿轮。

本书记录了默默耕耘在奉贤学前教育园地的一线教师们对于教育改革的大胆创新实践，她们以变革的思维方式、实事求是的践行精神为我们的儿童适应未来复杂多变的全球环境，探索建设更符合国情的学前教育价值体系而不断攻坚克难。我们都有一个共同的目标，让每位儿童走好人生的每一步。走进新时代，我们也期待，为每一个学生的新时代新成长创设最适合的品质教育。

上海市奉贤区教育局局长　施文龙

2021年3月21日

目 录

理论篇 “从‘学习故事’走向专业成长——促进教师理解和支持儿童学习的行动研究”研究报告

实践篇　47则“学习故事”实例记录

理论篇　“从‘学习故事’走向专业成长——促进教师理解和支持儿童学习的行动研究”研究报告

【摘要】“学习故事”是一种运用叙事的形式对幼儿的学习与发展进行评价的方式，它有助于提高教师观察、解读、支持幼儿的能力，支持和促进幼儿的学习与发展。本次研究采用了文献研究法、调查法、经验总结法、行动研究法、叙事研究法、文本分析法相结合的方法，开展了历时三年多的研究。研究的主要成果有：调查分析了教师在“学习故事”运用初期观察现状；梳理了“学习故事”促进教师专业发展的内涵；总结了教师观察、理解、判断、支持幼儿的专业核心要素；提炼了“学习故事”促进教师理解与支持幼儿的策略；通过研究，为儿童提供更自由、更有利于自主探究、更能激发儿童自我效能感的学习环境，同时更新教师教育观念，促进教师更好地理解和支持儿童的学习，提升教师专业水平。

【关键词】学习故事　教师理解和支持儿童学习　教师专业成长

第一章 研究背景

第一节 问题的提出

《3—6岁儿童学习与发展指南》提出“关注幼儿学习与发展的整体性、尊重幼儿发展的个体差异、理解幼儿的学习方式和特点、重视幼儿的学习品质”。这一指引学前教育内涵发展的要求对幼儿园教师的专业化发展提出了新的挑战和诉求，它要求幼儿园教师能在幼儿园生活和活动的真实情景中充分尊重与理解儿童；能善于观察和评价儿童的行为表现，并以此作为幼儿园活动计划和课程设计的依据；能支持儿童个体的发展和学习。因此，促进每一个教师专业的发展和提升已经成为新时期课程改革和幼儿园内涵建设的重中之重。

新西兰“学习故事”的叙事性儿童学习评价体系把儿童视为“有能力、有自信的学习者和沟通者”，提倡从相信和接纳儿童的视角观察、解读和促进儿童的学习，培育儿童有助于学习的心智倾向，并支持儿童建构和发展关于自己、他人以及自己所生活的这个世界的理论。在其背后的理念引领下的教育中，儿童自主、自信的游戏和学习状态，教师敏锐的观察能力、准确的分析解读能力以及有效的回应支持能力，无一不令人憧憬。

在“学习故事”作为新的评价模式得到国际幼教界的广泛认可和高度关注下，国内学者也对“学习故事”极为重视，不仅进行相关理论研究，还尝试将“学习故事”本土化并在实践中积极运用。如何让这套评价体系“洋为中用”，结合我国的基本情况以及幼儿园的园情将其合理应用到日常教育教学中，促进我们的教师专业成长，帮助我们的幼儿更好地发展呢？ 2015年起，我们吸收和学习了新西兰“学习故事”这一叙事性的评价方式，并以此为载体，将观察幼儿、理解幼儿、支持幼儿作为教师专业提升的新生长点。

在幼儿园的教育实践中，我们发现教师在师幼互动和课程环境的建设中确实存在着“重认知学习内容、轻幼儿学习品质”“重学习结果、轻学习过程”“重教师意识、轻幼儿意识”的倾向和问题，不仅在于教师幼儿观、教育观上的认识偏差，还在于比较缺乏观察、分析、理解幼儿的自觉意识和行动，以及支持幼儿学习与发展的能力。这些问题主要原因有以下两个方面。

一、教师的课程意识和角色意识失衡

教师对幼儿行为的判断和分析往往受价值观的支配和影响，比如有的教师格外注重规则和秩序，就很容易将某一幼儿在集体活动时表现不一样的探索行为视为“不听话”或“专注力较差”，很难去关注到幼儿正在发生的“学习”。其次，教师在课程实施中总是朴素地认为应该对幼儿负责，即需要教会幼儿一些什么，事实上这种认识背后的假设认为幼儿是弱小的、欠发展的、需要提升的，因此，也才会导致我们关注教师的“教”、研究教师的“教”大大多于关注幼儿本身、研究幼儿并努力去理解幼儿。

二、幼儿园评价工作的理念误区

虽然幼儿园也将对幼儿的观察分析记录列入教师常态工作的一部分，但现实中往往存在着“为做而做”的现象，教师在做这项工作时关心的首要问题不是“我怎样去理解幼儿的表现”，而是“我怎样写观察记录是符合要求的”，从教师被动应对要求的表现中就可以得出“教师不会做观察与评价”的判断。于是，对教师培训的重点就放在了如何写观察记录的“正确技术”上，对这项工作的管理和推动也重在了“文本”上。

基于这个现状，我们以新西兰“学习故事”这一叙事性的评价方式的行动研究为载体，帮助教师学习如何观察、记录、分析和解读幼儿的学习与发展，使尊重幼儿、理解幼儿、支持幼儿的理念聚焦在“发现孩子正在进行的学习”的专业行为中。

第二节 研究意义

一、理论意义

第一，研究有助于充分挖掘“学习故事”的精神内涵和实践要求，探索、掌握、运用“学习故事”的方法，丰富“学习故事”与幼儿园教师专业发展的相关理论，

挖掘由“学习故事”入手助推教师专业成长的路径和策略。

第二,以“学习故事”为载体,可以帮助教师树立“以儿童为中心”的教育观和评价观,从“教师立场”转向“儿童立场”,在活动中尊重幼儿、相信幼儿、走近幼儿、认识幼儿,为幼儿的学习与发展提供更适宜有效的支持。

二、实践意义

第一,教师通过体验、陪伴孩子的学习经历来关注幼儿、了解幼儿、支持幼儿的学习和发展,不仅有助于幼儿的成长和学习,也有助于提升幼儿园教师的观察、记录、分析、理解、支持幼儿的专业能力。

第二,幼儿园以“学习故事”为抓手,帮助教师观察、记录和体验幼儿的学习成长过程,通过更客观、科学和有效的评估方式,从“儿童视角”重新认识和理解幼儿。在实践中不断地进行观察、反思、总结,也能够促进教师进一步的实践行为,并有效生成支持幼儿发展的教学实践智慧,改善教师自身教育教学行为,促进幼儿园教师的专业成长和发展。

第二章　国内外相关研究评述

第一节　“学习故事”的相关研究

一、“学习故事”的理论基础

新西兰幼教课程核心教育理念受到了以维果斯基为代表的“社会文化发展理论”和布朗芬布伦纳的“生态系统理论”的影响，强调儿童是在与周围的人、环境和事件互动的过程中学习的。因此，“学习故事”是建立在社会建构主义学习理论基础上的，社会建构主义更关注社会文化背景对个体的影响，认为个体的学习与发展并不是个体的单独行为，而是在社会互动中通过有意义的社会协商实现的。在社会建构主义者看来，个体的发展与社会文化的宏观和微观环境密切相关，不存在完全脱离社会文化的个体发展。

“学习故事”在一定程度上也受到情景学习理论的影响，情景学习理论认为学习应该促进知识向真实生活情景转化。首先，学习是具有情景性的，知识并非是孤立而抽象的，而是活动与文化情景的产物，学习只有在特定的情景中才有意义。其次，学习的意义和学习者的身份是在与环境的互动中建构的。最后，有意义的情景是真实的情景，不脱离儿童的日常生活，与儿童的先有经验相联系。儿童在学习中不是去习得知识固有的意义，而是自己建构有关世界的意义，因此缺乏情景的学习对儿童来说是没有意义的。

二、“学习故事”的内涵

“学习故事”由新西兰学前教育学者卡尔（Carr，2004）提出，是一种用来记录、评价和支持儿童学习的方式。“学习故事”既是一种评价儿童的方法，也是一种研究方法，强调在真实情景中完成结构性的观察和记录，提供一种反映儿童发展的持续性画面，用来记录和交流儿童学习的复杂性。“学习故事”作为一种叙事性评价的方式，为教师提供了观察与解读幼儿学习行为的方法。同时，“学习故事”作为一种研究的方法，强调情景、地点以及相关人员在儿童学习中的作用，它所关注的是儿童能做什么，而不是他们不能做什么，这样能够清楚地展现儿童的长处和兴趣（Hatterly & Sands，2002）。

"学习故事"评价的内容是学习倾向，包括的内容广泛，如技能、知识、目的、态度、策略、动机等智力和非智力因素，学习倾向是体现在儿童的数学、语言、社会等发展领域中的，没有脱离具体发展领域抽象、孤立的学习倾向。卡尔认为学习倾向包括五个方面：兴趣、参与、坚持、交流、承担责任，这是依据新西兰国家课程和具体的教育情景概括总结的。

"学习故事"的价值导向可以概括为三点：一是教师相信幼儿是有能力的学习者，记录的"哇"时刻关注幼儿的长处，而不是幼儿有欠缺的地方。二是"学习故事"不是对学习结果的最终测评，它记录的是日常生活中真实情境里发生的学习事件，更加注重学习过程，是形成性的、过程性的评价，是为了更好地支持儿童学习、发展的评价。三是"学习故事"以观察评价为基础，教师支持儿童进一步学习的方法策略是建立在观察评价基础上的，基础步骤就是教师对儿童进行观察，随后对观察收集的信息作出恰当的评价与解读，并提出适宜儿童发展的支持策略。

三、"学习故事"的组成部分和过程方法

概括来讲，"学习故事"主要由三部分构成，一是观察记录（发生了什么）：描述在真实情景中幼儿学习、探究的实际行为。二是解读评价（学习了什么）：分析、评价幼儿的学习行为和学习倾向。三是支持策略（下一步怎么做）：教师对幼儿下一步的指导计划。

用"学习故事"来评价儿童包括四个方面的过程方法，这四个方面的过程方法也被称作为"学习故事"中的四个"D"，分别是：描述（description）、记录（documentation）、讨论（discussion）、决定（decision）（Carr，2001）。"描述"是指对儿童当前的学习和发展过程中的表现性行为的描述。"记录"是用某种方式把儿童的学习行为记录下来并作出评价。"讨论"是指和其他教师、儿童、家庭成员的谈话交流，目的是进一步了解、判断教师对儿童行为的解释和评价，"决定"是教师对下一步要采取什么行动的思考：是立刻回应，还是提供信息、材料或制定下一步的

干预计划？

四、“学习故事”的典型特征

一是“学习故事”记录的是发生在日常生活中的幼儿学习事件，更加注重幼儿在学习过程中真实的行为、语言、与教师的互动等细节，真实还原幼儿的“学习现场”。

二是“学习故事”关注的是“幼儿正在学习什么、幼儿能够学习什么、幼儿对什么感兴趣”，而不是“幼儿不能做什么”。

三是“学习故事”是对幼儿学习的过程性评价，通常以持续记录的方式来呈现幼儿的学习与发展状况以及学习与环境的关系。

四是教师的计划和支持儿童进一步学习的方法、策略和内容是建立在解读分析观察信息的基础上的，最终目的是为了更好地支持和促进幼儿进一步的学习与发展。“学习故事”更加强调教师对观察收集到的信息作出恰当的解读分析和价值判断，并提出适宜的支持策略。

第二节　幼儿园教师专业成长的相关研究

一、幼儿园教师专业成长的背景

自1966年联合国教科文组织和国际劳工组织提出“教学应被视为专业”后，教师专业化便逐渐成为世界教师教育发展的趋势和潮流。20世纪90年代，我国提出了教师专业化思想。随着我国教师教育改革的逐步深入，幼儿园教师专业成长也日益被学者重视，成为研究关注的焦点。新《幼儿园教育指导纲要》的颁布，充分肯定了幼儿园教师在幼儿发展中的作用和地位，同时也对教师素质提出了前所未有的要求和挑战，幼儿园教师专业成长显得尤为重要。

幼儿园教师专业成长的独特性有别于中小学教师，如果说中小学教师的专业发展内容更多地体现在学科教学领域，那么幼儿园教师的专业发展内容则更多地专注于如何支持幼儿的全面发展，即通过持续的、系统的、理论联系实际的学习，能够为幼儿的发展创造适宜的、有效的发展环境，提供个性化、创造性的学习机会，促进他们身体、语言、情绪情感、社会性、创造力等各方面的健康发展，为幼儿终生的学习与发展奠定坚实的基础。幼儿园教师专业成长的独特性对教师的专业成长提出了较高的要求与期待。

二、幼儿园教师专业成长的内涵

王杰(2005)总结概括出幼儿园教师的专业成长实际上是幼儿园教师在其专业生涯中，习得幼儿教学的专门知识与技能、内化幼教专业规范、形成幼教专业精神、表现专业自主性并实现专业责任的历程。幼儿园教师专业化的基本含义是：把幼儿园教师视为专业人员，使幼儿园教师成为专业人员。一是明确幼儿园教师的专业地位，二是通过专业训练使幼儿园教师达到相应的专业素质水平。其中，教师专业素质的获得是一个动态过程，幼儿园教师要通过完善、提高的过程经历由不成熟到相对成熟，由普通人到专业人员的成长过程。本研究中的幼儿园教师专业成长是指教师基于"学习故事"研究中的专业成长，是幼儿园教师在其专业生涯中，习得幼儿教学的专门知识与技能、内化幼教专业规范、形成幼教专业精神、表现专业自主性并实现专业责任的历程。幼儿园教师的专业成长主要包括专业理念、专业知识和专业能力三个方面的成长，其中专业能力的提升需要在理念更新和知识储备的基础上进行。幼儿园教师区别于中小学教师的专业成长的核心要素主要包括：敏锐的观察能力、准确的分析解读能力以及有效的回应支持能力；其次，幼儿园教师专业成长意味着幼儿园教师必须是一个研究者，应具备研究、反思的意识和能力；最后，幼儿园教师专业成长的主要途径是基于教育实践的不断总结与反思，需要理念与实践紧密结合才能促进专业成长。

三、幼儿园教师专业成长的内容

幼儿园教师专业素质结构是专业成长的内容，专业素质是教育实践对幼儿园教师的总体要求，规定了幼儿教育专业人员应具备的条件，它以一种结构的形态而存在。胡碧霞认为专业成长内容具体包括专业精神、专业知识、专业能力三个子系统。张元博士将幼儿园教师专业化归纳为五个方面：学科知识和专业知识，实践智慧，合作和反思能力，人文素养，批判理性。庞丽娟教授归纳总结出幼儿园教师专业素质具体包含：1. 对儿童和儿童发展的承诺。2. 全面、正确地了解儿童发展的能力。3. 有效地选择、组织教育内容的能力。4. 创设发展支持性环境的能力。5. 领导和组织能力。6. 不断地专业化学习。

已有关于幼儿园教师专业成长的研究大多集中在理论层面，分析专业成长的基本含义、专业素质结构组成、专业成长阶段，还有关于教师专业成长的有效途径的研究，大多从较为宽泛的角度来提及的。比如围绕教师专业成长阶段展开的研究指出，职前教育会注重师范生基本技能、基本素质的培养，职后教育会注重师徒制、岗前集中培训制，或者各类的在职进修、培训等教研活动，来促进教师专业成长。还有的围绕教师的需要、动机和态度等内在条件讨论，涉及到教师的职业理想、对专业的热爱、工作的积极性能否维持和专业动机能否继续等，很少有研究涉及切实可行的专业成长途径。为此，本课题研究以“学习故事”为切入点，紧扣教师专业成长的核心要素——敏锐的观察能力、准确的分析解读能力以及有效的回应支持能力，教师可以通过掌握撰写“学习故事”的方法，从可操作的路径实现从理论层面到实践行动层面转变提升，从而实现教师专业成长。

第三节　“学习故事”与幼儿园教师专业成长的相关研究

国外的学者研究得出，“学习故事”能给教师提供有关自己所用的教学方法是否有效的反馈信息，为教师的专业性反思、确定更有效的教学策略提供机会（Carr & Lee，2007）。佩里等人（2007）也发现，“学习故事”和行动研究的结合，有助于教师更好地观察、了解和促进儿童的数学学习。

国内的学者李娟等人（2009）发现，“学习故事”有助于教师解读儿童的数学学习行为，提高理解儿童的数学学习与发展的能力。肖建霞（2014）通过比较教师先后撰写的“学习故事”，感受到教师的转变不仅体现在记录方式上，更体现在思维方式、教育观念上，教师在运用“学习故事”评价儿童的过程中，也在不断反思自己的教育过程、教育观念、教育行为。孙彩霞（2015）提出以“学习故事”为载体，教师们在思维方式、教育观念上发生了转变，其观察、指导及介入能力有明显提升。黄多芬（2015）提出借助“学习故事”，能推动教师成长。“学习故事”帮助教师树立“以儿童为中心”的教育观，从“教师立场”转向“儿童立场”，在活动中尊重幼儿、相信幼儿、走近幼儿、认识幼儿，为幼儿的学习与发展提供更适宜、有效的支持；帮助教师学习观察、记录、分析和解读幼儿的科学方法，提高教师观察、解读幼儿的专业能力，并有效生成教师的教学实践智慧。

从以上文献的回顾和分析可以看出，“学习故事”正日益受到重视和关注，但大多局限在理论层面的探讨，介绍“学习故事”的定义、特点、理论基础等方面，关于“学习故事”切实运用于实践的研究并不多。已有的关于“学习故事”的四篇硕士论文，两篇是从理论层面，介绍“学习故事”的评价模式以及它的评价方法，还有两篇从实践层面，以教师的观察能力和专业能力发展来进行研究的，理论紧扣实践的研究并不多，“学习故事”作为从国外引进的评价方式，在国内实施的比较好的是北京的三义里第一幼儿园，但是这个幼儿园主要聚焦的是幼儿游戏方面的“学习故事”，突破点落脚在教师教育观、课程观的转变，强调教师根据幼儿的兴趣生成课程。而本课题研究是聚焦幼儿数学领域的个别化学习，同时强调教师专业成长的过程转变。

教师理解和支持儿童学习，就是指教师以幼儿“学习故事”为研究载体，基于对幼儿学习行为研读分析的基础上，给予适时、适度、适宜地回应与支持。这是教师对幼儿学习特点与规律、情感与态度、经验与认知、方法与习惯、能力与发展的理解和支持；是对学习目标与内容、学习情境与材料、学习过程与方法的理解与支持。进而，满足幼儿学习兴趣与需要，提供有效适宜的学习支持，从而促进幼儿积极自主、生动有效的学习与发展。“学习故事”能促进教师的专业成长，但对教师的专业能力，尤其是观察、解读和评价幼儿的能力提出了挑战。本研究理论紧扣实践，聚焦幼儿园教师在教育实践中更新教育理念，充实专业知识，逐步灵活掌握撰写“学习故事”的方法。“学习故事”的运用重点突出三个部分，分别是注意、识别和回应，对应教师专业成长的核心要素中的观察、理解和支持，具体来说就是基于先进理念和扎实知识基础之上可以提升的敏锐的观察能力、准确的分析解读能力以及有效的回应支持能力。其次，教师撰写“学习故事”的最终目的不是检查幼儿的发展，而是更好地促进幼儿的发展。所以，反思之后提出进一步的措施，“从反思再次走向实践”，也是一名“反思性实践者”的重要使命。只有再次行动，教师才能将“实践性知识”加以激活、评判、验证和发展，并使之升华为个人的教育实践理论。教师在持续撰写幼儿“学习故事”的过程中一直在经历反思的过程，包括行动前的反思、行动中的反思以及行动后的反思，反思与实践紧密相连。反思来自于实践，又在实践中检验与发展，教师通过“行动”、“反思”的过程不断丰富实践性知识、获取教育教学智慧，促进自身专业成长。总而言之，“学习故事”是一种叙事性研究方法，通过“学习故事”的学习和撰写，也可以培养教师作为研究者需具备的意识和能力。不同阶段的幼儿园教师都需要这样一个途径来提升自身的专业素养，促进自身的专业成长。“学习故事”强调的理念方法存在与教师专业成长的对接口。

第三章 研 究 设 计

第一节 研究目标与内容

一、研究目标

在对教师观察、理解、判断、支持幼儿学习行为现状调查的基础上，开展“学习故事”的叙事研究和基于教师专业成长的案例研究，探索基于“学习故事”促进教师理解、判断、支持幼儿学习行为的有效性分析，提炼总结基于“学习故事”促进教师理解、判断支持幼儿的策略。

二、研究内容

1. 对“学习故事”助推教师专业成长的相关文献梳理。

对核心概念如“学习故事”、“教师专业成长”、“理解和支持儿童学习”等进行界定，以及对“学习故事”的特征、作用，教师理解与支持幼儿学习的基本理念与方法进行深度思考。

2. 教师观察、理解、判断、支持幼儿的现状调查。

通过问卷、访谈、座谈等形式对教师“学习故事”研究、理解与支持幼儿学习的现状调查。主要从教师理解与支持幼儿学习的情感态度、价值认同、方法技能、能力水平几方面进行基础性调查分析，剖析主要问题，寻求相应对策。

3. “学习故事”促进教师观察、理解、判断、支持幼儿学习的行动研究路径。

通过收集儿童的“学习故事”、解读儿童的学习行为、反思教师的支持策略，以及建立新的教育理解和教育支持观念，以此来提升教师的专业能力。

（1）专题研训：通过专题讲座培训等方式促进教师对“学习故事”的理解和学习。

（2）取样观察：教师实际操作，运用“学习故事”对儿童活动进行取样、观察，促进教师实践运用能力的提升。

（3）分享研讨：针对儿童的“学习故事”进行小组式分享、解析和研讨，提高教师分析、思考的能力。

（4）专家解惑：针对实践中存在的问题进行专家解惑，通过“学习故事”让教师成为真正的反思者和研究者。

4. 教师对典型“学习故事”的叙事研究。

教师作为研究者进行以“学习故事”撰写为主的叙事研究，以幼儿数学领域为核心点，并在幼儿各领域学习中开展辐射。

5. 教师理解与支持幼儿学习的专业核心要素的分析。主要从以下几个维度：

（1）正确的专业理念。包括教师对幼儿年龄特点、幼儿学习特点、幼儿学习方式与发展目标等专业理念的树立。

（2）丰富的专业知识。包括教师对幼儿年龄特点、幼儿学习特点、幼儿学习方式，幼儿园教育的目标、任务、内容、要求和基本原则等方面的专业认知。

（3）生长的专业能力。包括教师对学习内容选择与设计、观察与分析、反思与调整、回应与支持等方面的专业能力。

6. 根据“学习故事”的成长案例跟踪研究，梳理总结促进教师理解和支持儿童学习的原则和策略。

第二节 研究方法

一、文献研究法

对“学习故事”“教师专业成长”“教师理解儿童”“教师支持儿童策略”等关键词进行检索，收集阅读有关的文献资料，从中梳理分析“学习故事”在教师专业成长中的运用现状和合理性，以此建立研究基点，理清研究思路。

二、调查法

包括问卷调查法和访谈法，编制围绕教师观察和理解儿童现状的调查问卷，通过问卷调查法收集数据，整理教师观察解读儿童的现状。访谈围绕教师对观察解读的认知态度、对儿童进行观察解读支持的具体实施过程以及过程中存在的困惑等方面展开，问卷调查法与访谈法相互配合，以收集的第一手资料为研究开展的基础。

三、经验总结法

指通过对实践活动中的具体情况进行归纳与分析，使之系统化、理论化，上升为可值得借鉴经验的一种研究方法。本研究中具体指总结教师在学习、运用“学习故事”中的相关经验，具体包括教师自我学习反思的经验、同伴交流互助的经验、专家引领指导的经验，还有专业理念调整改变、专业知识学习储备的经验，重点总结教师专业能力提升的经验。

四、行动研究法

“行动研究法”是一种以解决具体教育情景中的问题为主要内容，有利于教育教学质量提高，改进教育实践为根本目的教育实践研究方法。本研究中运用的正是“行动—研讨—反思—再行动”的行动研究思路，教师学习培训再撰写“学习故事”，对撰写文本进行自我反思和集体研讨，在下一次的实践运用中教师进一步调整观察、解读和支持儿童学习的行为，在反复学习实践的过程中，教师不断进行反思总结，不断针对新的问题及时调整行为策略。在行动过程中教师专业解读和专业决策的能力有所提升，这是教师专业成长的具体表现。行动研究就是要通过行动与研究的结合，解决不断变化的教育实践中的具体问题，以不断提高教师能力水平。

五、叙事研究法

“叙事研究”是教师专业成长非常重要的途径，以儿童的“学习故事”为研究对象。叙事研究的所叙之事是在教育情境中发生的真实事情，是真实的、情境性的，具有特定的研究意义。“学习故事”的记录展现和教师的解读分析交叉出现，所叙之事在教师的解读分析下更有针对性、概括性。叙事研究正是要通过对有意义事件的描述分析，在意义诠释和经验分享中不断反思总结，帮助教师从实践者成长为研究者。

六、文本分析法

纵向追踪研究分析教师长期以来撰写“学习故事”的文本案例，重点对比处于不同专业成长阶段教师的差异之处，有针对性地分析教师在所撰写的文本案例中体现的专业理念方面的改变，专业知识方面的扩充，专业能力方面的提升，重点突出专业观察、专业解读、专业支持这些能力的提高。前后对比教师所撰写的“学习故事”，并在文本案例中结合教师的自我反思总结和同伴互助交流，分析教师专业成长的改变。

第三节 研究思路

一、将“学习故事”的实践运用进行园本转化

“学习故事”评价在实践运用中需要重点强调三个方面，分别是注意、识别和回应，对应教师实践是观察、理解和支持，这是一个相互联系的、一体化的专业行动，因此，我们构建了“行动—研讨—反思—再行动”的行动研究模式（见图3-1），将其贯穿于“学习故事”的理解、撰写、反思、分享、改进的实践过程中。

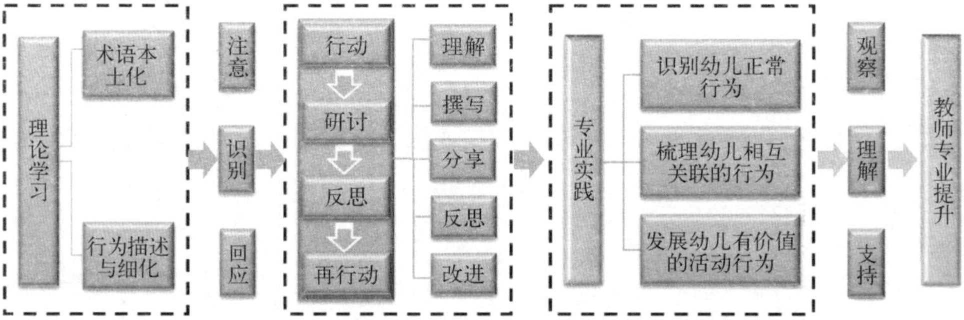

图3-1 教师行动研究模式图

二、行动的方法与策略

在“学习故事”园本化实践运用中，我们设计了行动研究的技术路线图（见图3-2），从基础调研到尝试性运用到研讨反思，最后到反思基础上的行动来检测教师在行动研究中的专业能力发展与提升之效能，引领教师学习转化运用的过程方法有如下策略：

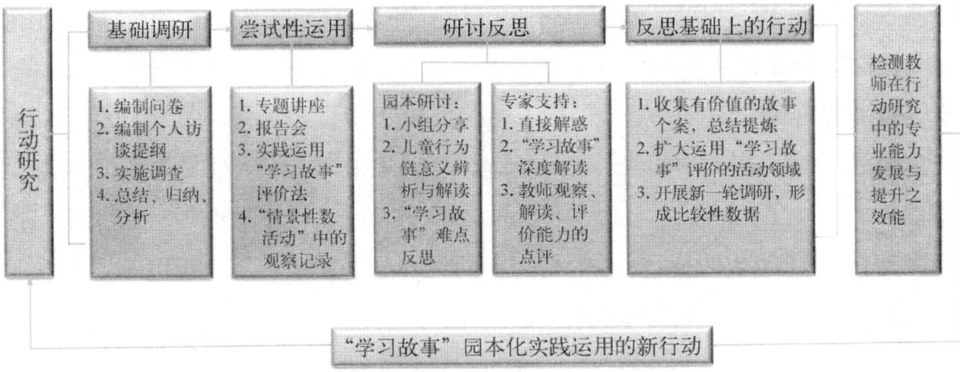

图3-2　行动研究技术路线图

本次研究全园教师参与，研究从2016年开展至今，经历了三年多时间。

（一）确立项目，基础调研

本研究认为，幼儿教师通过撰写学习故事，一方面能够帮助其树立"以幼儿为主体"的新型教育理念，在工作中真正做到尊重幼儿，相信幼儿。更重要的是，通过撰写学习故事能够有效提升幼儿教师观察记录、分析评价、合作沟通、反思发展等专业能力。也就是说，"学习故事"作为支持幼儿教师专业能力发展的手段，能够有效地满足幼儿教师促进自身专业发展的成长性需要。在专家开题论证中，普遍认为此项目有开展研究的价值，研究能增强教师的"儿童视角"，通过对儿童学习和成长经历中的叙事式记录与解读，帮助教师加深对儿童学习与发展的理解，提升教师支持和指导幼儿的能力与素养。之后通过问卷调查、个别访谈等方式，开展教师观察、解读儿童能力的现状调查，并梳理发现的实际问题，以待解决。

（二）全员培训，理解运用

在研究伊始，我们定期邀请华师大黄瑾教授、韩春红博士等专家到园指导，统整园本培训与园本教研的研修资源，以教研、讲座等形式带领全体教师进行"学习故事"评价方法的相关学习和培训，围绕"什么是学习故事？为什么要写学习故事？怎么写学习故事？"等问题，选择优秀的"学习故事"案例进行理解性阅读，并让老师们尝试用自己的语言来表达对"学习故事"的理解，同时针对教师在"学习故事"评价方法的学习与实践中存在的问题进行专家解惑，通过系统性的学习和培训，让教师慢慢地、由浅入深地了解了"学习故事"的内涵，掌握了撰写优质

“学习故事”的方法，并运用到实际教学生活中，也逐渐理解了“学习故事”在幼儿学习与发展中的作用和价值。

（三）案例研讨，深入研究

我们知道，撰写学习故事的目的不是仅仅停留在撰写过程中，其撰写的意义在于教师更好地了解幼儿，这也就需要教师深入活动现场细致地观察注意幼儿在活动中的行为，最大限度去发现幼儿的正能量。为了能及时捕捉到幼儿的“精彩时刻”，园方为每班教师配备了摄像机，教师可随时随地进行抓拍和记录幼儿的学习行为。以大小教研结合的方式，定期组织教师开展优质的“学习故事”案例分享交流会，通过对“学习故事”中幼儿行为的观察、解读、分析，判断教师记录的故事是否有价值，叙述是否客观、准确，分析是否恰当，提供的支持是否合适、有效，教师的感悟是否深刻等，在互动式学习共同体的交流和碰撞中，帮助教师有依据地探讨幼儿寻常行为背后的发展意义，梳理幼儿相互关联的行为、语言的表征特点，进而帮助教师对幼儿作出较正确的评价，这个过程也使得教师自身的观察、解读、分析的能力得到不断提升。

研究也从一开始的只聚焦在个别化学习中到各班组分环节研究再拓展到幼儿一日活动中去发现“精彩时刻”，从聚焦个别化材料（围绕一份材料撰写几个幼儿的“学习故事”）到聚焦个体幼儿发展（围绕一个幼儿撰写几个“学习故事”），教师关注幼儿的点越来越全面，撰写的“学习故事”也越来越有系统性和连续性。

（四）反思论证，总结提升

在研究的过程中，我们结合实践，每一学期及时总结梳理阶段性的成果，为下一阶段的研究奠定基础，这种从实践到理论再从理论到实践的研究，真正提高了我们研究的工作质效。在三年多的研究中，我们调查了基于“学习故事”我园教师的观察能力现状并撰写了调查报告，梳理了教师撰写“学习故事”的方法；总结了教师观察、理解、判断、支持幼儿的专业核心要素；提炼了“学习故事”促进教师理解与支持幼儿的策略；同时，在研究的过程中，也积累了一定的阶段性成果，撰写了儿童“学习故事”案例和教师专业成长故事案例，以期给幼教实践工作者和同行们带来一些启迪与思考。

参考文献：

[1] 周欣，黄瑾，华爱华，周念丽，张亚杰.学前儿童数学学习的观察和评价——学习故事评价方法的应用[J].幼儿教育，2012(16)：12-14.

[2] 王明珠.利用学习故事提高教师观察解读幼儿的能力[J].早期教育(教科研版)，2014(11)：39-41.

[3] 张元.试析幼儿园教师专业化的特征及其实现途径[J].学前教育研究，2003(01)：50-52.

[4] 彭兵，谢苗苗.影响幼儿园教师专业成长的关键因素调查[J].学前教育研究，2009(10)：47-50.

[5] 肖建霞.运用“学习故事”促进教师专业成长[J]，幼儿教育·教育教学，2014(5)：42-43.

[6] 黄多芬.基于观察评价模式的思考——《指南》背景下“学习故事”的尝试[J].才智，2015(26)：100-101.

[7] 陈少熙.以“学习故事”为载体，促进教师观察评价幼儿能力的提升[J].课程教育研究，2015(35)：176-177.

[8] 鲍钰清.学习故事应用问题的解决对策——引入马赛克方法[J].福建教育，2015(3)：14-16.

[9] 孙彩霞.在区域观察中运用学习故事的尝试[J].福建教育，2015(11)：22-23.

[10] 吴端萍.学习故事落地本土的探索与实践[J].福建教育，2015(11)：17-19.

[11] 王叶.利用学习故事促进幼儿园教师专业发展[J].江苏幼儿教育，2017(1)：21-22.

[12] 林静.“学习故事”的教育价值对促进师幼共同成长的探析[J].南昌教育学院学报，2018(2):4-6.

[13] 陈冠灵.以学习故事为载体　提升教师察析幼儿学习行为的能力[J].福建基础教育研究，2019(06)：135-137.

[14] Margaret Carr, Wendy Lee.学习故事与早期教育：建构学习者的形象[M].周菁，译.北京：教育科学出版社，2015.

[15] 谢芬莲.学习故事：新西兰儿童发展评价模式及其启示[D].西北师范大学，2014.

[16] 何丽蓉.基于幼儿园教师专业能力发展的学习故事研究[D].重庆师范大学，2016.

[17] 王菁.运用“学习故事”促进教师观察能力提升的研究[D].华东师范大学，2016.

[18] 程亚蒙.“学习故事”促进幼儿教师专业发展的行动研究[D].西华师范大学，2017.

[19] 刘心森.儿童观察技巧务实[M].台北：心理出版社，2010.

[20] 施燕，韩春红.学前儿童行为观察[M].华东师范大学出版社，2011.

[21] 柳剑.幼儿园教师运用观察记录法中存在的问题与对策研究[D].东北师范大学，2009.

附　录

附录一：研究初期调查问卷

老师您好，这是幼儿园课题研究的一项初步调查，旨在了解您平时对儿童的观察评价情况、对于观察儿童的态度，以及您在观察评价过程中遇到的种种困惑等信息。

这项调查具有保密性质，收集到的信息除进行研究分析外，不作任何他用，亦不会向外泄露。请您放心作答。

您的真诚回答会帮助我们了解更多、更真实的信息，谢谢您的理解和配合！

年龄：　　　　　　　　　　　　　　　　性别：

最高学历及所学专业：　　　　　　　　　全日制学历及所学专业：

教龄：　　　　　　所在班级：　　　　　班额：

1. 通常情况下，你每周观察记录个别儿童的频率是多少？

A. 每周1次及以下　　B. 每周2—3次

C. 每周4—5次　　D. 每周6—7次

E. 每周8—9次　　F. 每周10次及以上

2. 你选择在一日生活的什么环节观察儿童？（可多选）

A. 入园/离园　　B. 集体活动

C. 生活环节　　D. 户外活动

E. 区角活动　　F. 自由活动

G. 个别化学习　　H. 其他________________

3. 在你一周活动安排中，有无专门用于观察儿童的时间？

A. 有；具体是（什么时间）____________（多少时间）____________

B. 无

4. 你在观察记录时，最常用哪一种记录工具？

A. 摄像机　　B. 照相机

C. 录音设备　　D. 纸笔

E. 无

5. 你在观察时，常用哪些观察方法？（可多选）

A. 轶事记录法　　B. 样本描述法

C. 时间取样法　　D. 事件取样法

E. 行为检核法　　F. 等级评定法

G. 其他，请注明＿＿＿＿＿＿＿＿＿＿＿＿＿＿＿＿＿＿＿＿

6. 你更倾向于采用参与式观察还是非参与式观察？

（**参与式观察**指教师参与所观察儿童的活动之中进行观察，**非参与式观察**指教师以旁观者的身份观察儿童，不参与儿童活动）

A. 参与式观察　　B. 非参与式观察

C. 两者无明显倾向　　D. 不清楚

7. 你通常如何整理收集到的观察信息？

A. 收集、整理进不同主题的观察信息档案袋

B. 收集、整理进幼儿自身的个人成长档案袋

C. 将观察信息及时地、零散地反馈给对应的幼儿家长

D. 汇总的信息有待处理

8. 以下哪种描述更符合您当下的心态？

A. 观察评价儿童很重要，可帮助我更好地了解儿童，促进专业发展

B. 观察评价儿童是工作的一部分，时间精力充足的情况下我愿意去的

C. 工作中有任务就去观察评价儿童，没有任务安排就不去，随机应变

D. 观察评价儿童很重要，但工作中琐碎事情实在太多，没有精力和时间

9. 以下哪种表述更贴近于您对儿童的认识？

A. 儿童是一个主动的学习者，教师需要更多地为儿童搭建发展的支架

B. 儿童各方面尚未发展成熟，教师需要及时发现其发展不足并加以引导

C. 儿童内在发展潜力巨大，教师需要挖掘儿童在发展中展现的各种亮点

D. 其他：＿＿＿＿＿＿＿＿＿＿＿＿＿＿＿＿＿＿＿＿

10. 通常情况下，你是如何开始一次儿童观察的？

A. 事先有所计划　　B. 在活动中随机生成

C. 根据教研组计划安排

11. 当你事先计划一次观察评价行为时,你更多地考虑以下哪些因素?（可多选）

A. 儿童反映出的学习或发展困境

B. 了解儿童的发展水平现状

C.（为了检验）活动设置的适宜性

D.（为了检验）游戏材料的适宜性

E. 家长反馈的教育困惑

F. 幼儿园布置的观察任务

G. 其他______________________________

12. 当你事先计划一次观察评价行为时，你会事先确定好以下哪些内容?（可多选）

A. 观察时间　　B. 观察对象

C. 观察目的　　D. 观察内容

E. 观察方法　　F. 观察工具

G. 其他______________________________

13. 你能够**熟练**使用哪些观察方法?（可多选）

A. 轶事记录法　　B. 样本描述法

C. 时间取样法　　D. 事件取样法

E. 行为检核法　　F. 等级评定法

G. 其他______________________________

14. 你会着重从哪些方面分析解读观察信息?（可多选）

A. 儿童在学习中体现出的智力因素(能力、技巧等)

B. 儿童在学习中体现出的非智力因素(坚持性、合作性等)

C. 儿童是否达到某个特定的发展水平

D. 儿童需要教师提供哪些物质支持

E. 儿童需要教师提供怎样的情感支持

F. 是否达到某个活动或游戏的预设目标

G. 其他______________________________

15. 针对收集到的观察信息你会对哪些行为做出调整?（可多选）

A. 对后续观察的时间、方法、手段等进行调整

B. 对后续教学活动的内容设计、进度安排等进行调整

C. 调整对儿童发展的评价方式

D. 调整对儿童的支持策略

E. 调整自身的儿童观、教育观

F. 其他 ________________________________

16. 你是否接受过“观察评价儿童”的专题学习或者培训？

A. 在全日制学习中有正式的专题学习过

B. 在其他学历学习中有正式的专题学习过

C. 未进行过专题学习，但在其他专题内容的学习中有所接触、了解

D. 参加过相关主题的专题讲座

E. 未接受过该主题下任何形式的学习或培训，全靠自己摸索

17. 在观察评价儿童的过程中，以下哪些程序使你感到有难度__________？（可多选）其中，你感到最困难的是__________？

A. 如何制定详细的观察计划

B. 如何正确使用不同的观察方法

C. 如何有效地记录观察信息

D. 如何恰当地分析儿童行为

E. 如何在教学活动中，进行有效的观察

F. 其他 ________________________________

18. 如果可以，你希望通过哪些途径提升自己的观察评价能力？（可多选）

A. 从自我反思中提升

B. 与同事沟通交流中提升

C. 与家长沟通交流中提升

D. 在参加相关的专家讲座中提升

E. 在参加个案专题研讨会中提升

F. 在自身参与观察与专家指导相结合的行动研究中提升

G. 其他 ________________________________

附录二：教师访谈提纲

1. 教师最近一次的对儿童观察评价的具体过程

（1）先要做的准备、过程中的调节、最后对信息的整理等这些都可以涉及，请详细讲一下整个过程，可以结合班级某个小朋友来说。

（2）在日常工作中，是出于怎样的目的去观察幼儿？可以具体谈一谈。

（3）您平时的观察时间主要集中在什么时间段？

（4）您会着重观察儿童哪些方面？能举个例子吗？

（5）最后对观察结果如何评价解读？

（6）观察结果的评价解读对您有什么启发？

2. 教师对儿童行为观察知识培训的看法

（1）以前有无接触过儿童行为观察的知识培训？（上课的内容、时间、授课老师等）

（2）有的话请详细讲一下，是在哪个阶段以何种方式来学习的？是哪位老师做的培训？您是什么时候上的培训课？您以前上过课的主要内容是什么？

（3）培训后对您进行观察评价有帮助吗？能举个例子吗？

3. 教师在观察评价整个过程中的困扰

（1）结合具体事例，谈谈为什么您认为最困惑？主要问题在哪里？

（2）后来怎么处理的？

（3）除了以上问题外，你在观察中，还遇到了哪些困境？

（4）您觉得该如何解决？

4. 教师对观察评价儿童重要性的看法

（1）观察评价过程中最大的收获是什么？能举个例子吗？

（2）它对您专业发展的帮助值得你所花费的时间和精力吗？

5. 教师的儿童观，对儿童的看法

（1）在观察儿童过程中，关于儿童您最大的感受是什么？

（2）观察中发现有发现儿童的惊喜之处吗？可否举个例子说明？

第四章　教师观察、解读、评价儿童的能力的现状调研

第一节　研 究 背 景

本研究基于幼儿园“从学习故事走向专业成长——促进教师理解和支持儿童学习的行动研究”课题，旨在了解幼儿园全园教师运用观察的现状，从中发现教师在观察过程中的不足，为课题的后续开展作好铺垫。帮助教师熟练掌握撰写“学习故事”的方法，促进教师更好地理解和支持儿童的学习，引领教师专业成长。

第二节　研 究 方 法

一、调查对象

上海市奉贤区绿叶幼儿园教师32名。小班教师、中班教师和大班教师分别有13人、8人和11人，最高学历全部为本科，其中只有约50%的教师所学专业为学前教育，其余教师均是非学前教育专业。

二、研究方法

问卷调查法：本次调查共发放问卷32份，回收问卷32份，有效问卷32份。

访谈法：本次调查共访谈教师12名，其中小班教师4人，中班教师4人，大班教师4人。访谈对每位教师单独进行，每次访谈持续30—40分钟。主试对访谈的全过程进行录音保存，并现场笔录访谈过程中的有关印象和重要反应。

三、数据分析处理

本次研究对调查问卷采集的信息使用EXCEL进行数据整理，并用SPSS 17.0

中文版对问卷进行数据分析。

对访谈中录取的录音进行文字转录，选取重要的点分析、编码，再在问卷调查分析的基础之上，得出初步的结论。

第三节 研究结果与分析

一、教师对观察的认同度较高

在调查研究的过程当中笔者发现，教师在接受访谈的时候表现出来的对观察的态度是很积极的。教师对观察的认同不仅体现在情感上，而且也体现在认知上，基本上每一位接受访谈的老师都能就观察的重要性说出自己的想法，从不同的角度进行总结归纳。

首先从访谈内容上可以看出，教师在情感上对观察是认同的。

值得，值得嘛，总归值得（笑），对孩子的发展来说还是值得的，对自己来说也是有很多的收获和惊喜，对吧！

——郑老师

那肯定的，肯定的。我觉得观察要成为你工作当中的一种习惯吧。对，肯定观察对孩子啊，对自己的、自身的提高，都是很有帮助的。我觉得我以后做任何事情都要建立在观察的前提上，哪怕处理孩子一个小矛盾，也是要去看、去观察的，然后再去判断，对哇。观察是真的非常重要。我觉得真的，这方面，我…我是非常乐于想去学这些的。

——张老师

其次，教师在认知上对观察的认同也可以从访谈内容上看出，笔者从提升教师专业发展、帮助幼儿进步、融洽师生关系、促进家园共育四个维度，总结归纳教师对观察重要性的认识。（如表4-1所示）

表4-1　教师对观察重要性的认识

三级编码	二级编码	一级编码	教师的访谈结果
观察的重要性	提升教师专业发展	工作积极性	原来我们的孩子都是很可爱的，然后我每天工作的积极性啊、情绪都会高一点的，对哇。
		专业解读、分析	我觉得这是一件很专业的事情。能够分析得更加到位一些，为什么他会这样。把“为什么”这件事情，开始慢慢地做得更具体一些了。
		更加了解孩子	孩子有自己的学习能力，有自己的学习方法，你会发现很多的惊喜……会让你更有耐心，更读懂孩子。
		教学更有效	在我平时的教学当中，给不同的孩子以不同的鼓励方式……了解孩子才能走进孩子，才能让自己的教学更有效。 如果说，我观察下来，好多孩子都对这份材料不感兴趣，那肯定是我自己提供材料的问题，对哇。我也会反思，调整这份材料。 对我的教学形式，对我的一些反思和思考。可能会有更直观、更深刻的冲击。
	帮助幼儿进步	建立自信心	有的孩子平时在教室里可能平平常常，但他在跟小朋友游戏的过程当中，被我发现一些闪光点，分享出来，我觉得对这个孩子自信心的建立是有帮助的。
		引导激励孩子	我对他观察之后，会把他的这些亮点分享给其他孩子，作为一个正面的引导，激励、帮助其他孩子。
	融洽师生关系	学会欣赏孩子	你也会从他的身上找到优点，更加欣赏他的。所以对我们教师来说，就是真的…还是要多观察孩子，然后多发现他们身上…存在的优点。
		相互更加喜欢	我更多地看到他们的闪光点了之后，我每次对待孩子总会想到这个孩子哪里哪里很棒，我会更喜欢他们，然后我表现出这种喜欢，他们也会更喜欢我，我和他们的这种交往也更融洽。
		孩子感受到老师的关注	如果你经常在拍这些视频啊，看看啊，还有对他进行一些回应啊，孩子就会感觉到老师在关注我，老师很关心我，所以也是一个很好的积极的帮助。
	促进家园共育	家长更加了解孩子	感觉老师更有实力去和家长沟通，家长也能更加了解自己的孩子。
		专业交流、友好沟通	上次我和那个家长在聊他儿子玩游戏的情况，家长也在笑，就觉得小朋友的世界有时候是我们大人弄不懂的。家长说“平时在家也没见他这样，这么会玩”。

二、观察中的教师困惑

教师在观察过程中自己认为的“困惑所在”包含三个维度：记录、分析、指导。

教师在访谈的过程当中也总结了自己关于观察的一些困惑，主要包括观察过程中的观察、记录的困惑，对观察结果进行分析、解读的困惑，还有进行指导以及观察过后更好地支持孩子的困惑，笔者分三个维度来进行总结归纳，得出教师在观察过程中自己认为的困惑所在。（如表4-2所示）

表4-2　教师在观察中自己意识到的困惑所在

三级编码	二级编码	一级编码	教师的访谈资料摘录
困惑所在	观察、记录方面的困惑	不知如何捕捉记录	但是这个过程真的太慢，我就不知道应该怎么样，这个过程我都不知道怎么捕捉下来。
		拍摄记录过程被干扰	因为我们在拍录像的过程当中，很可能小班小朋友就是玩到一半他就走掉了，或者是拍到一半就有其他小朋友过来干扰了。就是“老师啊…”怎么怎么样，有事情找你，这种情况很多的。
		错过精彩瞬间	我在记录这个案例但是旁边很精彩。我就感觉我没记录到。当我把相机准备好时，他们已经结束了。很容易错过精彩的地方。 可能哪边我都没有注意到的一个地方，他玩到一半的时候，我忽然发现“哎，原来他玩得挺好的”，我摄像机再拍过来，但是已经没有办法再拍到完整的了。
		精力有限，无法顾及所有孩子	我们是带班的老师嘛，不可能说一直这样地搞研究，一对一进行观察，大部分情况下是随机的，比如在教室里面组织一个活动，我就特地观察这个孩子，那其他的孩子我就没法关注到了，这个我感觉很困惑的。
		拍摄记录方法的局限	拍录像蛮困难的。其实有的时候，没有拿摄像机看到的东西倒是特别特别精彩的，但是又没有办法这样记录下来。
		被拍摄的孩子表现得不够自然	可能有一个人，有一双眼睛在那看着，或者有录像机在录像的时候，他们相对就是比较拘谨。 你摄像机架在那里，或者你说准备好了吗？小朋友有时候看到你就会觉得有点假假的。我觉得最自然的就是自由活动的时间。 因为拍了录像你会觉得有点假兮兮的，孩子也会有一种表演成分在里面，会有点不太真实。

（续表）

三级编码	二级编码	一级编码	教师的访谈资料摘录
困惑所在	分析、解读方面的困惑	分析太浅，停留表面	然后像看那个视频观察一些问题，我只能看出一些很浅显的问题来嘛……很难系统地分析。
		过于繁复，不够概括	写东西写了半天，写得很啰里吧嗦的，但是你自己知道你到底具体要写的是什么吗，其实你是写不出来的。就是在分析的时候，自己也觉得很困难。我们拎不出来，这个高度概括的能力没有。
		思维定势，千篇一律，不够出彩	像写模板一样的，我只要把这些套进去就可以了，最后就变成千篇一律的。可能思维有点定式，好像从孩子的…分析孩子行为总归是这么几个角度，不能再拓展了。感觉就好像没啥写的。好像都没啥特别出彩的地方，好像都是这样平平淡淡，我真的不知道怎么样去写。
		分析不够全面	比如观察一个孩子，可能我分析就是（不够全面），其实他身上的闪光点还有很多我没有办法分析到。
		语言表达能力欠缺	但是有的时候词汇啊……还有语言表达能力都很缺乏的。
	介入、指导方面的困惑	何时介入	我们老师最困惑的时候就是我该什么时候进行介入，进行，嗯…就是，就是进行指导。
		如何有效介入	你应该适当作一些引导，但又不能完全帮他，这是一个很难把握的度。而且我有的时候也不确定我对他的引导、对他的帮助是不是有效的，还是说他经过了不断的尝试了之后能解决这个问题而不需要我的引导。
		如何支持发展	在这两块基础上我要怎么样，看到了之后我要思考怎么样来帮他提高，帮他后续的发展。
		如何调整材料	但是，我觉得最难的地方，是对这份材料的调整和我自己的一个反思。如何调整，我觉得很难。

教师在观察中遇到的困难主要是如何恰当分析儿童。（如表4-3所示）

表4-3　教师在观察中遇到的困难

观察过程中的难点所在	频　次	占　比
如何制定详细的观察计划	9	28.13%
如何正确使用不同的观察方法	7	21.87%

（续表）

观察过程中的难点所在	频　次	占　比
如何有效地记录观察信息	12	37.50%
如何恰当地分析儿童行为	31	96.87%
如何在教学活动中进行有效的观察	14	43.75%
其他	1	31.25%

从问卷调查的数据整理来看，在教师观察中遇到的困难中，最大的困难是不知如何恰当分析幼儿，接近97%的教师反映在观察过程中的难点所在是如何恰当地分析儿童行为。这个结论与访谈得出的结论基本一致，教师在谈困惑的时候，围绕怎样分析解读幼儿谈得最多，分析幼儿要基于专业知识的掌握，要能够恰当地分析出幼儿的行为，教师还需要多补习相关的专业知识。这一结论也反映了教师在专业理论方面的欠缺。

教师关于专业知识的自我反思。

教师头脑中有清晰的知识理论框架，在遇到具体事例的时候，就能够将事例准确地与理论知识结合，对幼儿的行为进行专业分析与解读评价、进行专业介入和有效支持。整个过程尤其是对观察结果的分析解读，需要扎实的专业理论知识的支撑。在访谈中，也有不少老师提及，在观察时遇到困惑的主要原因是专业理论知识的缺失、知识与实践存在差距以及知识难以内化。

首先，教师对专业知识反思得最多的一点就是“专业知识的缺失”，访谈资料摘录如下；

感觉就好像没啥写的。好像都没啥特别出彩的地方，好像都是这样平平淡淡，我真地不知道怎么样去写，可能我对怎么样分析孩子吧，对孩子是什么样的特性啊，是什么样的特质啊，然后怎么样啊……我就是缺乏这方面的理论。

——侯老师

就是这种的案例是有的，理论也…也都有的。我觉得，嗯…还是不够吧，还是需要再学。我觉得我们实践比较多，但理论学习方面比较少。

——张老师

访谈人员：嗯。那您觉得您这种困难，主要是什么原因造成的呢？

被访谈者：我是觉得就是理论的缺少。

访谈人员：嗯。

被访谈者：理论知识的指导。

访谈人员：理论知识？

被访谈者：对的。

……

访谈人员：呃…那您觉得当时的那些理念学习的内容，有能够现在用得比较顺畅的吗？会对你有帮助吗？对你现在这个…

被访谈者：我们那个时候一门学的是儿童心理学，儿童心理学是有点用，但是可能在我们前几年的工作当中，可能也没有说我们在写一样东西的时候，要具体用到这一门知识。所以都已经几乎忘得差不多了。我们好像…而且那个时候学到的东西，像你像我们那个时候还要学人体解剖，要学的对吗？

访谈人员：对的。

被访谈者：但是就觉得，好像关系不大。我们那个时候、大学的时候比较注重技能技巧，什么唱歌、跳舞、弹唱，这些学得比较扎实一点。理论方面的话，的确是不太扎实的。

其次，有教师在访谈中提及专业理论知识运用到实践中存在问题，觉得理论知识和实践距离差距比较大，不知道如何将知识运用到实践中，在实践中也会找不准专业知识来支撑。相关访谈资料摘录如下：

理论啊，这样学习几次，我基本上，我觉得理论、现在理论我都能够…学几次嘛，应该都能够掌握、接受。关键就是实践操作性的，嗯…比较实用点的，这种学习比较少。

——张老师

访谈人员：那老师您之前读的是艺术专业，在网络学院的学习，理论方面的知识有没有起到很大的作用？

被访谈者：其实理论的东西跟实践之间，距离还是蛮大的。

访谈人员：有没有想过去缩短理论跟实践之间的距离？或者说怎么样把知识运用到实践当中？

被访谈者：有些东西，学过了，考试考过了真的也就忘记了，所以这方面的书籍会一直在看，在看的过程当中，会结合班级某个孩子具体的例子，在书本里找到类似的案例分析，用案例分析里提到的方法来试试看。有的时候把你学到的知识运用到实践中是蛮难的，但是在实践中碰到了问题，然后带着问题在书本当中寻找答案还是比较容易的。但是有的时候也是找不到的嘛，所以在理论知识学习的前提下，在实践当中积累一些经验，然后再根据我们学到的一些知识，自己去运用，但有时候应该怎么说呢。书上的东西也只是一方面……

最后，也有老师提及专业知识没有内化成自己头脑当中清晰的框架，所以在运用的时候不能灵活多变，需要借助查阅对照书本来进行分析，但是这样做的方法存在偏颇和缺陷。访谈资料摘录如下：

被访谈者：对，就是专业性比较欠缺，因为现在分析孩子的话，我都会把那本理论的书放在旁边，对照着看来分析孩子，这个点我在他身上看到了，那个点我也看到了，我就会用这样的方式来分析。

访谈人员：您是对照哪些书？

被访谈者：比如我们《情境性数学》那本书，我们幼儿园出的那本，然后游戏的话，我们结合了指南内容与相关理论。

访谈人员：嗯，每一次你在作分析的时候都这样？

被访谈者：对，我都会这样子做，这样可能分析得更透彻一点。

访谈人员：所以你觉得对照书来做其实是有帮助的。

被访谈者：我觉得看过了就忘了，还是没有内化成自己的。

三、观察中的问题解决

在调查研究的过程当中笔者发现，教师对提升自身专业化水平的要求明显，从对问卷信息的整理得出，教师最认同的提升能力的途径是：参加专家讲座（见表4–4），同意的人数占总人数的93.75%，这与访谈中得出的结论一致，访谈中教师也反复提及专家讲座和指导对自己专业的提高比较有帮助。其余最认同的途径分别是：参加个案专题研讨会、参加自身参与观察与专家指导相结合的行动研究，同意的人数都占总人数的90.62%。容易被教师忽视的方法是“自我反思”、“与同事沟通交流”和“与家长沟通交流”。笔者认为教师专业成长的关键就是自我反思，大家比较认同的专家讲座也好，个案专题研讨……所有这些方法都需要教师自身积极进行自我反思总结才能将外部的知识经验内化成自己的东西，“学习故事”就是培养教师叙事研究的能力，自我反思尤为重要，值得重视。还有与同事、家长的交流也很重要，一个人观察、想法总归是有局限的、不够全面的，与同事、家长的沟通交流可以帮助教师进入一个更生动更鲜活的场景去认识孩子，从而更加全面立体地了解所观察的幼儿，帮助教师从不一样的角度去分析解读幼儿，进而选取最有效、最合适的方法来帮助支持幼儿的进一步发展。

表4-4　教师认同的能力提升途径

希望提升自己观察能力的途径	频　次	占　比
从自我反思中提升	24	75.00%
与同事沟通交流中提升	21	65.62%
与家长沟通交流中提升	7	21.87%
在参加相关的专家讲座中提升	30	93.75%
在参加个案专题研讨会中提升	29	90.62%
在自身参与观察与专家指导相结合的行动研究中提升	29	90.62%
其他	0	0.00%

访谈中多数教师针对存在的问题和困惑也在积极地尝试解决，笔者对访谈内容进行编码，从观察策略调整、专业知识学习、积极沟通交流三个维度出发，总结归纳教师面对问题积极寻求解决的途径与方法（如表4-5所示）。其中专业知识的学习是最为重要的一块。

表4-5　教师面对问题积极寻求解决的途径与方法

<table>
<tr><th>三级编码</th><th>二级编码</th><th>一级编码</th><th>教师的访谈结果</th></tr>
<tr><td rowspan="2">尝试解决的途径与方法</td><td rowspan="2">观察策略调整</td><td>老师间分工合作</td><td>我会跟那个搭班说可能我今天要去观察这个孩子，你能够顾全大局一下看着其他的孩子，这个可能可以。</td></tr>
<tr><td>调整拍摄方法</td><td>我们有的时候想的就是摄像机架在一个地方。假若说我今天预设了要拍这里。摄像机就架在那里，然后我老师拿着手机随机地看，如果看到就马上拿出手机。这个方法可以好一点。</td></tr>
</table>

（续表）

三级编码	二级编码	一级编码	教师的访谈结果
尝试解决的途径与方法	观察策略调整	调整拍摄方法	我就请几个小朋友过来，单独地过来拍。但是很快就会发现，其实这样孩子是最不自然的。后来想了一个办法，就是用三脚架架好了之后，我今天可能针对的这一块区域，我可能就拍着他操作材料，然后老师呢就到其他地方去兜，兜一兜。这个方法是目前用得比较好的。就是尽量地控制住其他孩子不要到那个孩子那边去，就是让他们自己玩自己的。也让小朋友们安静一点，这样稍微好一点。
	专业知识学习	专家讲座学习	同样一个观察案例，专家点评的就是上升了一个高度，专家点评的就是跟你老师不一样的，对吧，所以我就觉得要多来几次。专家就能告诉我最近的那条路在哪里。因为这些方法，毕竟是专家经过研究之后找到的。
		优秀案例学习	一些那种好的、非常优秀的案例啊，能够让我们再多多地学习一下。
		结合案例指导	还有就是最好能够教我们在观察分析的时候，我到底应该把握录像当中哪些重要的点，这方面去引导一下。
		自学《指南》等专业书籍	看了之后，你心中起码会有一个大致的目标在那边。……特别是对于像我们这种刚入职的新教师而言，我心中是没有衡量标准的，小班、中班、大班的孩子到底应该发展到什么样的程度呢？他到底应该理解一些什么呢？为什么小班有小班的特征中班有中班的特征呢？指南就像一杆秤一样。 我觉得这本书，也是让我理清思路的一样东西。它里面的概念非常清楚，而且例子非常的多，所以我觉得看书很重要，尤其是看这样的有用的书。
	积极沟通交流	调研组交流	与有经验的老师交流很有帮助，比如说教你怎么样调整，或者告诉你需要反思的地方在哪里？如果班组还不能解决，那我们还有幼儿园的大教研，可以在大教研里面提出来。
		同事交流	嗯，就必须要跟老教师讨教的，就是我只能把这个行为记录下来，然后跟着老教师一起，问问，这个代表了什么。 我就是可以跟其他搭班沟通过，然后就问问他的意见，他就会给我不一样的一些看法、一些观点，相互之间沟通这是可以解决的。

总体而言，该园教师对观察还是比较认同的，不管是在情感上还是在认知上都非常认同观察的重要性，虽然在实际的观察现状当中仍然存在一些困惑，但是教师也在积极尝试去解决。这也为课题的后续开展提供了良好的基础，帮助老师熟练掌握撰写“学习故事”的方法，促进教师更好地理解和支持儿童的学习，引领教师专业成长。

第四节　教师观察的问题反思

基于幼儿园“从学习故事走向专业成长——促进教师理解和支持儿童学习的行动研究”项目，调研组以问卷法和访谈法分析了解该园教师观察幼儿能力现状。另外结合我们研究过程发现，教师在用“学习故事”观察、理解、评价儿童发展过程中普遍存在以下几方面的问题。

一、观察的目的性有待加强

学习故事一般是对个别幼儿学习行为的观察和评价，“它呈现了在真实情景中更为丰富的学习画面”。学习故事要关注幼儿学习过程中的行为、语言、与教师的互动等细节，以及与幼儿学习相关的一些背景信息。但有的教师会忽略幼儿学习过程中的关键细节和信息。观察缺乏目的性，不知道自己要“看什么”“记什么”或者看到什么就记录什么，不考虑幼儿的行为是否和活动本身、活动价值有关。

二、观察记录的客观性有待提高

学习故事的特点是关注“幼儿正在学习什么”，尊重学习情景中的事实，要求教师耐心“倾听”、“注视”幼儿，采用陈述性语言把看到的、听到的“现场状况”记录下来，在此基础上作出专业判断。但是我们发现在记录“学习故事”时，有的教师记录中会依据自己的主观想法和以往经验去判断幼儿的行为，用评价性语言给幼儿“贴标签”。

三、观察评估分析有待精准

教师在描述幼儿学习过程之后，最为关键的一步是对幼儿的学习行为进行解读，分析幼儿的行为意图、分析幼儿从中学到了什么、幼儿的发展水平如何。但是，有的教师在分析和评价幼儿行为时常常会含糊其辞，不够细致、具体和准确。如果教师对幼儿的学习行为不理解，分析不到位的话，那么下一步的支持策略就会失去针对性。

四、观察时支持策略的有效性有待提升

在“学习故事”中，教师需要在观察和分析的基础上提出指导策略，针对观察和分析中形成的认识和理念采取行动，优化自己的支持行为，提高教育的适宜性、针对性和有效性。但有些教师在写后续的支持策略时，会偏离前面的观察记录和分析评价的核心问题，从而导致前后内容出现脱节的现象。或者是现场的支持策略缺乏有效性和针对性，而出现这些问题的原因主要是教师对支持回应的理解不到位，掌握的技巧和策略较少。

五、观察内容有待全面

表4-6 观察儿童所选的环节

观察儿童所选的环节				
		响 应		个案百分比
		频 次	百分比	
	入离园	11	6.7%	34.4%
	集体活动	25	15.3%	78.1%
	生活环节	20	12.3%	62.5%
	户外活动	23	14.1%	71.9%
	区角活动	31	19.0%	96.9%
	自由活动	28	17.2%	87.5%
	个别化学习	25	15.3%	78.1%
总 计		163	100.0%	509.4%

由表4-6分析得出，教师对于儿童的观察大多集中在入园后的活动中，其中频率最高的是区角活动，最低的包括入离园和生活环节，生活环节也是观察的一

个重要时机，不容忽视，教师应该把握好这一时机进行观察。

而后笔者结合访谈内容了解到，因为该园实行的上班制度，是早晚班制，孩子在入园的时候，整个班级只有一位老师，这个老师既要负责接待又要负责观察的话，精力可能有限。然后本园是数学特色园，重点主要会放在区角活动和游戏环节，这解释了老师为什么会忽视对生活环节的观察，但是对生活环节的观察是值得重视的，孩子的学习在生活环节当中会更加真实，也更加全面。

六、观察方法的运用有待熟练

从问卷得出，教师使用频率最高的观察方法是轶事记录法，频率为81.25%，时间取样法和等级评定法使用频率最低，分别为21.88%和6.25%。表10可以看出：能熟练使用轶事记录法这种观察方法的人数最多，有26人，能熟练使用时间取样法和等级评定法的人数最少，分别只有2人和1人。其他观察方法的掌握还不够熟练。教师熟练地掌握各种观察方法是灵活运用多种观察方法的前提基础，不同的观察方法各有侧重，多种观察方法灵活运用于实践才有利于教师对幼儿进行全面地观察。

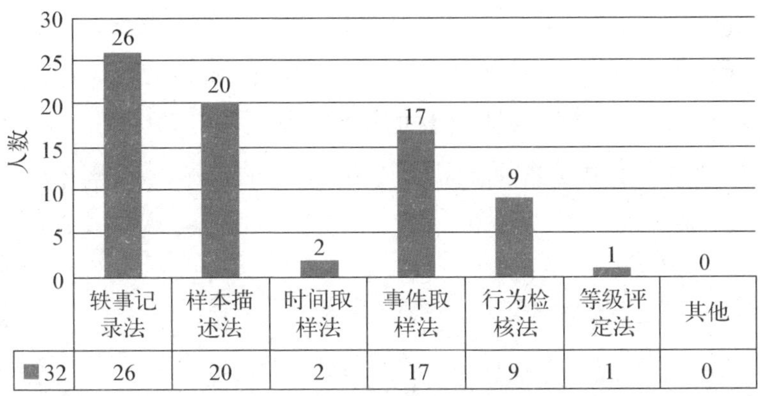

图4-1　熟练使用的观察方法

图4-2是教师对参与式观察和非参与式观察的倾向选择，85%的教师选择非参与式观察的方式，即以旁观者的身份观察儿童，不参与儿童活动。推测原因有：一、教师要观察记录儿童的表现，没有时间和精力参与到儿童活动中去；二、教师没有参与到儿童活动中去的意识；三、教师不知道采取何种合适的方式参与到

儿童活动中去。只有6%的教师选择了参与式观察，参与式观察和非参与式观察同样重要，教师应能面对具体情况灵活选择运用。要有参与到儿童活动中去的意识，通晓采取合适的方式参与到儿童活动中去。因为观察过程当中，教师及时有效的介入也是比较重要的一个部分。有的时候不参与、不干扰算是一种合适的介入，但有的时候，恰当有效的支持也是必不可少的介入。

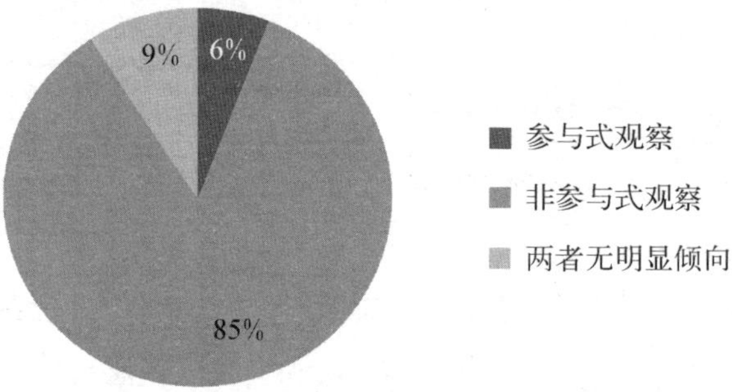

图4-2　对参与式和非参与式观察的选择倾向

对问卷的整理还可以得知，教师在计划观察行为时，会先确定内容。最多确定的内容是观察对象，接下来是确定观察时间和观察内容，观察目的、观察工具和观察方法是最少确定的内容。这说明观察目的不够明确，其次，对观察方法和观察工具的重视度不够。尤其是观察方法，只有20位教师认为在计划观察行为时要先确定观察方法，这与结论“观察方法的知识欠缺且不能熟练运用各种观察方法”共同说明了一个问题，就是教师急需重视观察方法的学习、掌握和运用。

第五章　以“学习故事”促进教师专业发展之行动

本研究聚焦的是以“学习故事”促进教师理解和支持儿童学习的行动研究。在支持促进教师专业发展的相关研究中，有学者提出基于学校本位促进教师专业发展的实施途径包括三个基本要素：需求驱动、专业合作、支持制度。学校本位教师专业发展指的是：学校运用专业权力，自主配置教师专业发展所需的资源，为教师提供专业服务，帮助教师专业性得以扩展与提升的过程。本研究以幼儿园为单位开展的培训、教研及反思交流等活动正是基于学校本位促进教师专业发展的体现。

第一节　参与式培训：阅读“学习故事”

学校本位教师专业发展的第一个要素是“需求驱动”，即教师的专业发展必须基于教师的兴趣与需求，它揭示了教师专业发展的源动力。研究初期教师对观察评价的重要性有着清晰的认知，对观察评价也很认可，但在具体实践过程中存在一些方法、知识、理念方面的困惑，这样的冲突表明教师存在提升观察评价能力的需求，这样的需求是教师学习的重要动力。问卷调查还显示，教师最认可的提升观察评价能力的途径是参加专家讲座。为满足教师提升观察评价能力的需求，以及参与专家培训的需求，幼儿园采取的行动是邀请专家开展培训，以解决教师困惑来满足教师需求。

幼儿园邀请华师大学前教育系的两位教授为培训专家，专家为更好地满足教师参与培训和能力提升等方面的需求，以情境教学、抛锚式教学为主要培训方法，基于教师“需求驱动”开展形式多样的培训，既有参与式专题讲座，又有现场观摩的专题教研。安排的培训内容充实丰富，既有专业理论知识，又有生动具体案例。

一、在知识梳理和理念更新中走近“学习故事”

针对教师对儿童的看法仍是“拍都拍不下去”、“太慢太慢我看得着急”以及知识方面的困惑和能力提升需求，前期的培训基本围绕理念更新和知识学习展开，理念更新和知识学习两个部分不是孤立进行的，而是相互包含、各有侧重，在专家培训过程中教师需求可以得到满足。

专家为调动教师参与活动的积极性，在培训中避免枯燥讲解抽象的知识和空洞的理念，采用“情境教学法”，将抽象的理论知识与贴近教师经验的情境紧密结合，吸引教师兴趣、引起教师共鸣，在此基础上帮助教师进行知识梳理和理念更新。

为满足教师需求，帮助教师尽快走近“学习故事”，培训中既有侧重“学习故事”相关理论知识的梳理，如介绍何谓“学习故事”评价，如何以“学习故事”记录评价儿童学习，“学习故事”对我国学前儿童评价的启示等；又有侧重“学习故事”倡导理念的更新。培训同样借助情境创设进行，这种方式最常用、也最受教师欢迎，因为有具体情境的支持，教师更容易理解“学习故事”倡导的理念以及运用过程中应注意的事项。教师在培训过程中逐渐了解到“学习故事”不是书本上罗列的知识点，而是与自身经验、教学实践紧密联系，可以在真实情境中具体使用的方法。Brown等人认为：“知识只有在其产生和应用的情境中才能产生意义，它不能从情境中孤立出来，学习知识的最好方法就是在情境中进行”。专家创设的教学情境，为教师提供了学习知识的最好方法，也为教师提供了深入走近“学习故事”的便捷途径。

针对教师在儿童观、评价观方面的困惑，专家在培训中结合优秀文本案例，帮助教师在贴近自身教学实际的优秀文本案例中进行理念更新。教师在专家培训需求得到满足的过程中，借助情境结合自身经验积极进行反思，获得对“学习故事”的进一步了解，逐步转变对儿童的态度看法，转变评价关注的要点。

有学者提出情境教学是“以情激情，把认知活动和情感活动结合起来的教学模式”。培训中教师阅读他人撰写的优秀文本案例会颇有感触，产生情感共鸣，并结合自身经验进一步思考，这是教师将情感活动和认知活动结合起来的过程。文本案例中既涉及“学习故事”倡导的理念知识，又涉及与教师自身经验紧密联系的情境，教师通过阅读贴近自身经验的优秀案例启发良多，首先获得情感上的共鸣，其次获得认知上的共鸣，积极主动地将现有情境与自身经验结合，并对自身经验进行意义建构，这是对专家使用情境教学法的认可，结合情境教学能激发教师的积极情感，调动教师参与培训的积极性，满足教师对专家培训的需求。教师在培训中逐渐转变固有的儿童观、评价观，逐渐积累运用“学习故事”的相关知识。

二、在现场观摩和答疑解惑中“再认儿童”

行动研究过程中，教师对真实案例进行评价解读时也会遇到新的问题，新的困惑也亟待专家解决，幼儿园为满足教师在行动过程中问题亟待专家解决的新需求，开展以现场观摩为主、专家为教师答疑解惑的培训活动。

专家为更好地满足教师需求，对教师进行答疑解惑时采用“抛锚式”教学设计，教师作为学习者完成对知识意义建构的最好方法是在真实情境中去直接感受体验，而不是间接听取他人的经验介绍和讲解。“抛锚式”教学方法以教师在观察评价过程中遇到的实际问题为基础，满足教师解决新的实践困惑的需求。基本培训流程是专家和教师一起对园内某班级进行的个别化学习活动进行现场观摩，然后就真实发生的案例进行评价讨论，教师各抒己见，和专家一起交流探讨，专家就问题为教师答疑解惑，帮助教师在现场观摩和答疑解惑中“再认儿童”。

专家在培训中及时抓住教师深入思考的契机，并在此基础上进行专业理念的点拨，做到教学走在教师能力发展的前面，过程中渗透的专业理念指点，可以提炼概括为静待孩子的发展和发现孩子的闪光点。

静待孩子的发展：针对真实案例中教师对有效介入回应的困惑，专家在答疑解惑的过程中强调教师的专业理念要更新转变，“学习故事”强调“以儿童为中心”，要追随儿童的发展脚步，而不是按照教师的要求预设，回应要注意时机和方式。

发现孩子的闪光点：针对教师认为现实和理想差距太大的困惑，专家从专业理念点拨着手解决。基本每次培训都会渗透理念的更新，包括前面介绍的知识梳理、案例培训，都会渗透“学习故事”倡导的核心教育价值观念，具体包括尊重欣赏孩子，发现孩子闪光点，带给孩子成就感和自信心等。从尊重孩子开始，这是“学习故事”带给幼儿园教师理念上的新突破。

幼儿园教师在需求得到满足的过程中走近“学习故事”，了解“学习故事”，思考“学习故事”，进行专业知识的学习和专业理念的更新。专家借助情境教学法、抛锚式教学法满足教师提升观察评价能力的需求，帮助教师在真实情境中结合自身经验进行知识学习和经验建构。这样的培训学习在整个行动过程中都有安排，教师在行动中出现的问题可以在培训中及时得到解决。

这样的培训基于教师需求，能得到教师的一致认可。每次培训结束，教师都会递交培训笔记。

幼儿园邀请专家开展培训的活动安排，满足了教师提升观察评价能力的需求，也满足了教师对专家培训的需求，专家培训的效果自然会得到教师们的一致认可。需求是教师专业发展的动力，需求得到满足，教师观察评价能力也得到提升动力，教师在专家培训中逐步加深对“学习故事”的了解，专业知识得到梳理，专业理念得到更新，能力提升需求得到满足。

第二节　全园式互动：撰写“学习故事”

学校本位教师专业发展的另一个要素是“支持制度”，有学者强调“无论作为个体还是群体，教师专业发展都是一种过程，需要学校建立一套支持的制度，以保障此过程是专业的、可持续的”。同样，幼儿园教师专业成长也需要幼儿园建立一套支持制度。行动研究过程中，为从“支持制度”方面保障幼儿园教师在实践中坚持运用撰写“学习故事”，幼儿园提出定时定点的基本要求和交流评比的推动机制。

美国有学者提出，所谓“制度”，其实质就是一种模式化的行为（patterned behavior）。中国学者在此基础上强调“要树立一种新的制度或者行为模式，关键是可预期的重复”。要想在幼儿园内部教师群体间获得坚持撰写“学习故事”的稳定行为模式，需要经历重复行动过程，首先要有明确具体的规则和要求，告诉教师应该怎么做，做法重复许多次以后，教师就会自觉遵守这套要求机制，出现预期的模式化行为。

一、定时定点的基本要求

首先，为保证教师撰写文本的规范性，幼儿园制定“支持制度”明确，具体要求教师应先观察并拍摄视频，再结合拍摄视频撰写“学习故事”。幼儿园统一要求“学习故事”的固定格式，具体撰写模板如下图，包括“发生了什么”“学习了什么”“下一步该做什么”三个标准版块。

幼儿学习故事：（故事名称自己填写）

班级：________　　教师：________　　时间：________

发生了什么
学习了什么
下一步该做什么

图5-1　“学习故事”撰写模板截图

其次，为保证教师每月完成一定的观察评价任务量，幼儿园制定“支持制度”明确要求教师每月月底递交一定的材料，具体包括“学习故事”文本纸质稿和电子稿，还有相应拍摄剪辑的视频资料。纸质资料按月份统一由副园长收集存档，其余电子资料按班组分类，分享在幼儿园网络共享群里，方便教师之间的相互交流、传阅和借鉴学习。因为“学习是个体参与真实情境与实践”，学习过程中参与实践很重要，所以幼儿园制定这样的要求，一是确保教师在真实情境中参与实践运用，二是确保整个研究的顺利稳定开展。幼儿园定时定点的基本要求也是教师出现稳定行为模式的前提基础。

同时幼儿园也会根据专家建议和教师撰写情况及时调整规定要求，研究初期，幼儿园统一要求每位教师每个星期撰写一篇，后在专家的指点下意识到“学习故事”不在数量多而在质量精，不能给老师带来额外负担，幼儿园将规定改为每周不强制要求撰写，每月精选两篇“学习故事”即可。教师在完成任务的过程中将培训习得的知识和理念进一步运用于实践，陶行知先生强调“知行合一”，幼儿园定时定点的基本要求就是在保证教师的“知行合一”，同时保证行动研究的顺利开展。

二、交流评比的推动机制

幼儿园为调动教师撰写“学习故事”的积极性，每三个月举办一次优秀“学习故事”评比活动，由班组推荐选取精彩的“学习故事”，参加全园的交流评比。幼儿园教师对评比活动持积极认可态度，这样的形式也能调动教师撰写“学习故事”的积极性，教师在参与运用、评比等一系列实践活动中，将“学习故事”的理念、知识融入实践活动，活动过程中能力也在不断提升。同时评比机制也是对教师撰写“学习故事”的反馈，可以帮助教师了解自己写的“学习故事”是否出彩，哪些方面仍需进一步改进等。

行动研究过程中，幼儿园提出定时定点的基本要求和交流评比的推动机制，从“支持制度”方面保障幼儿园教师在实践中坚持运用“学习故事”，“学习是整体的、不可分的社会实践，是现实世界创造性社会实践活动中完整的一部分”，教师的学习同样离不开实践支持，幼儿园制定的要求从“支持制度”方面确保教师将学习与实践紧密结合。同时制度是将理想转化为现实的途径，在明确具体要求的规定下，教师自觉遵守这套做法，经历反复撰写、评比的过程，逐渐形成预期的模式化行为。这样的制度要求可以确保“学习故事”的数量，但在确保“学习故事”质量方面还有待改进。

第三节　研修共同体：反思“学习故事”

学校本位教师专业发展的最后一个要素是“专业合作”，概括来讲就是通过与教师同伴的合作促进自身专业发展，教师的专业合作指：“教师个人或群体为促进专业成长与发展，进行一种同事间的专业合作互助活动，基于教师个体自主思考基础上的分工合作和研究探讨，通过相互协作、经验分享、资源共享、共同学习而形成的联合行动。”从中可以提炼出教师专业合作的两个关键点，一是合作团体，二是合作活动。幼儿园教师在行动研究过程中基于“研修共同体”成员之间的反思研讨也是教师的专业合作，既包含合作团体——“研修共同体”，又包含合作活动——反思研讨。

研究中的“研修共同体”是在“实践共同体”基础上进一步完善提出的，“实践共同体”这一概念最初由莱夫和温格提出，为了强调在个体与共同体的关系中活动的重要性，以及共同体之于个体实践的重要性，研究过程中，目标幼儿园组建学习小组进行交流研讨的做法，实际上形成的是反思“学习故事”的共同体，但这个共同体更多强调的是成员通过对“学习故事”的研讨交流，去强化教师进一步的反思，所以可以把这样的共同体称为“研修共同体”。研修共同体由参与教研讨论的教师组成，任务是基于专业合作提升观察评价能力，在研究讨论的过程中彼此分享经验，反思问题，共同商讨、相互学习。

教师专业合作的具体表现形式从合作活动开展的空间角度划分，可分为校内教师合作、校际教师合作，本研究中的反思研讨活动也可从活动开展的空间角度划分，具体分为园内教师合作、园际教师合作。活动形式安排如下所述。

一、参与合作式分享讨论

园内教师合作是目标幼儿园内部开展的合作活动，为帮助教师基于专业合作进行有效的反思研讨，全体教师在学习培训、坚持撰写“学习故事”的同时，还以班组为单位组成研修共同体，每个月安排园内教师合作研讨，每位教师展示自己拍摄的视频和撰写的“学习故事”文本，研修共同体成员共同参与讨论点评，彼此分享经验，给予及时反馈。每次研讨结束组长会进行归纳，梳理研修共同体在合作研讨中一致认可的经验，便于成员之间的相互借鉴学习。

实践共同体强调成员之间乐于分享经验、追求共同的事业，能够在目标明确、意义清晰的基础上，通过协商来确定其需要进行的共同学习和共同实践以实现共同进步。研究中的研修共同体也强调经验共享和共同进步，教师在研修共同体的经验共享和反思交流中，逐渐掌握运用“学习故事”的要领，逐渐探索总结出观察要持续、分析要结合儿童年龄特征等新思路，通过借鉴模仿同伴的有效经验，共同完成观察评价能力的提升进步。

二、聚焦主题式反思研讨

除了幼儿园内教师合作，还有幼儿园骨干教师参与园际教师合作，合作研讨的形式流程与园内基本一致，不同的是，园际研修共同体由三个幼儿园的骨干教师和专家组成，且合作研讨聚焦于主题开展。主题包括观察记录、解读分析、介入回应三个方面，并进行细化。比如以“介入回应”为主题，会细化到对介入时机的探讨、对介入效果的反思等细节。教师对园际合作研讨也更为重视，研讨前对拍摄视频和文本案例精心修改，研讨过程中专家和同伴及时点评，研讨后教师再结合专家指点、同伴点评进一步完善文本。教师在过程中收获颇丰。

有学者指出，在学校本位的框架下，教师之间的合作品质的高低直接决定着教师专业发展的成败。园内的研讨合作可以借鉴园际“聚焦主题”的做法，调整研讨安排、优化研讨效果，提高园内教师之间的合作品质和效率。

研究初期调查发现，教师忽视“与他人沟通交流”、“自我反思”的能力提升途径，因此行动过程中组织“专业合作”的团队，安排“专业合作”的活动，帮助教师重视“专业合作”的同时也为教师提供能力提升的新途径。教师在“研修共同体”的专业合作中进行研讨反思，困惑之处可以得到解答，精彩之处可以得到认可，在经验共享和反思交流中共同实现观察评价能力的提升进步。这样的专业合作基于幼儿园展开，是教师专业发展的要素之一。教师在研修共同体中借助同伴合作不断结合实践经验进行反思研讨，在过程中习得及时性的、实践性的经验知识，获得能力提升。

幼儿园安排的培训学习、撰写实践、研讨反思三部分活动分别对应学校本位教师专业发展的三个要素：需求驱动、支持制度和专业合作，以此分析幼儿园的行动安排和教师在过程中的具体表现，可知这三要素构成了行动开展的基本框架，幼儿园的活动安排在一定程度上为教师理解和支持儿童学习能力的提升提供了实践性、情境性、合作性的基础，教师的积极配合使得研究得以顺利进行。

第四节 “学习故事”视角下的教师专业核心要素

随着课改的深入，我们都意识到，课改对幼儿园教师提出的专业要求与教师的实际水平之间存在落差。那幼儿园教师的核心专业素养究竟是什么？在三年的“学习故事”研究中我们渐渐清晰思路，并梳理了教师理解与支持幼儿学习的专业核心要素主要的几个维度。

一、正确的专业理念

教师的“专业理念”是指教师对自身专业的性质、标准、价值等的理解判断、期待与认可，它指引着教师的思维方式与行为举止。而“学习故事”是一套有明确教育价值观引领的儿童评价体系，它的核心理念与《3—6岁儿童学习与发展指南》有很多相通之处，如相信儿童是有能力、有自信的主动学习者，儿童的学习和发展是一个整体，儿童是在与环境的有效互动中学习和发展的，等等。因此，了解如何在教育理念下引领解读和支持儿童学习，会帮助教师建立理念和实践之间的联结，同时让他们在教育教学实践中体会到教育的意义与价值。

在以往的活动中常常会发现这样的情况：教师设计的活动材料结构高，一旦幼儿没有按照教师预设的玩法进行，教师就会千方百计、绞尽脑汁引导幼儿朝着自己的目标进行思考。在幼儿感到百般无奈的同时，教师也一次次品尝着“失败”的苦果、身心疲惫……“学习故事”的开展改变了这种师幼互动中的尴尬。“相信儿童、尊重儿童”的指导思想使师幼关系一下子融洽起来。她们试着闭上嘴、睁大眼，创造机会和条件放手让幼儿直接感知、实际操作、亲身体验，发现发生在幼儿身上的“魔法时刻”，真正了解幼儿的“能”与“不能”，最大限度地去挖掘每一个孩子的优点。教师只有树立正确的教育理念，才能对幼儿今后的学习与发展作出合理科学的规划与引导。

二、丰富的专业知识

《幼儿园教师专业标准解读》中指幼儿园教师“专业知识”的维度包括掌握幼儿发展知识、幼儿保育和教育知识、通识性知识等方面。具体包括教师对幼儿年龄特点、幼儿学习特点、幼儿学习方式，幼儿园教育的目标、任务、内容、要求和基本原则等方面的专业认知。

在利用“学习故事”促进教师理解和支持儿童学习的行动研究中我们发现教师只有不断地提升巩固自身的专业知识，掌握各个领域的核心经验才能帮助教师捕捉和发现幼儿的学习行为。与此同时，了解幼儿的年龄特点、发展轨迹、学习特点，才能更好地帮助教师准确地理解和读懂幼儿。进而满足幼儿学习兴趣与需要，提供有效适宜的学习支持，从而促进幼儿积极自主、生动有效的学习与发展。

三、生长的专业能力

专业能力包括教师学习内容选择与设计、观察与分析、反思与调整、回应与支持等能力。“学习故事”的运用重点突出三个部分，分别是注意、识别和回应，对应教师专业成长的核心要素中的观察、解读和支持。通过学习故事，教师进行着一系列观察、记录、解读、评价的训练，这一过程也正是提高教师观察记录、分析评价等专业能力的过程。具体来说就是基于先进理念和扎实知识基础之上以提升教师敏锐的观察能力、准确的分析解读能力以及有效的回应支持能力。

（一）敏锐的观察发现能力

《幼儿园教师专业标准》中明确指出，观察、记录等是幼儿园教师了解幼儿的基本方法，并规定幼儿园教师要运用观察的方法去全面理解和评价幼儿。观察和评价的能力对幼儿的发展具有重要的价值和意义，同时也指引着幼儿园教师的教育教学行为，能够帮助教师科学地了解幼儿的发展阶段和水平，为儿童进一步发展提供科学、可行的教育建议和策略。蒙台梭利曾说过：“唯有通过观察和分析，才能真正了解孩子内心需要和个体差异，以决定如何协调环境，并采取应有的态度来配合幼儿成长的需要。”由此可见观察的重要性，通过观察，教师才能以儿童的视角来理解儿童，以儿童为中心，以开放的心态、宽容的情怀对待儿童，真正做到尊重、信任儿童，让每个儿童实现个性化发展。

（二）准确的分析解读能力

对幼儿年龄特点的把握：学习故事要求教师运用自己储备的专业知识和已有的成熟经验对幼儿的外显行为进行“识别”，教师提前掌握各年龄段幼儿的年龄特点，有助于教师在解读学习故事中的幼儿行为时，不仅能看到幼儿的学习行为，更能看懂幼儿的学习行为，解读评价幼儿时也更为准确和客观、更具针对性，为教师更好地作出下一步决策提供了理论依据。

对幼儿发展核心价值的把握：掌握各领域的核心价值和幼儿学习品质，让教师在对幼儿进行分析解读时，对照目标和要求，结合学习故事中幼儿的行为，较恰当和准确的分析、解读出幼儿已有的知识经验体系和发展水平，帮助教师全面地、系统地把握幼儿学习与发展的情况。理论知识的掌握，让教师在分析解读中能针对幼儿的实际行为作出更有效的评价。

（三）有效的的支持回应能力

回应是教师计划“如何支持幼儿在这方面的学习”，回答“怎么办”的问题，即教师提出进一步促进和拓展幼儿学习与发展的设想和方案。回应建立在注意、识别的基础上，基于当前幼儿的学习兴趣、能力以及学习品质等，教师应依据幼儿的真实发展，作出有效的回应，教师的有效回应包含两个要求：(1) 看效果，即教师的支持回应在结果上能否促进幼儿经验的发展，即在原有经验的基础上获得新经验。教师可以通过分析幼儿所获得的经验，找到幼儿在活动中的兴趣、长处、短处，追随兴趣，扬长补短。(2) 看效益，即教师的支持回应在过程上不耗费师幼过多的时间和精力，符合幼儿身心发展的特点、师幼互动的基本规律。这就要求教师对儿童多种多样的学习方式有所了解，比如聆听成人或同伴的经验、向他人介绍自己的经验、参加小组活动等等。

幼儿园教师核心素养是幼儿园教师以自身的专业知识、专业技能、专业情怀成功地应对幼儿教育工作的能力以及实现自身全面发展的素养的集合，是培养儿童核心素养的关键和前提，也是影响幼儿教育质量的关键因素。在三年的课题研究中我们的教师先破后立，借助“学习故事”在观察、解读、回应中不断强化着自身的核心专业素养。即便遇到了困难，面对未来的不确定性，我们也坚持持续的自我更新，教师专业成长永远在路上……

第五节　“学习故事”视角下的教师理解与幼儿支持策略

学习故事包括注意(发生了什么)、识别(学习了什么)，回应(下一步怎么做)。教师对幼儿学习故事的支持策略是广义的，存在注意、识别、回应三个环节中。我们的研究就是试图基于“学习故事”促进教师理解与支持幼儿，助推幼儿有益发展，实现教师的专业成长。

一、观察捕捉幼儿行为——注意幼儿学习

在幼儿的一日生活中，无时无刻都有打动教师的“魔法时刻”值得被记录下来，帮助教师了解幼儿在学习过程中表现出来的兴趣、知识、学习方法、学习品质、情感态度等多种信息。在这过程中，教师要善于用眼睛、耳朵、鼻子等不同感官进行观察；用文字、图片、照片、视频等方式和途径去捕捉、记录幼儿行为，收集有益的信息。

(一) 随机观察

随着“学习故事”研究的不断推进，我们发现幼儿身上的“精彩时刻”无处不

在，无论何时何地都有可能发生。我们学会从积极的、发展性的视角看待幼儿的所有即时发生着的活动，从中捕捉精彩瞬间，开展随机观察。我们的随机观察着眼于生活、学习、运动、游戏四大活动形态，尽可能扩大随机观察的视角，让观察见缝插针、涵盖幼儿生活的点点滴滴。

附“学习故事”《小蜗牛，加油！》

运动时，大家都在骑车，可是蓉蓉蹲在操场的一个角落里，我好奇地走过去看看蓉蓉蹲在角落里在做什么。蓉蓉看见我过来说：“有好多蜗牛。”原来昨天晚上刚下过雨，场地上比较湿，蜗牛都爬出来了。另外一边的佳琪对蓉蓉说：“快来看，蜗牛宝宝爬上来了。”蓉蓉听了马上走到佳琪的身边说：“给我看一下。”看了一会蜗牛，蓉蓉问我：“老师，蜗牛喝奶吗？”我说：“不喝奶吧，你觉得蜗牛喝什么？”蓉蓉说：“我觉得蜗牛肯定是吃虫子。”他们看了好久都没有动一动。这时小耿也加入到看蜗牛的队伍中，小耿说：“它要滑下去了。”蓉蓉说：“它要尿尿吗？”她指着蜗牛爬过的一条痕迹。我说：“那是它爬动时留下的粘液，可以帮助蜗牛爬动。”蜗牛慢慢地从场地上爬到了木栅栏上了，蓉蓉兴奋地为它加油。看蜗牛的幼儿换了一批又一批，蓉蓉还是很耐心地蹲着看小蜗牛。

故事发生在户外运动时一个很偶然的时候，教师随机观察到一位幼儿活动的片段。一只小小的蜗牛引起了蓉蓉观察的兴趣，并且能够持续整个户外运动的时间，这说明幼儿对身边的事物充满了好奇心，教师则要保护好幼儿这一良好的品质。所以在幼儿一日活动中，教师要随时随地注意观察幼儿的活动，要有发现幼儿“哇”时刻的眼睛、要允许幼儿有自主探索的时间和空间，从而让幼儿在活动中获取更为丰富的经验和知识。

随机观察中，教师的细心、耐心、准确判断很重要，让时时处处可以发生的随机观察更具灵活性、有效性。

（二）跟踪观察

跟踪观察指的是指在随机观察发现幼儿的“哇”时刻之后，教师经过研判，对认为有继续观察的必要的幼儿行为进行的有意识、连续的观察。跟踪观察可以是定人,即对一个或几个幼儿行为的跟踪观察,也可以是定材料,即对一份材料不同幼儿操作互动情况的跟踪观察。跟踪观察可以更完整、全面地了解幼儿的发展情况,了解材料与环境等是否适合幼儿的发展需要,以便于教师作出准确的识别与回应。

附“学习故事”《公交车》

小班角色游戏开始了,这一天,小宇拿了一个盘子当方向盘在家里跑来跑去说在开车,于是我说:车子在家里开太危险,找一个空的地方开吧。就这样开启了“公交车”的主题……一开始,天天和小宇搬了两把椅子开始开车,天天跑回了蓝蓝家拿了一个盘子做方向盘,其他幼儿们也想上车,可是只有两个座位,于是小宇和天天就去搬来了好几把椅子,幼儿们就不约而同地上了车。第二天幼儿们上车的时候纷纷给司机塞钱了,可是没有放钱的地方(第三天游戏前,我做了一个公交车的投币机放在了材料区)。第三天:幼儿们搬来投币机使用,没一会儿小银行的钱没有了,圆圆提出没有钱可以刷卡,我指了指那边的材料说:“那里有材料,如果你需要可以使用。”于是圆圆用手工纸折了一张交通卡就去坐车了。

这个故事,教师通过3天跟踪观察才把这个过程记录下来。通过这个故事,让教师明白,跟踪观察是观察中一种重要也是非常有用的方法,在3天的游戏中角色游戏的游戏情节越来越丰富:坐公交车、刷卡、投币等,用圆圆的盘子代替方向盘、用纸来做交通卡等,推动了幼儿游戏水平的提升。一次次跟踪观察的背后,让教师能深入思考幼儿们游戏行为背后的内容,了解幼儿当前游戏的需要,以及应该作出怎样的相对应的支持策略等,从而推动幼儿在游戏中获得真正的自主和乐趣。

因为跟踪观察能将一个个单独的点串在一起,在连续发生的、动态中的持续变化中发现幼儿在学习故事中的发展与变化,更有利于老师全面、深入观察与分析。教师在开展跟踪观察时要准确判断是否需要跟踪、何时跟踪、跟踪过程中教师如何引导幼儿在上一次活动的基础上建构新的行为等,让跟踪观察价值最大化、最优化。

(三)聚焦观察

聚焦观察指的是聚焦幼儿在活动中某一项具体的表现,教师带有更多的任务与计划意识。聚焦观察便于教师对幼儿们注意、辨识情况找到准确的支持策略，引导儿童深入探究和学习，形成与儿童的兴趣、需要高度契合的支持策略。聚焦观察可以针对一个幼儿、一个表现，但是要注意面向不同发展水平的每一个幼儿，让聚焦观察兼具针对性和普适性。

附“学习故事”《不一样的你》

游戏一开始，我就开始注意到诚诚，他开心地跑向同伴，口中还喊着：“我们是一组的。”可是同伴们没有回应，他稍显落寞地跟在身后又询问别人，可是其他3位伙伴似乎还是不太愿意和他合作，他主动要求帮忙：“我来帮你吧？”也被同伴果断拒绝。他多次尝试去和其他幼儿主动沟通：“我们该做什么呢？”“我也要参加比赛。”“我不捣乱。”旁边的宸宸最后松口允许他看好已经搭好的积木，“乐乐，我帮你们看着积木了，我没有破坏，也没有踢倒。”可即便是这样，同伴们还是不愿意和他合作，甚至想推开他，诚诚得到的回应都是拒绝。于是他在另外一边玩起了积木，这时候乐乐和宸宸为了一个圆柱体争夺了起来，乐乐摔倒在地，诚诚赶忙来劝架，还主动扶起了摔倒在地的乐乐，渐渐地，幼儿们开始愿意和他玩在一起了。

这个故事，主要聚焦观察诚诚这个小朋友在游戏中的语言和行为。通过聚焦观察，发现诚诚在改变，改变了以往对同伴的态度，改变了以往处事的习惯。过程中他多次被拒绝，但是他并没有和同伴发生冲突，而是不气馁、坚持不懈地和同伴去沟通、请求，之后又去帮助别人，同时游戏中遵守和同伴的承诺，聚焦观察，我们惊叹于他今天的表现。

很多时候，聚焦观察是有计划、有目的的，经常是为了解决出现的问题、验证问题解决的效果等。在教师有的放矢的聚焦观察中，教师清楚、明确地进行观察，掌握幼儿学习故事中的表现，收集需要的信息，为后续的引导、跟进提供坚实的保障。

二、理解分析幼儿行为——识别幼儿学习

（一）核心经验导向

陈杰琦指出：对应学前教育的各个领域，某个领域具有“聚焦性”、“连贯

性”、“适应性”的核心经验（陈杰琦《核心经验与幼儿教师的领域教学知识丛书》序言，南京师范大学出版社，2015），要求教师更有目的和意识地去关注幼儿正在学习和发展哪些核心经验，观察幼儿在核心经验学习时的表现和个体差异，为幼儿提供更加适宜的后续支持。我们提供学习机会，增进教师对核心经验的了解和把握，助力教师构建自己领域教学知识，获得专业发展，然后直接或间接影响幼儿的学习与发展。在掌握幼儿核心经验的基础上，教师以核心经验发展为考量标准，判断、识别幼儿的学习过程，了解小、中、大不同年龄段幼儿在生活、运动、游戏、学习中的核心经验和发展水平，更好地掌握了解幼儿学习发展的目标与规律，有效地分析幼儿行为，作出准确的回应。

附“学习故事”《有多长？》

在测量桌椅的活动中，一凡第一次选择了用吸管来测量桌子的长边。他将吸管紧贴桌子，吸管一端的起始位置是他用记号笔做的标记，他在另一端用记号笔做好标记。当他测量到最后一段时，发现吸管长于最后一段，他将这个发现表达为：“超时了。”之后，他将他的发现记录下来，他用长方形表示桌子，在长边处画上了刻度，在旁边写了数字“6”。记录完成后，他向我申请：“可以用第二种方法吗？”获得支持后，一凡借来了积木开始了他的第二次测量。他测量时发现桌子的长边有八块积木这么长，将这个发现用同样的方法记录在纸上。

第三次，他取来了扭扭棒，但是尝试了几次后，他发现扭扭棒很轻且弯曲，不能服帖地挨着桌子，于是他弃用了这个测量工具。想要用自己的手指测量，但是在首尾相接做标记的过程中，他发现了困难：“这要怎么测量啊？”于是，他去工具箱取了一把剪刀，想用剪刀测量椅子的边长。他发现椅子的边长有两把剪刀这么长。之后他又换了记号笔套进行测量，发现椅子的边长有6个笔套这么长。最后，他又用笔套对椅背的长度进行了测量。在首尾相接做标记的过程中，他对一个笔套的长度进行了命名：“一米，两米，三米，四米，五米，六米，七米，八米……十二米。”然后，他将这个发现记录在纸上。

在一日生活中，一凡较易与同伴发生冲突，遇事激动且难以平复情绪。但在这个故事中，一凡在面对困难时能根据自己的已有经验尝试解决问题，我们可以看出，他基本掌握了以下关键经验：测量经验。整个过程中，一凡乐意尝试用不同的自然物进行测量，有要把量的整体划分为几个小单元的经验，对测量的始端、终点、移动、做标记以及算出量的结果比较熟练，掌握了首尾相接的测量方法。在记录测量的结果时，他能够运用简单的符号将测量结果清楚地表征出来，前书写表征的能力也在发展。

核心经验导向帮助教师判断哪些幼儿在学习故事中的表现需要予以重点的关注，并指导教师根据核心经验发展目标开展引导和推动，帮助幼儿在活动过程中更好地建构核心经验。

（二）典型行为剖析

在幼儿的学习故事中，会有具有代表性、明确指向某项核心经验的典型行为，教师要善于推断出哪些属于典型行为，并从中发现幼儿表现背后的共性问题与内在规律，以点带面，逐一突破。教师在典型行为剖析时，要结合幼儿学习兴趣、能力、品质等，注重核心经验导向原则，运用专业知识对幼儿的学习行为进行分析，分析幼儿在活动中分别学习到了什么、遇到了什么困难、是怎么解决的，在活动中表现出了怎么样的情形、可贵的学习品质有哪些等，把握幼儿的最近发展区，识别幼儿的学习情况、能力与品质。

附“学习故事”《滑滑梯之初体验》

这天的户外运动是玩滑滑梯，幼儿石头站在滑滑梯上的绳编钻筒的一端，翁老师走到另外一端，鼓励石头钻过来。翁老师：“没事的，你踩这个绳子。”石头：“我拉住了（一边说，一边用手按绳子，试探）。”翁老师：“没关系的，你踩这里。”石头：“试探地伸出了一只脚，又退了回去。”翁老师主动伸出手，石头也伸出手握住了老师的手，尝试性地迈出了一只脚，另一只手也往前扶了一下。翁老师：“加油！”石头：“下不来。”翁老师：“没关系的，加油，你的脚踩上来。”石头退回了脚和手。翁老师：“你跟我一样趴着。”石头看了看老师，犹豫了一下双手扶着绳子，俯身下去，准备了一会，但是还是退了回去。翁老师：“你可以的，你跟我一样。”石头自言自语了一会，还是没有继续，摸摸自己的头，眨了眨眼睛（平时紧张的表现），又俯身酝酿了一会，说：“会掉下去，老师你过来。”翁老师把自己的衣袖给她，让他加油，指给他看踩住就可以过来了，说：“我拉着你的手好不好？”石头犹豫了一下还是退回去了。翁老师换了一个地方，相对比较低，斜坡式的，在上面等着他。石头自己爬了上去，准备去滑旁边的长梯。但是在长梯口站了一会，最后还是滑了下来，脸上带着放松的笑容。接下来又爬上去，滑下了。

从这次的故事中看到了和以往不一样的小石头：首先，他离开老师独立玩滑滑梯了，对于石头来说，离开老师、独立活动是入园一年来最大的进步，也是他突破自我的重要一步。其次，他在这看似简单的滑滑梯过程中克服的是内心的一种焦虑和恐惧，初步体会到周围环境的安全和快乐。最后，让教师感动的是在她的多次鼓励下，他的心里在萌发参与活动的兴趣，所以在调整地方后，他愿意尝试玩，也体验到了快乐。他在活动中有自己的思考和判断，能够根据自己的能力和心理调整自己的行为。

典型行为和核心经验有很多共通之处，不同之处在于核心经验更多的指向学习经验，而典型行为的范围更加广泛。需要老师透过现象看本质，在对一个个生动、具有代表性的典型行为的剖析中逐步深入，抽丝剥茧，达成隐含的教育目标。

（三）学习品质判断

《指南》明确提出“重视幼儿的学习品质”，幼儿在学习过程中表现出的积极态度和良好行为倾向是终身学习有发展所必需的的宝贵品质。要充分保护和尊重幼儿的学习愿望，把学习品质的养成作为最终目标。理解幼儿各不相同的学习路径、心智倾向即《指南》里说的学习品质。看到幼儿正在学习什么，能够学习什么，而不是幼儿不能（不会）学什么，以欣赏、赏识的心态去发现幼儿所具有的良好的学习品质诸如好奇主动、认真专注、不怕困难、勇于尝试、想象创造等。

附“学习故事”《热心的熙熙》

这个故事发生在离园前，我在提醒幼儿们整理下自己的衣服。一转头发现熙熙在帮豆豆塞衣服，只见他跪在豆豆的身后，双手把他的衣服往裤子里塞。塞完衣服，熙熙把豆豆的外套递给了他让他自己穿，转身回到了自己的座位。豆豆拿着熙熙帮他翻好的衣服，先把一只手伸进了衣袖里，接着他把整件衣服套在了自己的头上。坐在一边的熙熙忍不住站了起来，一边拉豆豆的衣服一边说：“豆豆！错啦！”他帮豆豆把衣服脱了下来，又把缩进去的衣袖拉了出来。他走到豆豆身后，拉起豆豆的左手想让豆豆把手伸进衣袖里去，可是衣服有点大，他一手拿衣服一手拉豆豆的手不方便，因此没有成功。于是他又走到豆豆的右边，边走边调整豆豆的衣服，这次他成功地把豆豆的右手伸进了他的衣袖里去，一直任熙熙摆布的豆豆这次也有了反应，主动地用左手去拉衣服，配合起熙熙的行动来。终于成功地帮豆豆把衣服穿好了。

《指南》指出，学习品质是“积极态度和良好行为倾向”，是幼儿终身学习与发展所必需的宝贵品质。而这个故事里的熙熙具有良好的生活自理能力，他不仅不需要别人的帮助，而且主动去帮助别人。虽然整个帮忙的过程并不顺利，遇到了一些问题，比如衣服的方向、袖子的方向、衣服太大，加上豆豆也不是很配合，可是熙熙一直在想办法，这体现了他的主动性和坚持性。

教师更多地致力于读懂幼儿，走进幼儿内心变化、调整的过程。除了学习能力、经验水平，我们要更多着眼于分析幼儿在“学习故事”中的交往、想象、逻辑推断、创造、解决问题等情感态度和性格养成方面。关注幼儿是否有积极主动、认真专注、不怕困难、承担责任、敢于探究、乐于想象等良好的品质，同时关注教师自身在这个过程中所收获的观念与行为的变化，助推其在教学过程中收获专业成长。

三、适度支持幼儿行为——回应幼儿学习

幼儿的学习方式是多种多样的，因此，教师的回应不仅仅是“回应什么”的问题，还包括“怎么回应”。当教师对幼儿可能获得的新经验作出识别，明确了该活动中幼儿经验的“最近发展区”，就应当联系幼儿在日常活动中表现出的已有经验、学习状态、学习品质和学习风格，采取适度、有效的支持策略，推动每一位幼儿的成长和进步。

（一）环境与材料——幼儿学习的基础支柱

在对幼儿学习故事注意、识别的基础上，有目的的创设和调整丰富、自然的显性、隐形环境，物质、心理环境，让幼儿在与基于儿童兴趣与需要的丰富多样的环境与材料积极作用中获得发展。

基于注意与识别，我们要判断是否需要提供相关的环境与材料予以支持，在确认需要而创设的回应幼儿学习的环境和材料，首先必须是幼儿和老师、家长共同收集、完成的。幼儿的自主收集与创设就是积极与环境材料进行互动的过程，为教师有效回应幼儿学习故事提供有益保障。其次，提供层次不一的材料，让幼儿在与材料的有效互动中积累经验。如果在材料与环境中有不利因素阻碍和影响幼儿的学习，包括区域的分隔、安全性的保障等问题，老师要给予有效的支持。再次，材料与环境的创设也要注意低结构、生活化，有利于幼儿替代、表征等行为的产生：如针对幼儿的表现灵活调整高低结构材料的比例：低结构材料的投放，能给予幼儿更多的自由表达、探索空间，更容易让幼儿自己选择材料和决定做什么；高结构的材料能更高效地达成核心经验目标，更有指向性，教师要适当地对材料进行调整和优化。

附“学习故事”《跷跷板比体重》

第一次游戏：三个人的体重比较（参与幼儿：婉婷、知行、之安），在游戏前，幼儿没有事先进行商量，而是随机两两组合进行比较。比较后，幼儿们没有记录，于是我就提供了记录纸。第二次游戏：四个人的体重比较（知行、遥遥、可歆、炫屹），这一次他们事先商量了比较的方法，4人分成2组，每一组里2人先进行比较，2组体重较重的再次比较，2组体重较轻的两人比较。第一组，知行将遥遥翘起，遥遥说：“我比知行轻，知行比我重。”（知行＞遥遥）第二组可歆将炫屹翘起，两位幼儿没有说出谁比谁重，但是能将结果准确地记录（可歆＞炫屹）。第三次比较是由两组中体重较重的幼儿进行比较，结果是知行比可歆重（知行＞可歆）。最后一次比较是两组中体重较轻的两位幼儿进行比较，遥遥比炫屹重（遥遥＞炫屹）。最终4位幼儿成功地将体重由重到轻在记录纸上进行了排序，并用图示表征轻重。

这个故事中，教师的回应策略是提供比较体重的环境（跷跷板）和材料（记录纸），跷跷板是游戏前提供的，记录纸则是在游戏活动中提供的。对三个人、四个人的体重进行比较和排序会涉及到量的传递性，用记忆的方式比较难，所以教师在游戏中即时增添了画有跷跷板的记录纸，让幼儿在跷跷板的两端做表征，帮助幼儿理解轻重关系。在幼儿逐渐对游戏熟悉时，又把画有跷跷板的记录纸调整成空白的记录纸，激发幼儿运用自我的表征方式比较体重。

因此，在对幼儿的观察、识别以后，创设一个安全有序、具有支持的学习环境，提供富有层次、富有挑战的丰富材料等能让幼儿专注地投入活动，充满自信地探索问题，就是“学习故事”促进教师理解与支持幼儿的重要体现。

（二）经验与方法——幼儿学习的过程支架

在教师的回应、支持过程中，要在思想上进行转变，多一些理解，多一些追随，多一些推动。分析幼儿在“学习故事”中学习到了什么、如何学习的、运用了哪些策略，教师要善于总结、提炼好的经验和方法。同时，教师要给予幼儿经验分享的机会，善用任务驱动的方式引导幼儿思考，适时地问问：怎么会这样？除了这样还能怎么做？如果下次再玩，你还会有什么新的想法？如果是老师玩，你猜老师会怎么玩？等等。带有点拨和暗示引导的语言和问题，可以让幼儿审视自己的学习过程和学习效能，最重要的是改善后续的学习行为，助力幼儿的有效学习。

附“学习故事”《车轮滚滚》

昊鋆小朋友也选择了一份材料：车轮滚滚。刚开始，昊鋆就遇到了困难，对着车轮自言自语道：“这个怎么过不去呀！”此时的我正在一旁，但并没有立刻给予回应，而是看着昊鋆继续滚动着车轮。可没过一会，昊鋆面朝我再次求助道：“董老师，这个绿色的怎么过不去啊？”这时，我给予了正面回应：“一个竖的车道里如果有四个车轮，当然在横向的车道里其他车轮过不去了。”昊鋆似懂非懂地继续操作材料，可始终没能达到预想的成果。此时的昊鋆似乎有些气馁，有些手足无措，开始抓耳挠腮、表情狰狞，若是我再不帮助他，可能他就要放弃了。于是，我轻声说道：“你可以把它当作我们平时玩的轮胎，把这块板换个方位摆放，试试看。”昊鋆似乎听明白了，他将板面平躺了下来，然后将题卡板平放在操作板的上方，开始继续游戏。意想不到的事情发生了，昊鋆根据题卡完成了任务，还自发地进行了验证。

在这个故事中，教师一共介入了两次，想通过她的介入来启发幼儿进一步对这份材料的了解，再结合生活中的经验和方法帮助幼儿解决操作过程中的困难。第一次昊鎏自言自语，教师并没有立刻给予回应，而是继续立足观望，想给他多一点的时间去思考问题。第二次昊鎏面向教师求助的时候，教师给予了正面回应：“一个竖的车道里如果有四个车轮，当然在横向的车道里其他车轮过不去了。”这个介入是提示，同时也是方法，推进了他进一步探索。第三次是教师感觉他要放弃的时候，主动地介入了，告诉他：“你可以把这块板当作我们平时玩的轮胎，换个方位摆放，试试看。”这次的介入更加直接，借用玩轮胎的经验给予指导，给幼儿更多的启发。

（三）评价与激励——幼儿学习的精神支援

蒙台梭利说过“成人必须信任儿童内在的力量，因为儿童有一种与生俱来的内在生命力”，教育就是为了促进儿童“内在潜能”的发挥。幼儿是天生的学习者，但他们的内在学习动机却需要不断得到强化，这样才能成为终身学习者。有意义的评价能激励幼儿产生新力量，获得经验，体现生长作用。

附“学习故事”《永不放弃的小云朵》

小云朵拿了一张卡片，看了一遍又一遍，她边看卡片边旋转积木，嘴里自言自语：“这样子，这样子，这样应该对了吧？”说着又不断旋转两块积木。接着她把卡片拿到积木上，用手开始比划积木上和图卡上的图形，比划图形里面的弧线，她一块一块地进行比划，反复看了几次后自言自语说：“这样对了吗？这样应该对了。”可小云朵还是反复地在比划着，几次过后，显然有些气馁了，小云朵看着我：“老师，这个我怎么都拼不成”。“遇到什么困难了？没事。”“你刚才有个很好的办法，在用手比一比，那你再来比一比看一看，这个图形和这个图形用手比的时候是一样的吗？”小云朵听了之后，继续旋转积木，她一块一块地又开始和卡片进行比较。小云朵看着我说：“下面两块对了，就是上面两块还是有点问题。”“还有一块积木没有完成。”并用手指指那块对了的积木。小云朵终于在我的提醒和指导下成功了。

这个故事中，教师主要采用了评价与激励的方法，适度地支持幼儿的学习行为，回应幼儿在学习过程中碰到的问题。在帮助幼儿之前，首先要知道幼儿哪方面需要教师帮助，然后通过适当的评价“你刚才有个好方法”和激励“你再来用手比一比”来点拨幼儿，通过适当的点拨，引发幼儿关注到两个图形的不同，从而帮助幼儿解决两块积木不能拼成功的情况。

作为老师，鼓励应该是具体、实实在在、幼儿能感受到的：一个眼神、一个微笑、一个动作、一句话……具有正面导向的评价与激励帮助幼儿建立起自信、获得前进的动力，也促进教师更加理解与支持幼儿。

学习故事是一种理念，一个以儿童为中心的、教师与儿童一起成长的有力途径，始于观察儿童（注意），尽力去分析和理解（识别），再利用我们所识别到的信息有效的计划和支持儿童的进一步学习（回应）。幼儿学习故事中教师的支持策略的实施与运用，其实就是为儿童提供更自由、更有利于自主探究、更能激发儿童自我效能感的学习环境，旨在激发幼儿学习的兴趣，帮助幼儿独立地摸索、探索并不断反复和优化的过程，让幼儿在自主学习中找到快乐、得到满足、积累经验，同时改善教师教育观念，促进教师更好地理解和支持儿童的学习，提升教师专业水平，获得幼儿发展和教师成长的双赢。

第六章　成效与展望

第一节　教师的专业成长

★ 教师视角下的“学习故事”感悟

“学习故事”助我链接“深度”

2018年之前，虽然我也陆续写过一些“学习故事”，惭愧的是，自己当成是写教育文案的“餐前小点”，只是主食中的开胃菜。2018年之后，当我们开始跟随园长顾春华开展有关“从学习故事走向教师专业成长——促进教师理解和支持儿童学习的行动研究”的实践探索之后，“学习故事”对我而言，有了从“餐前小点”进阶成“美味主食”的大转变。

深度观察——由一个个瞬间组合成的电影人生

当我们抓拍下孩子们的各个瞬间，这些瞬间就定格成永恒。是啊，这些过程性记录在外人看来，只是孩子们一小段表达表现，或是他们一系列心理过程的反射行为，而对于整日与他们相伴的我来说，这又何止是一个个3分钟、5分钟的小视频呢？我反复观看、品味时，这些瞬间链接起无数个画面：我拍的他（她）在我心中是个怎样的孩子、他（她）做过哪些让我印象深刻的事情、这一次他（她）的表现有何惊喜或是意外……这些曾经的、现在的、将来的画面组合在一起，仿佛他（她）的电影人生，有绚丽多彩的、有诙谐童趣的、有令人遐想的，无不令我着迷。他们在真实情境中的一举一动，让我不得不承认，孩子们是主动和强大的学习者。这些想法激励着我不能仅仅停留在欣赏的层面去给孩子简单下个定义或是写个文案作品。为了深入解读孩子的行为，我得不停调动感官与回忆，让关于他（她）所有的“原始资料”在我脑海中翻涌。这一切，对于我着笔写下“学习故事”，只是拉开第一场序幕……

深度思考——带着真心演绎“学习故事”精神

曾经，我在书写各类游戏观察、案例时，除了客观记录下孩子们的一举一动，接着就是大段大段笼统的分析。当我一挥而就，看着字数统计达到几百字时，会很满意地对自己说：“好了，任务完成”，并窃窃自喜，“有这么多年的工作经历了，看来我还挺会解读孩子们的行为呢！”遗憾的是，类似这样的游戏观察与案例，大批量地在我的各类硬盘里缓慢进入“冬眠期”，作为创作者的我，却不曾想起它们究竟呈现了什么样的内容。仔细想来，大约缺的就是创作者的真心。这颗真心除了真情，还包括真思、真想、真疑。当我在投入撰写“学习故事”时，那一个个段落，如“发生了什么”，“学习了什么”，如果不是真正聚焦个体，不将领域核心经验、思维水平、认知策略、学习能力等装入教育者心中，就无法体现教育者的儿童观、课程观，也就丧失了深入解析儿童的“学习故事”精神特质，沦为白开水般寡淡的文字。正因为自己有了让“学习故事”活起来的愿望，我对写过的“学习故事”都有着深刻的印象：

《海洋世界真奇妙》里记录的男孩韶韶，最喜欢鲨鱼。他告诉我，鲨鱼是海中的霸主，他要像鲨鱼一样勇敢，将来长大了保护深爱的妈妈。当我把话转告他妈妈时，妈妈的眼眶湿润了；《玩转百数板》里的女孩伊伊，20分钟内集中注意力探索属于自己的玩法，虽然挑战只成功了一半，但通过她的分享成功引起了同伴们的注意。活动后我们不断反思，师生联合发起对材料的再创造……

“学习故事”，让我追忆孩子们在游戏中的一嗔一笑、一言一行，犹如一面清澈的镜子，又似珍贵的时光穿梭机，昨日种种历历在目，笔下的文字也仿佛有了生命力，并在我的每一次的审阅中获得新生。

深度反思——为下一步支持链接更契合的策略

黄瑾教授对我们强调，教师要为下一步幼儿的学习支持提供更契合的策略。在一次次欣赏名师们的“学习故事”中，我敬佩于他们对幼儿学习的有利支持，惊叹于他们对幼儿学习品质的日益关注。反观自己在“下一步支持”中的各种策略，我不禁问自己的支持策略基于儿童视角了吗？体现的是单一价值还是多元价值？究竟能否推动幼儿的持续性学习……

班级里的小雨是个玩游戏专家：他每次玩游戏都会有很多“花样经”，比如前一段时间开“搏击馆”，他找了几块毛巾绑在手上当搏击手套；在赛前，和对手制定三局两胜、掌控力度不受伤、裁判喊“3秒钟”等规则；他在“部队”当队长期间，建立了一套非常系统的工作体系，不仅安排与负责各类操练、装备设施，还涉及查阅资料、对外接待、给队员打分、发工资，还会将旷班队员拉去小角落谈心、临时抱佛脚接待安全检查员……

面对这样一个“会玩出高水平”的孩子，在“下一步支持”里，我除了给他搭建自我表达、同伴分享的舞台，我还深入访谈游戏中的“角色”们，剖析他们行为背后的真实想法，更好地解读幼儿、了解幼儿，用以设计更适宜的支持行为，并深思及等待更好的时机。有时候，对于孩子们所表现的“成熟”化行为，我们不是给予简单鼓励、或是压抑制止，更需要提供健康、和谐的“生态”引领，让孩子保留应有的天真与单纯；甚至我们暂时先不采取行动，防止孩子背负过重的“成人包袱”。

反思自己的反思，有时候是教师提升自我、转变观念、潜心教研的一条高速公路，也是撰写出属于自己的“学习故事”的价值提升器。感谢解幼，感谢致力于研究“学习故事”的专家团队，你们正是桥梁最坚固的底座，帮助更多的幼教同行们在“学习故事”精神的深刻领悟中链接起更深度的学习。

（作者：上海市奉贤区解放路幼儿园　高花）

在走进孩子“学习故事”中促专业发展

——教师“学习故事”专业成长感悟

“学习故事，这是一段记录孩子成长足迹的故事，这里有孩子们充满稚气的言行，也有孩子们充满童真的趣事，这是孩子们生命中珍贵的记忆。”

近几年来，“学习故事”以一种叙事的形式对儿童学习与发展进行评价的方式出现在大家眼前。在关于“学习故事”的多次学习培训中，在不断尝试、交流、撰写“学习故事”中，我从开始接触“学习故事”到逐步走进“学习故事”，对“学习故事”的感悟有了进一步深入的理解。

在这样一个学习与实践的过程中，使我了解撰写“学习故事”的真正意义，“学习故事”更大的价值在于它不仅仅是一个个“故事”，更反映了一种教育理念——尊重儿童、尊重儿童身心发展的规律。我们只有在一日生活中充分尊重幼儿，才能让孩子成为积极、主动、真正的学习者。同时，我也认识到撰写“学习故事”有助于教师更好地了解幼儿、观察幼儿、评估幼儿的个体发展状况，以便于为幼儿制定个性化学习方案，促进幼儿的发展；有利于教师反思自己的教育实践，提升自己的专业化水平；有利于增进师生感情，实现家园共育。

那么，作为一名一线的幼儿园教师，如何去观察识别幼儿的言行，如何去撰写好“学习故事”呢？我觉得应该深入到幼儿的活动中细心观察幼儿行为与活动情况，尝试解析幼儿言行背后的真正问题，更加关注幼儿的主动学习，解读幼儿的言行、分析了解幼儿的发展现状，以便给予幼儿发展提供更好的支持，让孩子们能感受到主动学习的快乐，以此促进幼儿进一步的发展。

一、“学习故事”，让我学会了要善于观察与记录孩子的寻常时刻

在尝试撰写了数十个“学习故事”后，我领悟到的是教师在撰写“学习故事”之前，要做一名善于发现的观察者，在记录“学习故事”时，要做一名善于捕捉孩子寻常时刻的追随者、发现孩子闪光点的记录者。

首先，要观察幼儿，准确地了解幼儿在活动中的需要和行为表现，了解幼儿已有的经验、兴趣爱好，以便采取相应的措施，或向幼儿提出有效的建议。每一个孩子都在成长、变化，发展速度不尽相同，生活的经验也各有特色。但无论如何，每一个幼儿的发展都是一个持续的过程，而且都是按一定的阶段、遵循一定的顺序发展的。通过观察幼儿所处的发展阶段或顺序，我们可以了解幼儿当前发展水平，更好地为幼儿设计和提供相应的教育活动和材料，促进幼儿的发展。

其次，要学会记录“发生了什么？”就是要记录孩子的精彩瞬间，把孩子的现场实录记录下来。而之前我在撰写孩子案例式观察记录时，总是边回忆边记录孩子的故事，这样往往会对孩子的观察记录不及时、不全面，甚至带有自己的主观判断。而在学写“学习故事”中，我学会采用录像视频、拍照等多媒体的形式边观察边记录幼儿的活动行为。在用文字记录时我反复地一遍又一遍地观看，回看孩子

的每一个细小行为。接着，对所观察到的内容采用叙事的手法，把发生的故事详细地记录下来，还原故事的真实性。因为观察记录的目的是为了将幼儿行为要点记录下来，进行系统化分析，从中发现问题，对幼儿在活动中“学习了什么？”“下一步做什么”等进行更有依据的分析、识别、反思、调整和完善。

二、“学习故事”，让我学会了要善于分析与识别孩子的寻常时刻

在“学习故事”中，当我真实地记录孩子“发生了什么？”之后，要分析“学习了什么？”在这一过程中，让我学会了要善于分析与识别孩子的寻常时刻。做一名善于剖析幼儿闪光点的分析者，以及一位与家长、幼儿一同分享这一“哇”时刻的分享者。

作为一名解读、分析者，需要解释和评价幼儿学习活动背后表现出的有助于学习的心智倾向、学习品质、行为习惯、幼儿与材料互动的情况，如在互动中出现的问题或材料对幼儿学习产生的障碍，从材料的质地、数量、摆放方式、摆放空间等，来思考幼儿的过程性学习受到干扰的原因，进而对材料进行合理修正，帮助幼儿去除学习障碍。我们要以欣赏、忍耐、研究的态度去观察幼儿，要有一种开放的心态，充分了解幼儿、解读幼儿的行为、理解幼儿的行为。观察活动环境能否激发幼儿学习的兴趣；投放的材料是否适应不同层次的幼儿，材料的数量是否充足、幼儿自主交往等活动的进展如何，从中了解幼儿的兴趣、需要、情感态度、认知水平、学习品质、个别差异等，从而进一步提供适时、适度的指导。“学习故事”对于幼儿园教师来说不仅是记录幼儿学习，评价幼儿发展的过程，更是教师作为一名教育者和研究者自觉探究个人价值观、教育态度和信念的过程，有助于帮助我们教师从新的角度审视和调整自身的教学实践。在不断的观察、记录、解读、识别分析的过程中提升专业水平，同时提高教师的分析评价能力。

三、“学习故事”，让我学会了要善于反思与支持孩子的寻常时刻

在“学习故事”撰写中，我也尝试着根据实录和分析识别孩子的言行，反思“下一步做什么？”作为教师，要多角度、细致地思考下一步需要如何回应、支持孩子。如孩子的兴趣在哪里，有没有什么变化；活动中需要孩子积累怎样的经验，孩子是否已经具备；孩子在活动中的交往、合作达到怎样的水平，还存在什么问题，需要怎样的帮助引导等。有了分析、反思和调整才能体现观察和指导的价值，帮助我们不

断发现活动的价值,促进幼儿在这样的自主学习活动中得到进一步的发展。

其次,根据活动的价值取向以及孩子现有水平采用不同的指导方式,运用“适当、有效的介入指导”等支持策略促进幼儿能力的发展,提升幼儿的经验。恰当的指导要有计划、有步骤、有目的地进行,并注意在活动常规、语言交往、知识技能、创新性和坚持性等方面的全方位指导,如此才能有效地循序渐进地促进孩子的发展。如巧妙运用情境性的语言,师生合作开展活动,当孩子面对“问题”、“困难”时,我以活动合作者的身份加入到孩子的活动,适时适度地给予支持。

另外,根据幼儿的活动情况不断分析、调整和反思,善于利用与捕捉教育机会调整幼儿活动方式,如利用孩子间的生生互动,在活动的讲评中让孩子分享交流发生在自己身边的小故事、小惊喜、小困难,让孩子“教”孩子,让孩子来“影响”孩子。促进幼儿在实践中获得发展,提升教师的教学行为和实践反思能力。

通过学习、记录“学习故事”,让我进一步了解一名好的教师需要善于观察、善于发现、善于思考、善于支持,要追随孩子的脚步,时刻敏锐地关注幼儿的闪光点,捕捉孩子寻常时刻,用耐心和细心去观察幼儿,记录下孩子们成长足迹中的美好故事。

“学习故事”让我与孩子的距离更近了。让我们继续走进孩子的“学习故事”,共同促进专业发展。

（作者：上海市奉贤区解放路幼儿园　何文红）

有能力、有自信的家园沟通者

“学习故事：世界上最漂亮的婚纱……”我的声音里略带着一份紧张的颤抖,全班家长的目光都聚焦在画面里孩子们解决一个又一个难题上。当画面最后定格在小高穿上团队为她设计制作的婚纱,站在设计师男孩身旁,身后映衬着她团队的其他伙伴,个个稚嫩面庞上喜笑颜开时,我师傅以及全班家长也会心地笑了,我那僵硬的表情和身体也渐渐舒展,开始本次家长会的下一个议程,讲述精心准备的小讲座,为家长如何观察并发现自己的孩子是一个有能力和有自信的学习者和沟通者给予点拨。

那是我第一次在家长会上承担如此“重任”，犹记得大班第二学期家长会前，师傅准备让我“挑大梁”，意味深重地对我说：“小倪，师傅不能永远在你身边，以后家长会也是要你自己来给家长们开的，不能一直躲在师傅的背后了。”我知道师傅想让我锻炼的苦心，但是面对黑压压一片家长，还能侃侃而谈并且能在谈笑风生间娓娓道出本次开家长会的目的，解决家园共育的问题，是一位从教多年经验丰富的骨干教师才能办到的吧？我一个道行尚浅，且平日不太善于言辞的职初教师如何才能撑下半场家长会，我想了一夜，夜不能寐，也找不出答案。第二天只得请教师傅，师傅的答案很简单：“最近不是在写学习故事吗？你那篇《世界上最漂亮的婚纱》写得挺好的，就分享给家长们看看。你不是在华师大在职研究生的暑期课程里也学了关于“学习故事”的理论知识吗，借此也更新家长的理念，一起助力幼儿成长啊。”我听了豁然开朗，原来还能这样！

于是，借由“学习故事”我跨出了我在家长会上的一大步，建立了更大的自信。平日里大都联络我师傅和经验丰富的保育老师的家长，也开始主动和我谈他们的孩子、寻求建议等，我与家长间的交流也渐渐多了起来，家长们看到了我的专业，对我多了信赖，为此我感到很高兴，即使遇到我无法解答的教养问题，也在咨询、学习后再与家长交流。会后，故事男主角的爸爸妈妈特别喜悦，经常和我反馈他们儿子最近在艺术上的进步，并听了我会上的指导建议，提供给了孩子鼓励及绘画制作材料、创作空间等支持。孩子在毕业微视频里自信地说“我要成为一名画家”，相信在老师、家人的守护和关怀下，这个孩子会茁壮成长。

这个最初的“学习故事”让我看到了利用它架构家园共育桥梁的价值，我在日常更努力地观察着、发现着班里每个幼儿学习过程中的“哇”时刻，写出了一个又一个运用很多修辞手法、甚至略带肉麻的语言，以及无处不在的欣赏和赞美的故事。对了，在“发现了什么”处一定是“我发现了你是一个有能力和有自信的学习者”；而在“下一步做什么”处一定是“我感兴趣的是，这个学习过程还会将你引向何方？你会不会继续……”写着写着，这煽情无止境的“学习故事”就跑偏了，形似神不似，千篇一律，这些套话也是在《学习故事译丛》书里模仿新西兰老师的故事学的。故事还是不错的故事，写的也很投入，但是这分析支持就欠缺专业了，外行、家长看看还好，内行和自己可是看不下去了。

直到顾老师为我们创设了一次次专家指导的机会，让我们对撰写学习故事有了更深入的了解。在这期间，数学个别化学习故事及建构学习故事也进入了我的视野，原来还能有这么理性且专业到位的分析以及创设专为支持幼儿学习和发展的环境，当然这是建立在对幼儿学习的核心经验的深入理解基础上，此后，我不仅仅在“故事性”上下功夫，更努力在后续的分析、支持上下苦功夫。当然光有理论还不够，实践才是检验真理的唯一法门。

在《美容手术医院》的学习故事里，为了深入了解幼儿涵涵行为背后的真正含义以及下一步如何支持这个特别的游戏发展，探索实践支持幼儿继续学习与发展的策略，我不仅和涵涵开展了对话，也向她的妈妈反馈并了解了相关情况。闭门造车的我豁然开朗，原来涵涵马上要去医院点痣了，妈妈先前用通俗易懂的方式讲述了这个“小手术”，这一经验融进了本次的游戏当中，在“美容手术医院”里，涵涵将不再是那个需要做点痣手术的小患者，而是操刀的主刀医生。原本有点害怕的心理在游戏中烟消云散，因为每位来做美容手术的顾客都变美变漂亮了，都是开开心心地走出医院。深入分析了解后，我的想法不再是如何丰富“医院”的环境、材料、情节等，而是继续观察着，后来果然“美容手术医院”消失了，随着涵涵的心理需要满足后消失了，涵涵勇敢地去医院点痣，开开心心地上幼儿园了。

在这个“学习故事”中，我获得了灵感，思考着撰写“学习故事”除了园内教育教研需求外，是否也可在家园沟通中运用？于是我开展了《“学习故事”在幼儿成长档案中的运用》这一区级课题。在研究和实践中，与家长谈论他们孩子的学习，邀请幼儿和家长也写点什么、记录点什么、反馈点什么。这些看法以及发生在家里的相关经验对于我们重新认识幼儿的那些学习是十分重要的信息，教师与家长共同有目的、有意识的观察、记录幼儿的行为，并通过正确的分析支持幼儿的学习与发展。“学习故事”的融入使成长档案真正成为家园沟通的桥梁。

“谢谢倪老师……阿哲说幼儿园里很开心，一天比一天开心呢！每天要看老师说了啥。”这是最近我将我们班阿哲（小班）从一个人看书到参与饭店游戏，又从顾客变为老板等一系列发展进步历程的文字、图片、视频记录及支持评价分享给阿哲妈妈后收到的赞许。这样与家长的“学习故事”线上交流很日常，学习是快乐的，孩子和家长都直观地看到了成长，也收获了自信。我现在再也不羡慕有经验的老师能自信、专业且从容地与家长沟通了，因为我也可以了。

感谢这些年“学习故事”的学习、撰写、实践、研究的经历，我不仅发现着孩子们身上闪烁的学习品质，并学习着如何帮助他们让这良好的心智倾向茁壮成长；我也愈发体会家庭在儿童学习发展中的巨大作用，在“学习故事”教育教学中的一次次新的体验也让我逐渐成为一名有能力、有自信的家园沟通者。

（作者：上海市奉贤区解放路幼儿园　倪尤霞）

“学习故事”，教师专业成长之摇篮

近几年来“学习故事”在上海的学前教育界广为流传，它是一种运用叙事的形式对幼儿的学习与发展进行评价的方式，它有助于提高教师观察解读幼儿的能力，支持和促进幼儿的学习与发展。作为一名一线教师，我开始尝试着运用学习故事的形式去记录、观察、分析幼儿，下面就来简单地谈谈我在撰写学习故事中自己的心得体会和点滴收获。

一、我理解的“学习故事”

“学习故事”主要分为观察、记录、分析、反馈这几部分，然而“学习故事”的观察有别于以往游戏案例的观察，它的记录更加真实，因为“学习故事”记录的是发生在日常生活中的幼儿学习事件，非常注重幼儿在集体教学之外的自主学习过程中更加真实自然的行为、语言和周围环境互动的细节，情境再现式地还原了幼儿的学习和游戏情况。

二、我遇到的问题

（一）记录过于笼统，遗漏关键信息

我认为“学习故事”要关注幼儿学习过程中的行为、语言、与教师的互动等细节，以及一些背景信息，但很多时候，我总会忽略幼儿学习过程中的关键细节和信息。

例如，描述幼儿的游戏：今天陶子和米粒来到了美工区玩色彩游戏，一开始米粒站着不动，因为米粒表示不会玩，后来在陶子的帮助下，他也开始玩了起来，还对实验结果进行了简单的记录，玩得不亦乐乎。

这个关于幼儿“玩色游戏”过程的描述，主要反映了幼儿的玩色的经验。但

是在描述中，我忽略了一些与幼儿玩色经验相关的细节和关键信息，如：陶子是怎么配色的？又是用什么方法记录的？记录是否正确？后来陶子是怎么帮助米粒的？米粒究竟如何记录的？产生这些问题的原因是多方面的，可能是我不清楚一个学习事件对幼儿学习与发展有何价值，观察缺乏目的性，对于自己要“看什么”、“记什么”不是很清楚，也可能是因为我对幼儿活动中的行为观察不够细致，所以遗漏了一些有价值的学习信息。

（二）记录不够客观，伴有教师主观情感

“学习故事”是要尊重学习情景中的事实，所以需要我耐心“倾听”“注视”幼儿，采用陈述性语言把看到的、听到的“现场状况”记录下来，在此基础上作出专业判断。但是，在撰写“学习故事”时，我有时会依据主观想法和以往经验去判断幼儿的行为，去妄加猜测，用评价性语言给幼儿“贴标签”。

例如，在一次游戏中瓜瓜把纸芯筒一个个立在地板上，并用五颜六色的瓶盖当打火机示意点燃烟火。当烟火燃放时，他用手将纸芯筒往上抛，嘴里发出“嘣嘣嘣”的声音，看到这一场景我惊喜不已，正当我沉浸在惊奇与喜悦中时瓜瓜开始东看看西看看，我就上前引导他继续探索纸芯筒的玩法……

在这次记录中，我对瓜瓜的观察还是比较细致的。但是，当发现瓜瓜东张西望时，我就判断他对游戏失去了兴趣并着急介入，这样的判断不一定准确，我其实完全可以再等一等，看看瓜瓜接下来会做什么。由此可见，有时候我对幼儿学习行为的描述易缺乏客观性，会加入自己的主观猜测和判断，其实类似主观意识的加入对于幼儿游戏、学习的深入发展并不利。

（三）回应策略不够专业，未落到实处

另外，我发现自己在写回应策略时有些无从下手，往往为写措施而写措施，也就是不知道怎么写，即使写了也难以落到实处，这样所谓的回应变成了一纸空文。其实我要写的回应策略应该是建立在前面的观察、分析之上的，需要紧紧围绕前期的核心问题进行规划，否则很容易脱节，也就没有可行性。

例如，有一次我观察到幼儿在玩超轻黏土时，会将吸管插到球形超轻黏土上面，一会儿说是刺猬，一会儿说是苹果。

我分析该幼儿具有丰富的联想能力，为了激励这种行为，应该将创意作品用图片或者实物的形式展示。但是，在此活动中，促进幼儿产生联想能力的是活动的材料道具和有限的生活经验。因此，我觉得有效的策略应该是给幼儿提供更多的材料，或者是向幼儿提供更多的可以用超轻黏土拓展制作而成的物品，这样的回应才能进一步激发幼儿的想象力和学习兴趣。

三、我该如何做？

（一）合理定位，退居幼儿身后

"学习故事"的前提是老师充分认识到幼儿是主动学习的主体，而自己在幼儿成长阶段只是一个引路人，不能凡事都包办代替，所以在之后的活动中我要明确目标、合理定位，不能总是冲锋在前，而是要退居在幼儿身后，将主观能动性给予幼儿。

（二）剖析故事，提高反思意识

为了更好地了解幼儿，我可以利用大、小教研活动将自己记录的"学习故事"用来集体剖析、诊断问题，充分发挥同事互助的作用，让大家在讨论中、在观点碰撞中提升专业判断力和反思能力。我还可以采用讨论或者是辩论的方式讲述自己的观点，将自己的分析思考、依据展示出来，再通过与同事的商量支持，明确自己具体哪个环节的分析有失误，再进行有针对性的改进。

（三）亲身体验，换位思考

一直以来，我认为自己在撰写"学习故事"时过于主观，其实这不一定是技术层面的问题，更多的是理念上的问题，即缺乏幼儿意识，就会妄加揣测幼儿想法。为了让自己换位思考，理解幼儿的行为与思考模式，我决定用亲身体验的方法将自己置于相同情境与心境下，做到心中有目标、眼里有幼儿，自觉地站在幼儿的角度去思考问题，为幼儿提供更适宜、更有效的支持引导策略。

用心观察、即时记录、有效分析是接下来我在撰写学习故事中务必做到的三点，这也是我们教师专业成长所需要做的。

（作者：上海市奉贤区解放路幼儿园　杨琳琳）

与“学习故事”的几次碰撞和改变

What？写学习故事？那不就是写案例吗？有区别吗？应该就是换个名称而已吧？就是我初次听到要求大家撰写“学习故事”的心理反应。我想很多刚开始接触“学习故事”的幼师朋友应该都会容易产生的困惑是，“学习故事”似乎和教学案例故事区别不大，不过就是换个名称而已。

一、改变自我的原认知

针对很多教师初次撰写“学习故事”的“不着边际”，园内开展了相关培训，针对如何撰写“学习故事”向全体教师进行讲解。我也从原先的一片茫然渐渐有所感悟：“学习故事”是一种评价方式，是针对一个孩子或者一群孩子的评价方式。学习故事让我把目光转移到了孩子的身上，要去发现孩子身上的优点与长处再进行客观的评价。其实和之前撰写的教学案例相较，内容上都是教师观察到的幼儿行为及产生的一系列思考；都需要我们用相关理论对孩子的行为产生原因进行分析、解读，并提出对应的教育策略；而且这两个都是以“案例”的方式呈现，夹叙夹议，很多时候我们都会附上照片和剪辑后的视频。但仔细对比后不难发现“教学故事”更关注的是教师的“教”，而“学习故事”更侧重幼儿如何“学”、怎么“学”。

二、改变以往的观察记录

看似厘清了原有的“一团雾水”后，问题又接踵而至：1. 难道只有“哇”时刻才能被记录吗？ 2. 存在较多主观的情感和自己的猜测，观察记录还不够客观。3. 观察和活动、游戏之间存在怎么样的关系呢？自己的观察找不到重点。

经过几次不算成功的撰写之后，组内不断展开研讨，教研组长结合大家的“学习故事”给出建议——观察之前就做好一个初步的观察计划：1. 重点观察哪名幼儿？ 2. 多少时间应环顾全班一次。经过几次的反复观察和撰写故事后，我基本上得出的时间是10至15分钟左右需要环顾全班一次。

与此同时，在撰写“学习故事”时我也特别注意要避免自己的主观态度和主观词汇的使用；将关注点聚焦在“正在发生的学习行为”上，不加入自己的主观臆想和主观定语等内容。避免使用“他把……做得很好”“我想知道”“这个孩子喜欢”“他在……方面还存在问题”“看起来好像”“认真完成了”“他用了很长时间在”等主观词汇来描述故事；更多的应该使用“她反复了……次”“几乎每天他都”“我看到”“他用……分钟做……”等客观的词汇进行描述。

三、改变对幼儿的过分解读

学习了什么：

1. 安安对于自己的能力还是比较清晰的，知道哪些游戏是自己可以操作的，可见安安对于自身的把握很明确，对于同伴的建议也能够接受。游戏中的安安和土豆没有经过老师的提醒，全程自主地探索游戏的玩法和诀窍，虽然有过好几次的错误，但是还是在商量中发现秘密。

2. 从合作品质上来说，两个孩子在性格上可以说是互补的，内敛的安安VS热情的土豆，这样的组合提高了她俩的学习有效性。在土豆语言的指令下，安安也是有着相同的思考，所以两人一拍即合很顺利地闯关成功。对安安来说，一个人反复操作无果但并不知道可以找谁一起合作，土豆的主动正好给她解围。安安也从中体验到了二人合作所带来的快乐体验。

我的这段对故事中发生的学习与发展判断、解读得不够清楚，有些泛泛而谈；解读脱离孩子，没有针对具体孩子作具体分析。一是缺乏说明，没有对被观察幼儿的原有经验和水平作出判定或一般说明；二是缺乏针对性，没有针对幼儿的学习行为作具体分析。应多加分析安安的学习品质，如：反复尝试解决困难、坚持性、探索性等。

我思考后认为分析解读可按不同方面或层次进行，如按知识技能方面的学习与发展、学习品质方面、社会性发展方面、个体差异性方面等。

感悟与反思：

说实话，我在利用“学习故事”支持幼儿发展上还有一段很长的道路要走，我的很多思考模式还比较固化，这也并非是一朝一夕就能改变的，得需要继续再学习和反复地思考。反思自己对于孩子需要的支持和求助的地方所能给予的回应策略比较少，反而更多的是直接的语言指令；再后续支持的计划与策略也是较欠缺的。接下来我会在每一次活动的开展前进行思考，思考活动的准备、材料的投放、目标的设置。在活动结束后也会进行反思，反思自己的分析解读、支持与回应、效果的达成等。希望这样的改变能对撰写故事有更好的启发，形成更好的、持久的教育循环。

（作者：上海市奉贤区解放路幼儿园　张瑾）

在“学习故事”中学到的

近两年，我们一直坚持在撰写“学习故事”，从起初的雾里看花，到后来对核心理念的认识、把握和开展，再到收获一个个小故事，这是一个充满挑战的过程。在“学习故事”中，教师不再是不容置喙的真理源泉，不再是学习中的绝对主角，而是幼儿学习的合作者，幼儿游戏的支持者，幼儿交流的倾听者。下面来谈谈对“学习故事”的一点感悟。

一、在“学习故事”中认识幼儿

教师要通过“学习故事”的记录，走进幼儿，发现故事背后儿童的学习与发展，发现教育的着力点。按照我以往一贯的做法，我都会在每次的教育教学活动中精心设计好自己的活动预案，有时连孩子们的反应都会在老师的预设中，然后我会设计丰富的教学具，为的就是能吸引更多的幼儿参与到活动中来。但是，在接触“学习故事”后，我的理念与追求慢慢地产生了变化，学习故事立足于幼儿，它让我把目光转移到了孩子的身上，去关注儿童，研究儿童学习，发现孩子身上的优点与长处。当孩子专注于自己的活动时表情是怎样的，这个过程里孩子表现出了什么样的学习品质，这对他以后漫长的学习生涯会产生怎样的影响，为什么他会如此喜悦，如此自豪地把他的作品分享给我看，我开始分析这个“哇”时刻，作为教师，幼儿需要我怎么做，我怎样才能让他在原有的基础上有所提高，每天开展工作的时候这些问题时时伴随着我，这也正说明了，学习故事让我变成了一个有善于观察、思考、反思的老师。

二、在“学习故事”中支持幼儿

幼儿作为一个独立发展的人，是通过与环境、人的互动学习建构自己的经验，形成自我认知的。我们都知道，孩子们对于一些生活中的低结构材料都有着浓厚的兴趣，想想我们的小时候，谁不是一张纸片、一根绳子、一条皮筋和好朋友一起玩半天的？由于低结构的材料结构简单，功能多元，可变性大，可操作性强，可以不断激发和保持幼儿探究的兴趣，满足幼儿采用多次玩法的需要，比如木棍、纸杯、牛奶盒、大纸箱、瓶子等，孩子们可以多次反复利用操作，可以是建构材料，也可以益智材料，更可以是表演道具，幼儿愿意反复摆弄和运用，乐此不疲。

幼儿学习故事：艺术家在身边

幼儿背景分析：

自从观看了《侏罗纪公园》，孩子们对各种恐龙显示出深厚的兴趣。今天，我们有了一个新的机会，那就是近距离触摸、观察和探究一只霸王龙模型，这是佩佩拿到幼儿园来的。

孩子们一直在桌子上探究：摸、感觉、打开嘴巴、拿起尾巴、摸锋利的牙齿和爪子。孩子们围坐在一起进行集体讨论，并相互分享知识。

发生了什么：

对恐龙的探索有了一定的知识和经验后，我们开始创作我们自己的恐龙作品。小敉开始构思，她先是专心地看作品版面上的各种恐龙的样子，然后才决定她想要创作什么样的恐龙。在仔细观察了桌面上各种装饰材料的摆放位置后，小敉又坐到了她需要的材料面前，开始了她的创作。

第一步，她先把一张光滑的牛皮纸放在手心里用力地揉成团，她说："因为感觉到恐龙的皮肤是毛毛的，所以我要把牛皮纸弄得皱一点。"接着，她直接选用了油画棒画出自己设计的恐龙，稍后，小敉仔细分析了自己的恐龙设计图，在稍加美化后，开始用大大小小的木棒装饰恐龙，她说："大大的刺长在尾巴上，是恐龙攻击敌人很厉害的武器；小小的刺长在恐龙的背上，可以成为它的盔甲，不让霸王龙咬到。"接着她又把长条状的插塑积木粘在恐龙的背上，说："背上的刺也要大大的，我这条是剑龙……"对小敉来说，这是一项持久战，因为在创作的时候，小敉时常停下动作，进行思考：我要怎么样来设计一只又漂亮又能保护自己的恐龙呢？每当她想到一个新点子时，她就会马上行动，或使用木棒，或使用扭扭棒，甚至用上超轻粘土，使她的恐龙作品更加完善。

学习了什么：

在创作作品的过程中，孩子们和材料的互动就是思维的碰撞，老师所要做的就是观察，如果孩子提出问题需要老师回应，则应该用提示性的语言去启发幼儿。

下一步做什么：

1. 提供更多的材料支持幼儿的游戏行为，也可以对孩子说：“材料超市里有更多的材料，你去看一看有没有适合你的。”

2. 对幼儿的作品进行及时的评价，可以师生评价，也可以生生评价，让孩子们的经验得到更多的分享与提高。

3. 举一反三，引导幼儿想想还有什么可以创造。

感悟与反思：

对儿童的创造力进行约束是我们不认同的，相反，我们让儿童为自己设定任务和目标。有时候，当这成为一个挑战的时候，我们会适时回应，支持和鼓励儿童作决定。这个创作恐龙的过程，给了小敉机会，让她得以审视原创中恐龙模型，接着自己构思，画下自己最感兴趣的恐龙，并承担创作过程中的所有工作，例如主动研究恐龙粗糙的皮肤，把自己的牛皮纸通过搓揉使它产生皱褶和肌理，选择完成她的作品所需要的各种材料，进行装饰与拼贴。小敉是一个有热情、有积极性的学习者，她很热衷于挑战自己。我认为，有助于学习的心智倾向已经融入了小敉与周围环境的互动之中，也融入了她与我们共享的那种开放和互动互惠的关系中。

三、在“学习故事”中对话幼儿

在幼儿园里，幼儿和教师相互之间是平等的。在“学习故事”的撰写中，我学会了用欣赏与认可的眼光去看待幼儿的学习过程，不断发现幼儿的闪光点与兴趣点。并且，我不断支持与评价幼儿的学习，在爱与鼓励中分享幼儿的学习与成长。在这一过程中，我们作为幼儿的倾听者，充分尊重幼儿作为独立的个体，与幼儿平等地对话，也就是尊重与支持幼儿与众不同的看法与表达，并不断鼓励幼儿去探索、去思考、去发现。这样才会对幼儿的成长产生深远的影响。

“学习故事”作为一套有别于传统的儿童学习评价体系，让我更加懂得去欣赏幼儿，作为幼儿游戏的观察者、参与者以及评价者，这些对我们教师的专业成长非常有帮助，虽然我们撰写“学习故事”时间还不长，故事也不够成熟，但相信我们会有一个美好的明天！

（作者：上海市奉贤区解放路幼儿园　郑佳娴）

成长发生在每一个转变的“哇”时刻

还记得，我第一次知道“学习故事”是大学第三年赴新西兰参与见习项目的时候，那时的我处于懵懵懂懂的状态，丝毫没有意识到“学习故事”会对我产生怎样的影响。一直到实习期间，我也常常是忙碌而无措，尽管每天与孩子们积极互动，却在期末师父让我尝试为每个孩子写评语时脑中空空、下笔寥寥无话。这个现象在我正确认识“学习故事”后发生了变化……

转变1：从不记得孩子的点滴到说出每个孩子的闪光事件。

——正确认识学习故事，关注每一个孩子

成为幼儿园教师的第一年，园长顾老师带领我们教师团队由浅入深地再认识了“学习故事”。从专业的讲座、书籍的学习、互动实践的教研等活动中，我开始认识到“学习故事”的内涵，并尝试捕捉和撰写发生在我们孩子身上的“学习故事”。

我逐渐认识到“学习故事”是发现孩子学习和发展的证据，看见孩子的成长轨迹、思维和行为模式，研究和看待孩子成长的形成性的学习评价体系；需要把孩子视为“有能力、有自信的学习者和沟通者”；从心里认同“儿童是一个强大而自信的主体学习者和沟通者”这句话的意义。于是，我重新审视了自己的儿童观，转变观念，坚持“以儿童为中心”。就这样，我的眼中装得下每一个孩子，并且更关注发现他们的成长“哇”时刻而非不足，不管与家长或是同事每每都能说出孩子们的一个个闪光故事了。

转变2：从没有自信的新手教师到互动交流同成长的参与者。

——卷入专业共同体，教师幼儿共成长

作为一名新教师，其实我成为幼儿园教师的时间仅有两年，而这两年里我们园的教师们密切地与“学习故事”相伴着，我们一同卷入到“学习故事”研究的共同体中。并在不断地学习撰写和研究中促进了观念的转变，落实教育实践，真正支持了自身专业的成长，推动了幼儿快乐的发展。

初接触“学习故事”时，我们会产生一些“新手”常出现的问题，例如：常常只看到孩子的“不会”，而过分着眼于孩子的不足；对“学习了什么”和“下一步做什么”无从下手；缺乏成长的思维看待孩子的学习和成长……因此，对自己写出的“学习故事”也就没有信心、感到迷茫。但带着这些问题，我们走进小教研、大教研，会发现能与有同样困惑的教师一起探讨，更能与已经有转变的教师一起交流，还会从专家的案例讲述中得到收获。通过理论讲座和分享教研中，我意识到：孩子的“不会”恰恰是在告诉老师他需要学习些什么；孩子的“失败”恰恰是在告诉老师，他是多么努力和敢于尝试。再去观察孩子的言行时，我们就会从接纳和理解的角度去分析识别。欣赏是关注孩子“学习故事”的前提，我们需要用取长的思维去分析个体的优点和不足。

因为有了这些收获，使得我开始重新认识儿童，想着发现孩子自己的力量。想法的逐渐改变也影响了我在幼儿园生活中对孩子们的言行举止。例如：我开始用“你想想有什么办法？”来代替“我来帮你吧”。我开始放手让孩子们获得课堂的主动权代替总是我来说。我开始示弱让孩子变成“大人”……这样的转变带来了更可喜的改变：孩子成为了自己的主人，他们在快乐地、健康地成长！赞叹孩子的“哇”更多了，我也成为了更能理解他们的教师，我们一起成长了！

转变3：从不爱不会记录的旁观者到记录并反思的行动派。

——让观察记录成为日常，支持反思成为专业习惯

人的惰性会使我们总是愿意在自己的舒适区里，而不愿意够一够让自己更有动力的学习区。于是我们会产生“又要写学习故事啊”、“写不出，不想写”的心理挣扎，接近两年的学习故事专题研究就是那一股推力，推着我们接近自己的学习区、走进自己的学习区。从一开始被任务推着走，到渐渐成为理解“学习故事”后的“蹒跚学步”再到开始自己的专业成长，最后到自主地开始观察记录反思支持……这就是学习故事带来的内在变化，是教师专业成长的“哇”时刻。

“学习故事”的撰写中有“注意—识别—回应”这三个层面。注意就是观察发现孩子们成长学习中的关键事件。这些关键事件在每一个我们开始关注的时刻，它们蕴藏着教育的魅力、孩子的需要、我们成长的力量。识别就是理解儿童，是用专业知识分析孩子学习中的行为表现。回应是支持，是推动幼儿的学习发展，是教师的支持策略。

当写下一个个“学习故事”的时候，我们必定要深入思考孩子“学习了什么”，思考我们“下一步做什么”，当想得深刻了，做得也就有智慧了。“学习故事”正是在养成我们发现的目光、专业的分析、智慧的回应支持，相应地，这样的专业习惯必将助推专业成长。

还有很多的转变正在发生……

学思践悟，“学习故事”带给我们的转变不仅于此，我们不停地在反思，付诸实践，再反思，再实践。属于教师和孩子的“哇”时刻太多，值得我们珍藏并经常去回味。相信我们秉承“学习故事”的理念继续下去，会有更多成长持续发生！

（作者：上海市奉贤区解放路幼儿园　陈丁思）

“学习故事”促进教师专业发展

“学习故事”既是一种评价幼儿的方法，也是一种研究方法。它是在真实情景中完成的结构性观察和记录，能提供一种反映幼儿发展的持续性画面，能用来记录和交流幼儿学习的复杂性。“学习故事”作为一种研究和评价的方法，强调情景、地点以及相关人员在幼儿学习中的作用。它所关注的是幼儿能做什么，而不是他们不能做什么，这样能够清楚地展现幼儿的长处和兴趣。研究、撰写“学习故事”是我们落实《指南》精神的手段之一。我们通过“从‘学习故事’走向教师专业成长——促进教师理解支持儿童成长”的实践研究，提高教师专业水平，促进教师对幼儿的理解与支持。

一、注重学习、更新理念

1. 专家引领促成长

在华师大教授黄瑾老师和韩老师的指导下，教师对“学习故事”有了更加深入的了解，韩老师的每一次培训总是能把最新的理念带给我们，当韩老师将“学习故事”相关理论知识与幼儿园教师分享和研讨以及具体开展行动研究之后，我们才慢慢发现“没有理论，对幼儿学习过程的分析就是不透彻”。

以下我摘录了两段组内教师的话来证明这种转变：“我的收获还是挺大的。因为我们阅读的‘学习故事’的材料；与韩老师、黄老师一起的研讨和研究，让我们对评价幼儿找到了一种新的理论支持。我们了解了对幼儿学习行为的分析和识别应从目的、意图、动机、学习策略和情绪情感等方面来进行。再加上我们在行动研究过程中的研讨，对于分析幼儿，不像以前那么模糊了。”“我了解了‘学习故事’的相关理论知识，感触很深。以前，我们分析的一点也不深入，但是看过资料之后好多了，分析的时候有底气了。”

通过一次次的培训让老师慢慢了解和认识“学习故事”的内涵，尝试通过“学习故事”的观察，将学习到的各种理论知识和依据运用到分析、评价幼儿。

2. 项目组研讨促成长

在华师大黄瑾教授的带领下，组建的PCK项目组共同学习、研究“学习故事”，顾老师作为教练员为课题组内的教师进行理论培训，在理论学习后进行实践研究。老师们通过“学习故事”理论知识的学习，开始了主动探索的兴趣，带动我们主动探究“学习故事”，实现教师自我成长。

二、实践研究，不断转变

1. 从寻找幼儿的不足与差距到捕捉幼儿的优势与兴趣

以往我们对观察和评价基本都是从幼儿的缺失与不足为出发点，分析幼儿与其他同龄人相比还有哪些方面欠缺，哪些方面需要重点培养和提高。其目的在于针对幼儿的不足之处采取措施调整、巩固和提高。而“学习故事”所倡导的理念是关注幼儿的优势、“能做的”和“感兴趣的事”，相信幼儿是有能力、有自信的学习者和沟通者。而“学习故事”的这一理念与《指南》精神的契合度较高，都是从发现幼儿的闪光点出发，而不是以审判者的眼光去评判幼儿的缺点。

例如：“学习故事”《喂饼干》

发生了什么：熙熙从盒子拿了一个红色的长方形从瓶子上面的一个小洞里塞进去。但是洞口有点小，她不能很容易地放进去，于是她就把长方形凑近看了看，又用手稍微地弯了一下，然后再继续放进去。用这样的方法放了几个饼干后，瓶子不小心倒了，她用左手去抓的时候，手指伸进了瓶子下面的嘴巴——长方形里。她把瓶子扶好之后，用两根手指放在里面碰了几下。她问我："老师，这个洞干什么的呀？" 我问她："你觉得呢？" 她看了看我，没有回答，而是继续把手里的长方形还是由上面的那个小洞里塞了进去。当她又放了几个长方形之后，突然跟我说："老师，这个洞是拿出来的吧？" 当她把盒子里的红色长方形都放完之后，她开始放蓝色的圆形。这次，她把瓶子放在腿上，一只手扶住瓶子，一只手放图形，还是由上面的小洞里往里塞。她把圆形放在瓶口，然后两个大拇指一起用力的塞，很快她就完成了。

你看懂了什么：熙熙这次活动的目标性也比较强，逻辑思维很清晰。她一开始就选择了三角形，然后是长方形，最后是圆形。在活动中她选择图形的时候逻辑思维也是非常清晰的，她会从盒子里选择她所需要的图形而不是盲目地拿，表现出她是按照一定的规则对这份材料的形状和颜色在有选择性的操作。

在整个活动中熙熙游戏的主动性和坚持性也是比较好的。在放长方形的时候由于她一只手撑地，只用一只手在放，洞口又比较小，她一开始都放不进去，尝试了几次之后才放了进去。

整个学习故事中，幼儿虽然没有按照老师预设的材料玩法进行游戏，但她也掌握了图形的认识。现在我们学会了捕捉幼儿在学习过程中的优势与兴趣，教师观察幼儿的视角也正在逐渐改变，变得更加关注幼儿的学习过程。

2. 从关注幼儿的学习结果到关注幼儿的学习过程

以往我们对幼儿的关注基本都是检测幼儿最终是否完成了某个目标，是否学会了某项技能，如果是，那就一句话评价这个幼儿发展水平较好，但是却忽略了幼儿学习的过程。我们所谓的 "水平" 都是指向结果，用 "达到" 或 "不能达到" 来评价幼儿。

随着学习故事研究的开展，我们认识到，准确、全面评价幼儿的学习与发展并非易事。之前，老师们都是凭经验 "大差不差" 地判断幼儿到底掌握没掌握。组内老师如是说："原来我们都是看幼儿最后对学习任务的完成情况，不会把过程也看得这么细。我觉得一是我们确实不重视幼儿的操作过程，二是我们没有那么专业，就算看操作过程也看不出这么多门道来。”而现在，组内的老师如是说：“使我感触较深的是，从幼儿的操作过程可以反映出幼儿发展的不同，比如在比点数大小的游戏中，有的幼儿是一一对应点数的，而有的幼儿已经能够默数和目测，这就是差别。今后我不会只就幼儿的操作结果给出一个评价了，我们要更加关注幼儿的操作过程。”

例如：“学习故事”《搭积木》

发生了什么：昊昊开始游戏前就对管梓怡说：“一起玩吧，梓怡。”昊昊将两块三角形积木重叠拼搭在一起，将一块小三角形从重叠的大三角形下边滑下来，并将小三角形顺着斜边进行翻转，最后将小三角形放在重叠的三角形前方。他将所有的小积木全部都在重叠的三角形斜边上滑下来，并进行翻转，再进行拼搭。

昊昊将其中一个三角形进行旋转，将两个三角形的两条短边拼搭在一起。搭完后，他退后了几步，看着自己拼搭的作品，说：“三角形滑滑梯。”然后走到另一边拼搭的作品前，说：“这个是房子。”介绍完后抱着自己新搭好的三角形滑滑梯又说：“这个是三角形滑滑梯。”并邀请梓怡：“你也来试试吧。”两人一起玩滑滑梯游戏玩了5分钟左右。

在昊昊整理的过程中，梓怡一直在边上这里看看那里摸摸。于是，我说：“梓怡宝宝，你可以帮助一下昊昊吗？”梓怡马上就答应了，她走到昊昊边上，和他一起将另外一个拱门型积木抬了起来，放到一边。接着昊昊就将其余没有整理好的三角形积木都拼成正方形的样子摆放整齐。而梓怡在一边学着刚才昊昊的样子，拍一拍半圆形积木，将半圆形嵌整齐。最后将拱门型积木与另外一边重叠摆放在一起。

看懂了什么：男幼儿昊昊在没有任何几何轮廓的前提下，运用各种不同的动作：翻转、组合、移动等将两个三角形（其实是立体图形三棱柱）根据自己游戏的需要拼搭成一个大的三角形（这也是幼儿在游戏过程中自己发现的）和正方形，这些动作恰恰反映了男孩的能力水平。并且他对建构起来的图形有一定的想象力，想象成滑滑梯和房子。这也是他对空间的一种认识。当然也包括两人对大小的预判和感知的能力差异：男幼儿能准确地选择两块一样大小的三角形进行拼搭，而女孩则用一块小的三角形与一块大的三角形进行拼搭。

经过对“学习故事”的研究，教师都认识到对操作过程进行观察、分析的重要性，我们越来越重视对幼儿操作过程的观察，也慢慢学会如何对幼儿的操作过程进行观察，对幼儿的操作过程到底应该观察些什么。

3. 从关注幼儿的技能到关注幼儿的学习品质

传统评价中，教师更多地去关注幼儿“精细动作发展到什么程度”，有没有学会“手口一致地点数”，是不是掌握了“绘本阅读的方法”等与技能相关的要素，教师的注意力全部在幼儿是否获得了相应的知识和技能，通过技能的获得来判断和评价幼儿的发展水平。

在进行“学习故事”的实践与研究后，幼儿的学习品质被提到了一个新的高度。老师如是说：“以前总是听《指南》当中强调要注重幼儿学习品质的培养，也就是关于兴趣、坚持性、解决困难、合作、沟通、探究等能够为幼儿终身发展提供持久动力的那些因素，“学习故事”恰恰强调了学习倾向的培养，跟《指南》不谋而合，让我知道如何关注幼儿的学习品质了”。

例如：“学习故事”《棒棒糖》

发生了什么：玥玥拿到材料后，看了又看盒子里的棒棒糖，边看边说：“蓝色的……圆形的……方形的……黄色的……小小的……大大的……”此时，我对玥玥说：“请你将这些棒棒糖分到这些碗里。”于是玥玥将三种颜色的棒棒糖迅速地分别放到三个碗里（按颜色进行分类）。然后指了指蓝色棒棒糖的碗，说：“蓝色家”，指了指黄色棒棒糖的碗说：“黄色家”，指了指粉色棒棒糖的碗说：“粉色家”。听完玥玥的话，我要求她再试试看有没有别的不同的方法来分这些棒棒糖。她就再一次将白色盒子里所有的棒棒糖一个一个拿起来看了又看，并依然将三种颜色的棒棒糖分别放入了三个碗（按颜色进行分类）。

玥玥将两个粉色棒棒糖（一个圆形一个方形，大的）拿起来，说：“它们两个颜色一样，形状不一样。”接着又拿起了两个黄色的棒棒糖（一个圆形一个方形，一大一小）说：“一个小的，一个大的。”可是玥玥还是将棒棒糖按颜色分到了三个碗里，这一次依然是根据颜色来分棒棒糖的。

你看懂了什么：玥玥拿到一份新材料后没有马上进行操作，而是先对材料进行观察和研究。她有较好的学习方法，能够先对材料进行观察，再根据自己的观察来操作材料。从玥玥拿到材料开始游戏到最后将材料放回原来的盒子，她有较好的学习习惯，在游戏过程中每一次的操作都能够有序地将材料进行整理，最后完成游戏后能将材料物归原处。整个活动大约持续20分钟左右，在整个过程中玥玥都表现出了对材料的兴趣以及她学习的坚持性。

教师在撰写和分析“学习故事”的过程中，逐渐扭转了关注点，更多地从学习品质、学习方式等角度识别和回应幼儿的发展需要。

三、深入思考，正确解读

1. 从抓不住重点到能够说出大概

在幼儿学习的过程中为什么会有这样的行为以及从这种行为能分析出什么，对这两个问题的回答是准确深刻识别幼儿学习与发展的核心问题。在刚开始研究“学习故事”时，我们所撰写的“学习故事”，教师对幼儿学习行为的识别不清，定位不准，只是从一般意义上描述现象而抓不到本质，无法用专业知识来分析幼儿的学习。通过一次次不断的分析与解读幼儿的“学习故事”，我们对幼儿的“学习故事”解读逐渐能抓住重点。

例如："学习故事"《图形宝宝回家》

欣妍拿到这份材料之后，先看了看篮子里的图形，然后将其中一个三角形拿出之后放在空白的地方，她将三角形平移了好几个位置，都没有成功，她试图将三角形放在一个较小的三角形空格中，失败了。她又尝试了另外一个，又失败了，于是她开始将图形翻转，旋转，接着将三角形角对角，边对边，放入合适的空格当中。她拿起了一个较小的三角形，根据刚才翻转的经验，再一次成功地将三角形放入了正确的空格中。她又拿起了一个三角形，放入空格之后发现空格太大了，而三角形太小了，她说道："太小了。"于是，就根据三角形的大小正确找到了三角形的空位。接下来的三角形，她很快通过旋转、翻转、上下颠倒，找到了三角形的家。最后一个三角形时她翻转一次，上下颠倒一次，可是还是不行，说道："老师怎么拼呀？"于是我说道："你再翻一翻，旋转一下，可能就行咯！"然后说道："我的任务完成啦！"

你看懂了什么：在找图形宝宝回家的过程中，欣妍利用自己对图形的认识，图形的特征以及对图形的已有经验，用角对角，边对边，三角形的边和空白部分的边不断尝试比对，寻找正确的方法，寻找正确的位置，这样试误的方法对小班的幼儿来说，出现得比较少，说明欣妍有着较好的学习方式。对于图形的认识，通过翻转、颠倒、左右交换改变手中图形的位置，说明欣妍在图形的认识上，已经有较多的经验，对三角形有较多的了解。

我们在解释幼儿的学习行为方面虽然不能透彻理解，但与以前相比也有所收获。幼儿园教师基本知道从幼儿行为背后的目的、意图，但具体能掌握的程度上处于初步阶段，有待后续研究进一步加强。

2. 从依据教学大纲到关注幼儿大纲

以往教师对幼儿的评价更多的是基于教育目标，判断幼儿是否达到某种水平和目标，与其他幼儿作比较。按照纲领文件、按照教育教学计划来判断幼儿的学习与发展，给幼儿园教育实践提供一个明确的方向，但是教师在日常教育中机械地依照大纲判断幼儿哪些能力达到要求了、哪些没达到、该采取什么措施，这种依据目标的解释很容易忽略幼儿作为学习主体的身份角色，用统一的标准去“加工”所有的幼儿，就会使幼儿缺少个性和多元。

起初，我们在分析幼儿的学习时，不是看幼儿的实际操作过程和表现，而是先问是哪个年龄段的幼儿，然后回忆大纲中有关这个年龄段的相关规定，再以此来评判幼儿的学习。随着一次次研究的深入进行，教师们越来越关注幼儿的实际发展水平，根据幼儿的实际水平做出进一步的教育支持。这种对幼儿学习行为的解释方式能够体现幼儿的差异性和个性特征，根据每个人不同的特质进行因材施教，发现幼儿的闪光点并予以发扬，用一种欣赏的态度去识别每个幼儿特有的学习品质和学习策略。

每个幼儿都有属于自己的独特之处，可能他在某些方面发展有些缓慢，但是有些方面的特质优势又是比较突出的，我们要看到每个幼儿身上的闪光点，不能再像以前那样，不管是谁，根据自己心里的教育目标来完善幼儿某些方面的不足，根据幼儿的实际水平来培养不同个性的幼儿。

四、反思不足，砥砺前行

1. 提高对幼儿学习过程的解读能力

教师在以往评价幼儿时，不可避免地从学习的结果去衡量幼儿的发展水平和能力，教师往往围绕预定的教学目标分析幼儿的学习结果，例如：幼儿的表现是否达到了预期目标，分析幼儿在活动中学到了什么技能，懂得了什么知识或道理，获得了哪些知识经验。这样的辨识一多，就形成了注重幼儿学习结果的学习观。

运用“学习故事”评价法，我们更新了学习观，更多地关注幼儿的学习过程。我们将幼儿看成一个“有能力、有自信的沟通者和学习者”的整体，在分析幼儿的关键领域经验和学习方法的基础上，将幼儿在学习过程中所体现的学习能力和学习品质也作为解读幼儿的关键。

2. 做幼儿学习的支持者而非指导者

教师的支持策略必须以满足幼儿当下的学习与发展需要为依托。幼儿的想法应该被认真对待，教师不要一味地以成人的视角去否定幼儿的各种奇思妙想。教师尽量减少对幼儿的高控和干预，让幼儿享有充分的自主权和选择权。

其次，教师应该根据《指南》提出的领域阶段目标来确定幼儿的最近发展区，在幼儿已有经验的基础上支持幼儿建构多元的新经验，为幼儿下一步可能发生的学习提供机会和条件。

最后，教师的各种支持性回应策略不应仅仅帮助幼儿解决困难，还应该包括精神环境的支持、物质材料的支持、经验的支持、同伴资源的支持以及家长资源的支持。

3. 树立鼓励欣赏型的评价观

运用“学习故事”评价法，我们应该以欣赏的眼光接纳和相信幼儿，要在幼儿的言行中寻找幼儿身上的闪光点，相信每个幼儿都有与众不同之处。并提供幼儿发挥优势的机会和条件，用鼓励的方式激发幼儿无限的发展潜力。只有欣赏幼儿、不断挖掘幼儿身上的长处，幼儿园教师才能积极乐观地秉持相信和支持幼儿的态度，让幼儿在自由的空间汲取营养。

4. 调动家长参与“学习故事”评价的积极性

家长作为幼儿的第一任老师，应该与幼儿园教师共同担负起教育幼儿的责任。“学习故事”评价法为家长参与幼儿评价、进一步了解幼儿的学习与发展提供了重要契机。我们应将体现幼儿“哇”时刻的故事与家长分享共读，经常根据“学习故事”中幼儿的真实表现去进行家园沟通，帮助家长重新认识幼儿，看到幼儿身上的特别之处，树立欣赏教育的评价观念，形成良好的家园合作氛围。同时，带动家长尝试把幼儿在家中发生的一些充满魅力的“学习故事”撰写下来，与幼儿园教师一同分享，这种家园共育的方式能够有效避免幼儿家长的懈怠情绪，通过一种切身体会的、充满乐趣的方式去观察了解和评价幼儿，这将有利于家园共育，促进幼儿学习和发展，共同为幼儿成长和发展撑起一片蓝天。

“学习故事”对教师的专业能力，尤其是观察、解读和评价幼儿的能力提出了挑战。观察力是教师的一项必备专业能力，观察是教师促进每个幼儿富有个性发展的前提。因此，教师观察力的培养尤为重要。在这一个学期的实践中，我们通过专家引领、课题组学习实践、学习故事的撰写，帮助教师学习一些观察、记录、分析和解读幼儿的科学方法，提高教师观察解读幼儿的专业能力，并有效生成教师的教学实践智慧。在这个过程中我们可以看到教师的转变和成长。然而我们队“学习故事”的研究才刚刚开始，今后我们将继续对“学习故事”进行学习、实践，让教师能够真正走上专业成长的道路。

（作者：上海市奉贤区绿叶幼儿园　凌蔡旦丹）

“学习故事”促我成长

在“学习故事”中，幼儿的兴趣和行为是逻辑的起点，教师的识别与回应，是对幼儿学习兴趣和发展准确了解基础上的进一步支持与提升。通过“学习故事”这一叙事性观察记录方式，我们走近幼儿、了解幼儿、发现幼儿并支持幼儿，在这过程中我们不仅发现幼儿身上许多精彩的“哇”时刻，也提高了自身理解和支持幼儿学习的能力，提升了自己的教学专业素养。

一、“学习故事”更新教学理念

开展“学习故事”以来，我珍惜每一次与专家面对面的机会，聆听每一次精彩的点评，在专家的指导和帮助下，我能够清晰、客观地记录孩子的表现，根据自己的思考认真反思幼儿的学习，并能够学以致用，将“学习故事”的理念运用到自己的教学实践中，能够发现孩子精彩的学习、互动片段，体会到了研究的乐趣。

学习不仅仅是书本上的理论内容，更需要人与人在实践中的思维碰撞。作为教研组长，我也能够把自己的实践经验与组内教师分享，并给予适当的指导，组内教师也都从原来的默不作声到能够在大教研活动中与专家老师面对面地交流，介绍自己在拍摄、撰写、分析中的思考和尝试。

二、“学习故事”引发对个别化学习材料设计的再思考

开展“学习故事”研究以来，我对材料的选择经历了两个阶段：第一阶段是设计我认为适合幼儿学习的材料。实践中我发现，幼儿与那样的材料根本擦不出我预想的火花，我推着幼儿去玩出所谓的玩法，但是幼儿的兴趣不高，教师一味的追求玩法的多样却忽略了材料的发展性。第二阶段是购买桌游游戏材料。我在网上寻找有趣的又包含一些教学目标的材料，但是实践后发现结构太高，不适合班级里所有的幼儿，每次拍摄的“学习故事”都局限于部分幼儿，偏离了“学习故事”的核心理念。现在我已经进入了第三阶段：选择材料的时候，不仅求方便、有趣，更要求适合，适合的才是最好的。我会选择结构低、生活化、有趣又挑战思维的材料，在投放材料前也会根据自己班级幼儿的学习能力对材料进行筛选和设计，同时也会在投放的过程中不断地观察和调整材料，让材料成为班级、教研组内独一无二的材料。

举例：纸牌加减法

核心经验：10以内加减法的运算

材料制作：纸牌一副、骰子

投放前设计：

1. 根据班级幼儿的能力水平，首先选择纸牌上数字是“7”以内的部分纸牌。
2. 选择带有加减规则的纸牌时，加或者减的数字是“1”和“2”。

幼儿操作后调整设计：

两种颜色纸牌数量、内容一样。

三、“学习故事”提高对幼儿的分析与反思能力

研究“学习故事”初期，我拍摄故事、撰写故事时缺乏自己独特的思考，对幼儿的分析还不够有针对性，对幼儿的分析“面面俱到”，每个故事的分析都有很大

的相似性。但在不断的实践和研究中，我越来越会分析，能够发现幼儿身上不一样的精彩，有针对性地分析幼儿身上最值得分享的、最与众不同的亮点。

举例：图形拼搭

幼儿潘潘在迪迪的介入和陪同下顺利完成了将所有的积木拼搭组合成5个正方形，并嵌套在底板上，体会到成功的喜悦。故事中我除了关注到迪迪和潘潘互帮互助等学习品质和图形拼搭组合等数学核心经验这些明显的学习，还发现了他们身上最值得大家学习的一些转变，如：幼儿迪迪在本次学习中的细心、耐心、乐于助人的品质，这些是他从未在我们面前表现出的品质。如幼儿潘潘在本次活动中初步感知到了一些"破而后立"的学习经验，他体验到了不拆掉原有的三层、后面的一层永远不会成功的经历，为他后续学习过程中的思维模式有一定的正面的引导和帮助。这些都是对他们两个人的学习有很大帮助的内容，是值得老师、家长去关注和重视的内容。

四、"学习故事"提高教研组织能力

作为教研组长，除了自己的实践研究，我还要对组内教师进行引领和帮助，在教研活动中我发现有些学习故事质量不高是因为一个老师在介绍故事的时候其他老师缺乏共鸣。原因有两个，一是其他老师对故事里的幼儿不熟悉，无法对录像中的故事进行纵向分析，二是讲述故事的老师无法在短短的3分钟左右的时间里将故事中幼儿的表现分析得精准、到位。

于是我尝试对教研形式作了一些改变，帮助教师解决这些问题。我组织开展了两次现场观摩教研，所有的老师一起看现场、一起拍摄录像，这样所有的老师同时看到了孩子的活动，对活动的过程更清晰，对幼儿的表现更了解，更有利于分析幼儿，也能让老师看到不一样的幼儿，发现幼儿的闪光点。

举例：不一样的你

故事的主角诚诚在我这个班主任的视角里是："当他的请求不被满足的时候，他常常会出现攻击行为，比如推人、推倒同伴的玩具，或者自己走到教室的空处嘴里说着"我什么都不玩"，或者用手做一些动画卡通的动作，说卡通人物的语言，并且这种情绪需要较长的时间来平复。"这样的孩子在今天的教研活动中，在陈老师的眼里是:“他一开始是想求得同伴的关注,到后来他通过自己努力做了很多事情来证明自己,比如站在那里帮助看积木,比如帮忙扶起倒塌的积木,比如同伴摔跤了去扶起来,比如同伴吵架了他去劝架等,让我们看到了他为了加入游戏做了很多有价值的努力,这一点让我们看到了他的进步。”在黄瑾教授的眼里是:“今天诚诚感动我的地方是我看到的是真实的他,他今天为了玩,在别人不回应他的过程中调适自己的行为,调适自己的玩伴。”

这样的教研形式,让老师对“学习故事”有了更深刻的了解,也让所有的老师都知道了,每个幼儿都是一个强大的、主动的学习者与沟通者,还有一种自我调适的能力。我们教研的价值更凸显了。

（作者：上海市奉贤区绿叶幼儿园　侯玲）

“学习故事”带来的选择和改变

学校的理想宣言指出:“儿童是以有能力、有自信的学习者和沟通者的身份成长的,身体、心理、精神健康,有安全感和归属感,知道他们能为社会作出重要贡献。”以儿童自发活动为切入点的“学习故事”就集中反映了这一基本认识,而正因此,我正不断地收获着感动和快乐。

一、构建新型儿童观,相信幼儿具备自主学习的能力

“学习故事”是幼儿自发的积极行为,当幼儿的天性能够得到充分绽放的时候,所处的心理环境必然是安全温馨的,情绪则是轻松愉悦的,而当我们“顺应幼儿天性”以后,也会逐渐地感受到一份轻松和愉悦。我们逐渐相信我们的孩子是一个独立的、有思想的个体,我们开始相信孩子是积极主动、敢于探究、乐于创造的。我们也静下心来观察孩子们的游戏状态,相信他们是具备自主学习的能力的。如在一次“玩纸牌”的游戏中:

小宇和涵涵两个人选择了纸牌坐了下来,涵涵说:“谁出到一模一样的牌谁就拿走,你出了7,我又出了7,我赢了我就拿走这个牌,知道么?”小宇有些不服气地说:“等会你就知道谁赢了。”当同时出到两张4时,小宇没有反应过来,涵涵说:“拿

走吧，把这两个4也拿走。”并把牌放到了小宇的身边，过程中也会提醒小宇出牌“你出呀”，又一次提醒小宇拿走相同牌，到第三轮的时候当小宇看到出到相同牌的时候小宇马上将桌面上的牌全部收走，后面几轮小宇一边看着手上的牌一边关注桌面上的牌，你一轮我一轮速度都很快，涵涵的状态特别兴奋，还会唱着歌，当“大王”和“小王”出现时，小宇拿走了牌，涵涵也没有意见，玩了一会涵涵说：“我奶奶说当出过1再出到2也可以拿掉。”这个规则我没有听明白，小宇也没有明白，我说：“那我们玩玩看。”涵涵又说：“接起来就是他出1我出2他出3我出4，谁有1谁就拿出来。”小宇找了一下说：“我这里没有1。”于是将牌全部摊在地上，于是涵涵过去一起帮助他找到了1，涵涵从自己的牌里抽出了2，小宇说：“那我就要找3。”当小宇找到“3”时语气比较开心，两个人就一起从1找到了10，过程中涵涵也学小宇将牌全部摊在地上便于找寻，“10后面是11”“11没有”“那我们就再从1开始吧”……

两人在游戏中了解游戏规则、知道游戏玩法，并且在几次游戏中，小宇已经建立了游戏的经验，从一个被动的学习状态到一个主动的学习状态，这个转变过程是十分清晰的。过程中我们并没有介入，但他们在游戏中的专注和喜悦是我们能够真实地感受到的，这时候我会突然觉得，“哇”，其实孩子真的是天生的游戏者。

二、认真思考材料的投放，有效地支持幼儿的游戏

一开始记录“学习故事”的时候有过彷徨，有过不知所措，但渐渐地开始能够根据一点线索慢慢地去摸索，比如结合园本特色，我们着重于研究材料的投放，思考什么样的材料是适合大班孩子的年龄段，符合他们的兴趣又能围绕数学核心经验的，什么样的材料是能让孩子们之间有互动能推进他们逻辑思维发展的，比如游戏“猜猜我是谁”：大班的孩子喜欢合作类、有一定的挑战性的游戏，而“猜猜我是谁”的游戏材料能够很好地结合核心经验“分类”，通过一方观察人物的特征进行提问，另一方要思考肯定和否定进行排除。如：

“请问是不是戴着红色眼镜的？”“不是。”于是梦梦把所有没带红色眼镜的都翻了下去。“请问是不是戴着黄色头发的？”“是。”梦梦又把所有不是黄色头发的卡片都翻了下去。“请问是不是戴着黄色帽子的？”“没戴帽子。”于是梦梦把戴了帽子的人都翻了下去。“请问他是不是笑的？”“是。”这时候卡片只剩下两个了。“请问他是涂了口红的么？”“不是。”“看看最后是不是一样的？”两人对看了一

下，梦梦开心地说：“一样的，可以加一分了。”

当然材料的投放还需要去观察材料是否适宜班中的孩子，也要在过程中不断地去调整，比如班级中有份材料“大富翁”，我们在过程中通过不断地调整最终适合孩子年龄，也符合他们的兴趣。第一次游戏：在没有介绍任何材料的情况下，妞妞和小杰各执一个筛子准备按照筛子的数量造房子，于是我建立了第一个规则：两个筛子必须一起掷，于是他们开始游戏……游戏的过程中两个人都能快速反应两个筛子的总数，但我发现她们的房子造完了底板上还余下许多格子，然后她们就在自己的面前造了房子，游戏显得一点都没有趣味性……即便是数数，也没有太大的难度……

于是，我们调整了底板的大小，让房子的数量多于格子的数量。

（第二次游戏）轩轩和正正开始游戏了，两个人在6以内的组成上也没有任何问题，很快房子就造满了，当轩轩筛子总数是3，可是空格只有2个的时候，轩轩想把剩下的一个放到中间的绿色方块里，可是正正并不允许，于是我提出疑问：那剩下的那个放哪里呢？两个人似乎没有接受我的意见，正正急于数数想知道到底谁的房子多，在数房子的过程中，两个人花了许多时间，第二轮游戏又开始了，当格子剩下2个，正正需要造4幢房子时，他把所有的房子造在一个格子里，轩轩并没有反对，又开始想要数了，于是我说：“一个格子放四个房子可以么？”轩轩说：“不可以，太多了，要爆掉了”“那刚刚他一个格子里放了4个房子，房子放不下了怎么办？”“把3个拆掉”“拆谁的？”“拆他的。”“那可不可以拆你的？”正正说：“可以。”轩轩坚持说：“不可以。”于是，这次游戏也就这么结束了……

（第三次游戏）涵涵的游戏规则是横着造房子或者竖着造房子，两个人对于6以内的组成也没有问题，当涵涵要开始造房子路过宇浩的房子时，涵涵把宇浩的房子拿走放了自己的房子，于是我问：“你刚刚是把他的房子拿走了么？为什么啊？”“因为我和乐乐玩的时候是这样的方法。”“什么样的方法？”宇浩说：“就是没有路了把我的房子拿走。”就这样边铲边造，怎么也造不完房子也造不满地。

于是我有了第二个规则：谁先把篮子里的房子造完了，谁就赢了。

通过调整材料，调整游戏规则，进而推动幼儿的游戏，我想这也是“学习故事”

给我带来的巨大的转变，让我更加有效地去支持幼儿的游戏了。

三、适时的介入指导，推动幼儿的游戏水平

通过观察我更加了解应该怎样去具体地支持幼儿的游戏行为，又或者我该提供哪些帮助。比如在角色游戏中，幼儿想开蛋糕店，那么有些材料是幼儿创造不了的，我们通过讨论确定了所需要投放的材料：比如刀叉、包装盒等。有些材料是幼儿可以自己解决的，比如：做蛋糕的橡皮泥。对于那些幼儿十分感兴趣而且每次游戏都会出现的主题，我们应该考虑提供材料帮助幼儿提高游戏水平和丰富主题内容。除了材料上的支持，有时候有效的介入也是支持幼儿的一种途径，不同的孩子发展水平也不同，而需要老师支持的手段也不同，《指南》中也指出，当孩子们在游戏中发生困难的时候，我们也要适当的去介入来支持幼儿的游戏，如：

有一次雨洁在玩拼图的材料，她每拿一块正方体都会旋转一下，观察一下再放置，过程中她也在不断地调整和旋转正方体，但每次选择的图形和旋转的方向都是一致的，并没有参照提示图的图片，也没有仔细地观察，专注于自己的操作，第一列、第二列、第三列、第四列的图形放置是一模一样的，当她放好第四列的时候我问她：你现在拼的和图片上的一样么？雨洁开始抬头关注图片上的形状，然后仔细地看了看说："应该是一样的。"我又接着问："哪里是一样的？"雨洁开始调整正方体的位置，意识到自己拼的和图片上有差异。

适当的介入可以推动幼儿的游戏，可以改变幼儿所处的困境，可以让他们学会一种学习方式，更可以让他们感受一份成功。所以我也一直在学习怎样让我的介入变得更加有效而不是成为对幼儿学习的一种干扰。

"学习故事"带给我的感动和喜悦不仅仅是这一点点，"学习故事"让我去探究了自己的价值观、信念和态度。我希望有一天，当孩子们自发的游戏成为一日活动中的常态，越来越多的孩子能够自主探索和创造"哇"时刻，而我们能主动采取适当的行动支持幼儿的学习时，我们的幼儿园才能真正地成为给孩子带来感动和快乐的乐园。

（作者：上海市奉贤区小森林幼儿园　姜雯婷）

运用“学习故事”评价的方法解读幼儿的学习，拓展了教师对幼儿“好奇专注、探究发现、合作自信”等行为意义的理解和关注，引发了教师对幼儿主动参与、增进学习素养支持的思考与引导，促进了专业成长。

第二节 幼儿的学习成长

★ 儿童发展视角下的“学习故事”感悟

有效的支持，让我和幼儿共成长

每当我看到幼儿在操作材料的时候，内心活动是非常丰富的。是该帮助她呢？还是再等一等呢？我要不要介入呢？介入是否适宜呢？相信很多老师都会有过这样一种揪心的心理过程。对于介入，真的是需要看准了时机。介入的是否有效就直接关系到幼儿在操作材料时的情绪、意志力、思考问题的能力等。老师的及时介入也是能够推进幼儿的发展，点拨幼儿，让幼儿发现自己的能力。

在刚开始学习“学习故事”的时候，我不敢轻易去介入幼儿，怕自己的介入无效，不能推进幼儿的成长。在学校邀请的诸多专家的指导下，以及学校教研组定期开展的“学习故事”分享交流中，让我从不会介入、不敢介入，慢慢地开始尝试介入。

一、当她遇到困难、想要放弃时，我说……

中班的孩子解决问题的能力还不是很强，在他们遇到难题的时候，第一个想到寻求帮助的往往就是老师，面对这样的孩子，我思考，该怎么做呢？

案例：玥玥这次选择了一份拼搭松树的材料，材料中有许多形状不规则的积木，她很快地将松树第一层和第二层的树叶拼搭完成，在她拼第三层树叶的时候，她拿了一块凹型的积木，玥玥将积木左转转，右转转，不停地翻转、旋转这块积木，不断地调整积木的位置，可是反复几次都没有成功。于是，她换了另一块积木，和之前一样，她不停地调整位置，旋转翻转积木，过了好长时间，玥玥看着我说：“我不想玩这个，这个太难了。”“遇到什么困难了吗”玥玥点点头说：“这两块积木都放不进去，太大了。”“那你试试看这块积木。”简短的对话过后，玥玥拿着我说的那块积木重新开始挑战，她不停地调整积木，一次两次……在她不断的尝试后，最后她成功了。玥玥脸上露出笑容说：“老师，我成功了。”“玥玥，你真棒，我为你拍手鼓掌”。

在这个案例中，当孩子和我说想要放弃的时候，我介入了，我想了解孩子放弃的原因，得知孩子由于积木太大而不能拼搭，我适当地去点拨孩子试试篮子中另一块合适的积木，让孩子去转一转、翻一翻、调整积木拼搭的位置。我根据孩子遇到的困难及时给予孩子点拨。最后当孩子成功后露出开心的笑容时，我为孩子竖起大拇指。

二、在他不够自信、靠别人帮助时，我说……

每个班级都会有这样一类孩子，他们性格比较内向，不怎么爱说话，胆子也比较小，我们班的豆豆就是这样一位孩子。面对这样的孩子，我思考，该怎么做呢？

案例：有一次，豆豆和龙龙在玩翻翻乐，最后，大家开始统计各自都有几张卡片，龙龙数完就一直等着豆豆的卡片数量，可是豆豆一直不肯数自己的卡片，于是等不急的龙龙俯身想帮豆豆数卡片，“豆豆，你愿意自己数一数自己的卡片吗？”豆豆点点头看向我，却并没有说话，“我和你一起数，好吗？”豆豆点点头，“1、2、3……”渐渐的我的声音变轻了，随之而来的是豆豆的声音，他的声音慢慢地在变响，豆豆一边数一边转头看向我，我给了豆豆一个肯定的眼神和点头，“豆豆，你瞧，自己数的时候也能数得很清楚，老师为你点赞。”豆豆听到后也露出开心的笑容，露出两个可爱的小酒窝。

在这个案例中，对于我的介入我是这样思考的，我更多的是尊重孩子的意愿，问孩子想不想自己数一数，在得知孩子愿意自己数，但是有点小害羞的情况下，我提出和孩子一起数，我这样的介入也是给予孩子一定的安全感，在老师的带动下，增强孩子的信心。在数的过程中，我的声音渐渐地变轻，衬托出孩子的声音。情感上去支持孩子，让孩子能够在老师的鼓励下，更加积极主动地去探索、去学习、去自我发现。

玥玥和豆豆的故事不仅仅让我看到每个幼儿不同的发展情况，更多地折射了我的成长历程。对于我而言，发现幼儿的需求，观察幼儿的不同发展，让我的介入更加有效。

在“学习故事”整个研究的过程中，我们都了解到有效的支持不仅仅是介入幼儿的活动，更多的是老师们要不断地去观察幼儿、解读幼儿、等待幼儿。教师的支持应符合孩子当下的发展。适宜的支持是推动孩子向前发展的力量。“学习故事”的研究给了我倾听幼儿心声的机会，就像一条纽带，把我同每一名幼儿紧密联系在一起，我对幼儿的尊重与支持需要更多的探索和研究。学习在继续，追求不停止，只有用专业的、多重的视角去观察幼儿，走进“学习”，探求幼儿主动学习的真谛，走进“幼儿”，在实践中亲历幼儿的学习与发展，才能真正感受到那份因爱而生的幸福感。

（作者：上海市奉贤区绿叶幼儿园　曹燕婷）

在“学习故事”中认识孩子

撰写“学习故事”已有一段时间了，从初识的无从下笔，到如今逐渐领悟，终于对“学习故事”有了些自己的拙见。回想初写“学习故事”时我以为它等同于写案例，但是撰写过几次“学习故事”后我发现，原来“学习故事”并非是简单地描写一个案例，而是在一日生活中积累发现孩子的闪光点，然后记录它、解读它、反思它。后来我又有幸聆听了两次黄瑾教授有关“学习故事”的讲座，通过黄瑾教授对“学习故事”的解读和分析，我对如何撰写“学习故事”有了清晰的思路和明确的方向。

“学习故事”不只是记录孩子的点滴行为，更重要的是其背后的意义。在撰写过这么多“学习故事”后我有了一点自己的体会。

一、“学习故事”让我们蹲下来发现幼儿

我曾经习惯于站在高位观察幼儿，且带有主观想法地去揣测幼儿，使得幼儿与我的距离渐行渐远。“学习故事”让我开始尝试蹲下来去发现孩子，积极找寻孩子们身上的闪光点。从“蹲下来”的那一刻起，我仿佛拥有了一双能发现幼儿智慧和潜能的眼睛。原来孩子们正时时刻刻给予我惊喜，原来他们是如此的多面，

原来他们是在飞速成长的。撰写“学习故事”后我发现处处都是孩子们的“哇”时刻。

我们班的小茗是一个极其好动的男孩子，坐不住、爱说话是他给人的第一印象，但是在某一次的个别化活动中他却让我刮目相看。这是一份非常需要耐心、细心去完成的个别化材料——《串门帘》，小茗一眼就相中了这份材料。起初我很担心他是否能持久地去玩这份材料，毕竟这份材料和他好动的个性不匹配。然而令我惊喜的是，游戏开始后他就一直安静地坐在小椅子上，认真而又专注。于是我赶紧将这一幕客观地记录下来，惊喜于好动的小茗原来也可以这么认真。

我们班还有个孩子叫尘尘，很聪明但也爱斤斤计较，这是我对他的初印象。他爱打小报告，有时也会和他人争抢玩具物品，在和其他孩子交流时也总是显得咄咄逼人。就是这样一个“难相处”的孩子，在某一天的角色游戏中却表现出了不同的一面，令人惊喜的一面。在那次角色游戏中尘尘选择做一名消防员，这是他最喜欢的职业。游戏开始了，尘尘马不停蹄地用小椅子搭建起自己的消防局。搭着搭着散落在教室中间的椅子都用完了，于是他打算去各个娃娃家里拿椅子。正当我以为他会二话不说直接拿椅子的时候，他却礼貌地询问黄黄家的“奶奶”桌子下的椅子可以拿走吗？看到“奶奶”摇头后他也没抢，而是去了小医院询问“小护士”可否把多余的椅子给他。最终他拿到了自己想要的椅子，也让我欣慰地发现他在改变，他变得在乎别人感受了。于是我也赶紧以学习故事的方式记录下来，将这一刻的惊喜永存。

因为“学习故事”，我发现了孩子们的进步；因为“学习故事”，我认识到不能以偏概全地定义幼儿；因为学习故事，让我更加关注幼儿。

二、“学习故事”让我们静下心解读幼儿

“学习故事”不仅敦促着老师要全面地关注孩子，更重要的是解读和评价孩子的行为，了解其行为背后的意义。就像黄瑾教授说的，评价的目的不是评判儿童的学习情况，而是深入了解和倾听儿童，理解儿童的学习过程，体验儿童的成长。分析、解读、反思的最终目的就是找出可以支持幼儿发展的有效策略。每个孩子不尽相同，“学习故事”的记录使得老师能够找到因材施教的良方。

我们班的小付是个内向文静的女孩子，虽然她的能力不弱，但是她不爱表现自己，总是喜欢缩在后头。个别化游戏时间到了，她选择了《喂小动物》的材料。在玩这份材料时我发现她很有耐心，做事很稳不急躁，用夹子一片一片地将“食物”夹入动物口中，而不像有些孩子一样一大坨一大坨地送食物。并且她非常持久和专注，没有因重复同一个动作而停止操作。于是后续我让小付在集体面前分享喂食物的经验，同时在集体面前表扬了她。这是为她树立自信心，支持她成为一个更加自信的人。

解读孩子的时候不能只看一个面，孩子是多面的、立体的、独立的个体。在撰写“学习故事”的过程中，初始阶段我对孩子的分析经常停留于孩子认知方面的能力。实际上我忽略了很多孩子非认知方面的能力，比如学习品质、社会交往以及行为习惯等等。

评价孩子不能只注重结果，而要注重过程，这是“学习故事”教会我的。

三、“学习故事”让我们沉住气静待幼儿

“学习故事”记录的并不是老师刻意安排的事件，而是幼儿自发自主的行为，这就呼吁我们教师应该多放手，为幼儿自主发展提供更多空间。开始撰写“学习故事”以后我变得更喜欢“退居二线”，让孩子们自己尝试，自主活动。

我们班的菲菲是我们班月龄最小的孩子，相对的，她各方面发展比班级里其他孩子就要落后一些。在玩《小鸡捉虫》这份点数配对材料时她拿着卡片犹犹豫豫不知放到哪个篮子里，我看着也很着急。但是我忍住没有动，而是静静地观察她是否能顺利完成游戏。后来游戏时间差不多快到了，虽然还剩一部分虫子没有送到相应的数字上去，但是菲菲也完成了大部分的点数配对。菲菲敢于尝试自己不擅长的领域，这份精神难能可贵。于是我将这写成了学习故事，同时也反复思考如何帮助菲菲提高数能力，为她在数方面的发展提供支持。

“学习故事”完美结合了实践与理论，它不仅是一种评价幼儿各方面发展的评价方式，更是一种强调以幼儿为本、师生共同进步的理念。就像新西兰幼教界所宣传的那样，“孩子不是一张白纸，而是有能力有自信的学习者和沟通者”。“学习故事”让我们发现幼儿的智慧和潜能，让我们的观察、分析、决策能力提高，让我们能成为孩

子自主学习更好的支持者。

（作者：上海市奉贤区解放路幼儿园 陆嫣）

驻足停留，耐心观察孩子的世界

“学习故事”这个词一直围绕着我们的工作日常中，从一开始的懵懂无知，到不断的学习，不断的实践，我们慢慢开始体会到“学习故事”中的乐趣，开始慢慢驻足停留下来去观察某个孩子的学习过程走进他的学习世界。这一年内积累下的“学习故事”对我来说是一份多么宝贵的财富啊！

一、停下脚步，记录孩子的学习过程

我有幸参与黄瑾和徐苗郎老师的讲座进行学习，这也是我第一次开始尝试接触“学习故事”的撰写。在此之前，我们对于孩子的学习观察都只停留于表面，每次幼儿学习或是在日常生活中的举动我们都是匆匆略过，对于一个孩子长时间的观察很少，更别提去思考孩子背后的品质显现。孩子学习的过程和成效，都是浅尝辄止，对一个孩子的认识都是停留在一个片面的层次。

慢慢的，我们开始了学习故事的研究，我们不断地在工作日常中用照相机去记录下幼儿的学习过程，我们发现每当我们去观看视频的时候，总能比在现场看发现更多的细节，而这些细节正是孩子的一个个“闪光点”。所以，我们开始将记录孩子行为带到每天的工作之中，每次我们都会停下脚步去长时间的深入观察一位幼儿的操作学习过程。这个过程总能给予我们无数次的“惊喜”。也正是记录孩子的这些学习过程让我感受到“学习故事”的乐趣所在。

二、耐心观察，发现无限惊喜之处

每次当我们沉下心去看幼儿独自或者合作操作材料的时候总是能找到他们的闪光点。凭着印象，我和很多老师一样认为，俊杰是班里不太喜欢交谈和回答问题的孩子，上课注意力不集中，规则意识也比较淡薄。但是那一次发现后，我改变了自己的想法。

俊杰在非室从别人手中接下一份图形立体拼图的材料，说道：“我要玩这个。”一开始他拿着上面标注五颗星星难度的图片卡，他嘴里一直念念有词说着：“这个有点多啊。”慢慢地，他拼了一个与图片卡相似的图形，但是他看了看感觉不对，接着他开始看其他地方，也不继续拼下去。我以为他马上要放弃的时候，他却又拿起了另一个图片卡，开始拿方块快速地找到红色面，将外围一圈都拼好，接着他开始找黄色面又在里面搭了一圈。特别中间有其他形状组合的图形时，他也只用了一会儿时间马上就完成了。他很开心拿着卡片对着我说：“我成功了！”

这是我第一次看到他那么专注那么认真地思考操作，让我感到很惊喜。俊杰选择了五颗星的图片卡，他没有从一颗星的卡片开始进行拼图游戏，原以为他要放弃或是更换卡片，但是我发现他并没有放弃。那一刻，我慢慢走近他的身边，开始用摄像记录下他思考过程的画面，其实中间他尝试过很多次也失败了很多次，他不断地拿卡片放在立体图形旁边进行比对或是将图片不断旋转从各个角度反复看。俊杰在过程中遇到问题没有放弃或是寻求帮助，而是自己不断地在试图解决问题。在过程中他进行多次的尝试与调整，看到了他对游戏的坚持性和解决问题的能力。最后的成功也说明俊杰对颜色形状拼搭等知识都有一定的基础。但是让我眼前一亮的是俊杰注意力集中将近20分钟。原来孩子并不是我们平常生活中看到的那样，他让我改变了之前的观念。

随着持续的观察和定期的记录、反思，我发现我眼睛里的俊杰变了。通过我走进他，愿意耐心地去观察他、记录他、分析和引导他，我开始更懂他了。我记录的故事也在不同人的解读中，对我理解俊杰的发展有了更大的意义。之后我在每一次记录后，开始根据幼儿的能力去调整材料，选择性地投放，俊杰对于数、空间、形状等方面比较敏感，而且也非常有兴趣，那么就针对他的这个特长，为他投入一些难度在他能力范围内的材料，不断延续俊杰的兴趣，并提供适宜的支持。

三、好奇询问，探访幼儿故事的“真相”

我们看孩子的视角变了，我们开始习惯性的去观察和记录孩子的点点滴滴，我们开始学着分析孩子，这就是学习故事带给我们的成长和变化。每个孩子在仔细的去观察他们的时候，我们发现他们的任何举动都是有意义的，并且他们都能娓娓道来。

例如：有一次在建筑工地有两位小工人在那里搭建他们的自己的“房屋”。黄黄是班级里比较活泼好动的小男孩，但是那天他非常认真专注，他搭了一个围合的正方形，前面有两个立起来的木块，我问道：“你搭的是什么呢？”他自豪的说道：“我搭的是银行。”旁边的俊杰也马上说道：“老师，我搭的是雕像馆。”我诧异，因为这两个建筑很少会出现在建筑工地之中，还没等我问，黄黄已经迫不及待的介绍起来：“你看这是自动扶梯，我还给他搭了扶手，这是职员的桌子，外面这个是职员睡觉的地方，因为他们没有睡觉地方，我就给他们搭了楼房。”我很惊讶，原来每个小积木都有孩子自己的想法，而且他们想的是多么周到。俊杰也拉着我的手说：“曹老师，你来看我的雕像馆，我给里面还铺了木地板呢，打扫干净给顾客来参观，这个木块上的小人就是雕像。”

他们说得多么头头是道啊，而且我看到他们的建筑物都是对称的，呈现一个弧形，特别大气美观。我让他们分享了自己的建筑给其他孩子们听，他们也一直不断地介绍自己的作品，言语中流露出满满的喜悦、满足和骄傲。这样的精彩故事是我们需要去停下脚步，俯下身体去倾听，学会观察，才会发现的珍宝。其实，如果我们没有停下脚步去看他们搭的东西，我们教师可能先入为主地认为他们在搭什么城堡啊，什么花园啊。但是，他们的回答让我惊讶更是惊喜。

我们因为“学习故事”而养成用相机记录孩子学习过程的习惯，遇到“哇”时刻的时候，着实忍不住想与其他教师一同分享。因此我用“学习故事”的方式记录下来，并且对这位孩子也进行了自己的分析，在教研的时候会与其他教师分享，一同出谋划策，大家从不同视角看一个画面会有不同的分析思考，慢慢地通过研讨和不断的撰写“学习故事”，我对这些孩子的学习品质、学习能力等有了更完整的分析和认识。

细想在没有“学习故事”出现的时候，或许我们在这样的活动环境中并不会像现在这样如此投入地去观察孩子，也不会因为他的举动去记录他，我们对于孩子的多方面的了解也只能是表面的泛泛之谈。而现在，我们教师开始去观察他们，分析他们，在制定下一步计划去帮助引导他们。因为“学习故事”，我们开始驻足停留，开始慢慢试着去欣赏孩子们的世界。

（作者：上海市奉贤区小森林幼儿园　曹艺）

发现儿童的力量

这是接触“学习故事”的第三年了，从最初接触“学习故事”的时候，当读到“把儿童视为有能力有自信的学习者和沟通者”、“相信和接纳儿童视角观察，解读和促进儿童的学习”的时候，是没有那么多的感触的，从最初的小心翼翼到现在的豁然放手这中间我最大的变化是观念，当然观念变化了，行动自然不会落下……

这学期我任教的是小班，对于一个初入幼儿园，情绪还不稳定的一群孩子来说，在幼儿园的一整天，我会发现一些什么有趣的事情呢？抱着一颗好奇的心开始了我一学期的工作……

一、在一日活动中捕捉暖心瞬间，做一个“善于聚焦”的照相机

充分的信任和理解的前提一定是用心的观察，“学习故事”是一种评价手段，这些年改变我的最大的习惯就是每天捕捉孩子们的闪光点，然后进行分享，哪怕是那些极其微小的瞬间。比如：吃饭快的鹏鹏关心身体恢复没多久的俊熙，在自己吃完饭后耐心、主动地给俊熙喂饭；一然主动给穿不上鞋的芯芯帮忙；因为衣服脱不掉哭泣的天辰得到果果的安慰和帮助；又或者因为看到同伴拼搭的东西特别好而忍不住鼓掌表扬同伴的婷婷；没有因为作品被同伴弄倒塌而生气伤心，反而主动帮助一起收拾的赫赫；总是帮助我收拾和整理东西的赛赛，我每天都能够发现孩子们的美、孩子们的真，把这一个个暖心的镜头捕捉下来和其他孩子们分享，让孩子们拥有自己的精彩时刻。

二、在问题发生后给予幼儿信任，做一个“退居二线”的观察者

对于小班幼儿来说，一切为零，他们没有规则、没有经验，所以所有的规则都可能是在发生问题以后才建立起来的，那么在问题发生的那一刻，我们应该拥有什么样的心态和立场去看待和解决呢？在《整理玩具》这个“学习故事”中：

当开会的音乐响起的时候，我走到小工地想去示意搬椅子“开会”了，可是眼前却看到了整个工地都铺满了所有柜子里的建构材料，看着天宇和浩辰我说：“你们需要把这些玩具全部整理干净。”于是他们两个开始工作了，一开始，天宇和浩

辰是没有目的地随意放进空篮子，于是我说："你们需要把长得一样的放在一个篮子里。"于是天宇开始有目的地将材料分类，分别放进5个空篮子里，浩辰也跟着模仿起来，但是他们把篮子叠一起，所以整理起来并不方便，后来他们把篮子铺平了以后，开始慢慢地整理，浩辰整理了一会就失去兴趣了，一边开始搭一边玩，用乐高搭了一辆车子，开始运积木放入篮子里，已经不关注篮子里是放了哪一种积木，于是我提醒："你看清楚了这里是放了什么。"于是浩辰在我的提醒下继续整理，慢慢地5个篮子的玩具逐渐满了，可是地上还有许多散落的玩具，这时候其他的小朋友已经喝好水在自由活动了，可是小工地看上去还是很乱，浩辰已经没有耐心了，穿了鞋子准备走了，这时候喝好水的小朋友看到了这里便走进来主动帮忙了，进来的3位女孩子是婷婷、菡菡、梓莹，一开始他们三个也是顺手捡了积木以后就放到相对应的篮子里，后来，婷婷顺手拿了地上的小工地的帽子装起了地上的积木，梓莹看到了也模仿起来，天宇看到了也去拿了个篮子，这时候赛赛也进来了，孩子们都拿帽子只装同一种积木并把这些积木倒入篮子了，嘴巴里还不停的嘀咕：我不喜欢这个家，太乱了。在很短的时间内都收拾干净了，整个过程基本持续了25分钟……

相信大部分的时候当我们看到这么一团乱的时候，一定是十分"抓狂"的，可是"玩"是孩子的天性，每一次他们看似"犯错"的行为都可以成为学习的机会，成长的契机，看似一团乱，可是只要我们多给孩子一点时间和机会，孩子们会通过自己的方法去努力解决眼前的困难，就像今天我没有去帮助他们整理，也没有请他们离开，而是相信他们，用自己的力量去解决，我也收获到很多感动，看到天宇和浩辰两个人耐心地整理，看到班级其他的孩子主动来帮忙，看到天宇不断地在整理玩具的过程中用不同的方法去解决他发生的问题，往回想如果今天我代替他们收拾了，是不是我又错过了孩子们的一次特别精彩的瞬间？我想我收获的是，在一些看似"麻烦的状况"发生的时候，不要急于"说教"，也许看一看，也许等一等，会发生有趣的事。

三、在游戏过程中给予孩子支持，做一个"不折不扣"的引导者

在充分给予孩子信任和自由后，孩子们会出现很多的游戏情节，有时候只是那么一个瞬间，如果你捕捉到了后面就会发生很精彩的故事，相反的，如果你错过

了或者不作为，那么这一个个精彩的“哇”时刻就如同泡沫一般无声无息的消失了，也无人知晓。比如，我们班级孩子在玩角色游戏的时候出现了很多次有趣的情节：公交车、搬家、地铁等，这些都是孩子们自发地生成的，在这个过程中我又该起到什么作用呢？

公交车的产生，其中我有几次推进：第一次是当发现天宇和天天在娃娃家里学做小司机，我提醒他们可以去宽敞一点的地方，我抱着试试看的心态，想观察一下给予他们充分的空间后他们是否能够有新的游戏情节产生，第二次是当发现孩子们出现了想投币坐车的现象可是没有地方放钱，可是孩子们还是乐此不彼地付钱上车时，我制作了投币刷卡机投放在材料区。第三次是当源源没有钱坐车，可是又迟迟不肯离开，想制作交通卡，我提醒她可以使用材料超市的材料。这一次次的介入，每一次都是根据孩子的游戏行为进行调整和跟进的。

在这个过程中，我感受到了“静待花开”的力量，我充分体验到了游戏是孩子们自发的，我们只需要做一个倾听者和观察者，听听孩子们之间的对话，看看孩子们的游戏行为，想一想这些游戏行为是否需要我们的支持？这样才可以作出相对应的判断，把游戏的权利“归还”给孩子，孩子会给我们惊喜的，我们也能收获更多的感动！

你没有放手，你就不会知道孩子到底有多强大；你没有观察，你就不知道孩子在生活中有多温暖；你没有支持，你就不知道孩子的思维有多活跃。观察者、支持者、引导者应该成为我们深入骨髓的信念，这才是“学习故事”的真谛，也是我最大的感受和收获。

（作者：上海市奉贤区绿叶幼儿园　姜雯婷）

秉一份童心，向孩子学习

“人人都说小孩小，谁知人小心不小。你若小看小孩子，便比小孩还要小。”

——陶行知《小孩不小歌》

在千变万化的信息时代，孩子就是一本精妙绝伦的书，每一位阅读者只有静心品研，才能看见孩子的“五彩世界”，理解他们的“童言无忌”。在我的眼里，我与孩子们相处的每分每秒之中都发生了美妙的故事。当我们心怀目标，爱杯满溢地走向孩子们时，我们的每一个行为都会指向孩子们美好的未来，我们努力做的每件事，不仅仅会带来眼前的发展，更是播撒在每个孩子心里的幸福种子。

许多的“学习故事”都告诉我们：儿童是一个个蕴藏着巨大创造潜能的人。孩子身上所富含的纯真、乐观、知足……能使我们共享快乐，理解生活，我们应该满怀珍惜和感激学会倾听、与他们沟通，在观察中学会欣赏与尊重，慢慢地，你会发现，向孩子学习是一种境界，是一种灵感。

一、静心观察，读懂孩子

观察孩子，也是教育实践的出发点。每一个生活环节都蕴含着丰富的教育契机，我们得愿意去“看”，去注意幼儿的行为，有了这样的意识，才能“看到”和“看懂”儿童，从而走进孩子的心灵，了解孩子的内心世界，知道他们的需求，才能懂得欣赏孩子，理解孩子，成为他们成长道路上有力的支持者、引导者。

记得一次自由活动，孩子们三三两两地聚在一起有说有笑，一旁的洋洋（多动症伴孤独症）坐在椅子上开始自说自话起来。“驾、驾、驾，站住，我很快追上你了……”他把椅子当成“马”，两只脚不停地晃动；转即，又蹲了下来，透过椅背上的小孔，观望“远方”，“敌人来了，快躲起来”。看到这一幕，瞬间，我的心变得特别的静，坐在椅子上继续观察他，不参与、不评价，只是静静地看着他，除非有危险。

他站起来，一只脚踩在椅子上，“你们都要听我的”；又站在椅子上假装张望；还把椅子翻过来当成“马桶”……整个过程，洋洋眉飞色舞，念念有词，自得其乐。

我突然发现，洋洋也有他的需求、他的爱好、他的想法，我们总想着把一些知识和经验灌输给他，却忽略了他简单而多彩的世界，这是他内心独有的“舞台”。如果不是静下心来偶然看到了、听到了洋洋的想象世界，我可能会像往常一样让他安静下来、坐好，这是一种多么简单粗暴的方式，却践踏了孩子的想象。

事后，我请洋洋在角色游戏中扮演自己喜欢的“角色”，他自己定位了一名“警察”，又搬来几把椅子当成“警察局”和“监狱”，和同伴们继续他的故事，他快乐不已。“警察故事”就这样持续了好几个星期。

因为观察，所以懂得；因为懂得，所以尊重。只有了解孩子真正的需要，才能有效支持孩子，去帮他们实现一个个的小创想，最终让孩子健康快乐地成长。可见，教师的智慧更重要的是要学会向孩子们学习，唯有沉下心来观察孩子，与孩子相伴，我们才能逐渐成为读懂孩子的合格教师。

二、儿童视角，学习现场

“学习故事”真实地发生在孩子身边。每一天我们都在用自己的方式记录和识别这些特殊的时刻背后的意义。它强调从幼儿的角度出发，关注幼儿行为背后的需要、兴趣和意图，关注幼儿的已有经验，关注幼儿在与环境、他人关系的互动中表现出的学习行为能力。这是一种“扬长避短”的学习过程，更是养成良好的学习品质的道路。所以，我们在实施教育的过程中，要转换自己的角色，以儿童的立场和视角，去感受和体验看待他们的“现场”。

有时候，我们要扮演一名观察者、旁观者，退居孩子的后面，赋予幼儿主导学习的权利；有时候，我们要扮演一名支持者、陪伴者，为他们自主、自发的学习创造有趣、丰富且可变的物质环境以及安全、和谐的精神环境，让他们有充足的时间、空间在学习场域中寻找、判断、选择、回应和建构各种学习机会并热情地投入其中。我们相信幼儿的能力，理解幼儿种种看似不合理的言行和独特的见解，学习他们的“黄金策略”；还有的时候，我们是一名合作者、行动者，顺应他们的兴趣和需要，一起讨论和研究，调整自己学习的行为和方向。

这样的视角，你会听见，孩子的“奇思妙想”；你会看见，孩子的“与众不同”；你会感受，孩子的“心地善良”；你更会爱上，孩子的“天真无邪”，这又何尝不是一种刺激心灵的“学习”。

三、反思解构，共同成长

幼儿在一次次的“学习故事”中获得支持、认识自我，这离不开老师的耐心指导；反之，教师的突破、引领幼儿解决问题、形成个体知识的过程是孩子们一次次的探究、思考和行动，显然，是一种双方的“互动”、“倾听”、“对话”，相互吸引、相互包容、共同参与的过程。

有一次，孩子们在操场上骑小车，小吴极其执着于穿越一条“小山坡”，试了好几次，以失败告终。女同伴薇薇的一次次穿越令他羡慕不已。我也骑了一辆准备上坡，未成功，我俩对看，他问："这到底是怎么回事？"我摇摇头："不知道啊！我也想上坡。"他说："没关系，让我想想。"此时，薇薇又来了，他目不转睛地盯着她，立即发现了"奥秘"，"我知道了，要往后退，再加快。"他开始尝试，几轮下来，终于，上坡了，兴奋不已。我问他："那还有其他方法吗？"他想到了用一根绳绑在薇薇的车上，让她拉；还想到了找一个最低点进入……

小吴发现了"上坡"的一种方法，获得了属于自己的知识，但是，"上坡"还有其他的方法，我通过提问引导孩子去扩展知识体系，不断反思、不断突破，就形成了反思解构的过程。我们也要经常反思：当故事发生时，教师和儿童之间是处于怎样的关系？教师如何才能更好地助推、引领幼儿的发展？孩子是聪明的，是天生的学习者，而教师更是孩子共同的学习者，只有互相学习、互相配合，才能达到共同成长。

孩子，每一天在成长；教师，每一天都在坚守；故事，每一天在继续。虽然老师是教育者，孩子是受教育者，但教育从来不是绝对单向的活动，我们要心存感恩，是孩子给了我们幸运，让我们领略到共成长的欣悦和惊喜。相信我们在这美妙的故事里，正秉着一颗童心，每一天向孩子学习！

（作者：上海市奉贤区解放路幼儿园　方夏艳）

二、对幼儿学习成长的影响

正是基于教师对学习故事从理念和实践的同步发展跟进，为幼儿的学习营造了良好的宽松的环境氛围，幼儿的学习在潜移默化中得到进步与提升。

（一）幼儿学习态度趋于积极

从教师提供的大量"学习故事"可以看出，越来越多的"学习故事"发生在一日活动的任何环节，幼儿在学习中变得更加积极主动，善于思考。他们对一种玩具或学习材料的探索的坚持性得到老师的广泛认可。幼儿觉得学习是件开心的事情，更愿意享受学习的过程和成功的快乐。

（二）幼儿学习能力逐渐增强

越来越多的幼儿能将学习活动中的经验运用到自己的生活中去，迁移学习能力和解决问题的能力逐渐增强。例如，在角色游戏中，幼儿会自定价格，会有买有送，尝试运用数学思维解决游戏中的问题。

（三）幼儿学习效率逐步提高

基于教师对幼儿学习行为的专业判断与适切支持，找准幼儿的最近发展区，幼儿的后续学习基于幼儿的原有经验，这样就更加便于幼儿对新知识与经验的习得与构建，大大提高了幼儿的学习效率。

第三节 研究展望

一、理念与实践的结合有待提升

在研究的过程中，教师逐渐理解了“学习故事”所倡导的儿童观（每一位儿童从一出生就是有能力、有自信的学习者和沟通者、好奇的探究者、主动的学习者）、教育观（从儿童的视角读懂儿童、用取长的方式评价儿童），教师的教育理念正在发生着转变，但这一理念在实践层面如何能真正落实？对教师来说，仍然面临着不少现实问题和挑战。

二、教师自我反思有待深入

由于缺乏对幼儿个性特征、学习风格、幼儿差异等方面的了解和理论支撑，故教师的感悟和反思会出现偏差或不深入等情况，可以让教师多学习幼儿心理、语言、行为认知特点等相关内容，以帮助教师更好的读懂儿童。

三、研究的深度有待挖掘

关于“学习故事”的每细节都值得深入研究和探讨，如“学习故事”在家园互动中的意义和价值就有很多值得深入研究的细节，家长和教师的有效沟通、家园共享“学习故事”、幼儿在家园中的不同表现等方面。再比如不同教师在实践运用“学习故事”过程中，个体之间是否存在差异，差异体现在何处，造成差异的原因是什么……如条件合适，挑选个案进行研究更容易完善研究的深度。

“学习故事”涉及到的细枝末节，都值得投入时间精力探讨和研究。本研究暂从概括提炼的角度呈现以“学习故事”促进教师理解和支持儿童学习的研究成果，较为深入的研究有待进一步展开进行，希望接下来继续进行深入研究，以期丰富研究成果。

在“学习故事”研究过程中，我们深深感受到幼儿的变化、教师的变化，感受到它是一种将教育理论和教育实践紧密结合的有效方式。我们将在今后的工作中，不断实践、不断探索，让这一新的教育理念更好地为幼儿的发展服务、为教师的专业化成长服务。

实践篇　47则“学习故事”实例记录

故事一：胖熊吹气球

故事主人公：

诗蕊（女，3岁，小班）、芷君（男，3岁，小班）

故事地点：

教室

幼儿背景分析：

诗蕊和芷君都是小班班级中语言能力发展较好的孩子，思维比较灵活。芷君的性格还比较强势，在和同伴交往的过程中经常会出现不愉快的情况。

发生了什么：

游戏开始，诗蕊掷骰子，掷到了小猪和4个点，诗蕊说："胖熊帮小猪吹了三个气球。" 芷君听了马上纠正："那个是4个气球。" 诗蕊没有验证芷君数得对不对，直接同意芷君的说法。在拿气球前，诗蕊转头问一旁的我："我猜对了么？" 我示意让

图1-1

图1-2

她去问芷君。两人在问与答之后相互确定这一次诗蕊拿4个气球。

第二、三次游戏：芷君顺利完成，他每次拿好气球后会很认真地重新数一遍，确认自己拿的数量是对的就放进自己的盒子里。

第四次游戏：诗蕊掷到小猪和3个点子，她说：“胖熊帮小猪吹了5个气球。”芷君马上提醒：“不对不对！”然后告诉诗蕊：“是3个气球”。诗蕊一听，也跟着说：“胖熊帮小猪吹了3个气球”，实际上她并没有通过数数来验证。于是我提醒诗蕊：“诗蕊，你自己数一数。”诗蕊数1、2、3，然后说：“是4个。”“再数一次，芷君也帮忙看看诗蕊数得对不对。”最后诗蕊又数了一下，“3个气球。”

第五次游戏：芷君掷到小猫和3个点子，他说：“胖熊给小猫吹了3个气球。”此时的诗蕊见芷君取完3个绿的就不拿了，点着一个绿色说：“还有一个啊！”芷君以为自己数错了，重新数了一遍自己手里的气球，确定自己是对的。可是诗蕊硬要把剩下的一个绿色给芷君，芷君说：“再一个就变成4个了。”说着把那个绿色气球放回去，诗蕊说：“4个气球呀！”芷君又很坚持，很自信于自己是对的。眼看两人要有手脚上的摩擦，我再次选择介入：“两个人怎么了？遇到什么问题了？”诗蕊说：“芷君没有拿一样的气球。”又问芷君：“你应该拿几个气球？”芷君说：“我应该拿3个气球。”我又问诗蕊：“芷君说得对么？（诗蕊摇头）我们应该看哪里就能知道他说得对不对？”两个孩子都指向了有点子的那个骰子，一起验证了芷君气球拿得对不对。

图1-3

图1-4

学习了什么：

1. 能关注自己和对方合作游戏。两人都能很快地了解游戏规则，并能在游戏中，除了关注自己外，还不断关注对方的游戏情况，这对小班幼儿来说已是不易。

2. 男孩思维灵活，有数数经验。视频中的男孩点数的能力比较强，他在数点子时用了目测的方法，数自己手中的气球时用了手口一致点数的方法。男孩思维灵敏，在对方出现错误的时候也很迅速的指出来，反应迅速。

3. 女孩语言顺畅，数数经验不多。在语言组织方面，她相对于男孩就比较流畅。但是点数的能力比较弱，3个点子以上她就会有问题，拿好气球后都主动拿给男孩子看有没有数，显然对她自己数数没有自信。整个游戏中她属于跟从者，由男孩主导着整体的游戏节奏。

下一步做什么：

1. 表扬和引导男孩。男孩平时是一个比较强势的孩子，在活动中都喜欢占主导。但是一到学习时间他就会非常专注、好学，对所学内容都会投入到其中，这是他身上非常大的优点，我们要从这方面多表扬，让其他幼儿看到他的闪光之处，同时多引导，引导他能和其他孩子和睦相处。

2. 多鼓励女孩尝试数数材料。在今天的游戏中发现女孩对数数的兴趣不是很高，好几次出现没有认真数就去拿气球的现象。在今后的个别化学习中要让她多尝试数数的材料，比如多提供一些实物让她数一数等。

（作者：上海市奉贤区绿叶幼儿园　方晓云）

故事二：积木垒高

故事主人公：

辰辰（男，5岁，中班）

故事地点：

教室

幼儿背景分析：

辰辰比起一般男孩子稍显稚嫩，平时不太自信，他特别喜欢玩一些益智玩具，游戏时的他尤为认真、专注。

发生了什么：

辰辰拿到不同粗细圆柱体积木后就开始了垒高游戏。他拿起圆柱体积木就往上搭，当他用一根粗的圆柱体积木搭到最细的一根上面时就倒了下来，他不断尝试了好几次，却总是以失败告终。慢慢地，他将最细的2根圆柱体搭到最上面时，他就不再往上搭了，而是在旁边再搭一个，可是又倒了，这样的过程持续了将近4分钟，不断地倒塌，也不断地尝试。

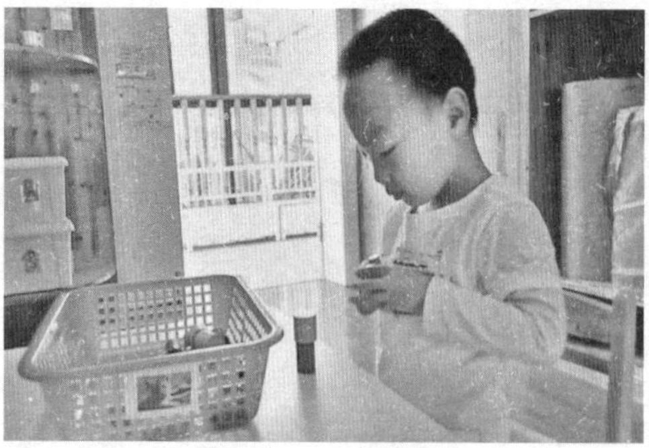

图2-1

这一次，辰辰同时垒高两组，一组是从粗到细搭的，稳了很多，另一组是随意选择积木搭的，还是一直会倒塌。于是老师问："这两个哪个比较稳？"他用手指了指那个稳的。老师又问："那为什么这个稳呢？"他回答说："因为这个高(指着另外一个一直倒的)。”老师继续追问:“看看这个稳的是怎么搭的?”辰辰仔细盯着稳的那个看了一会,又继续搭。

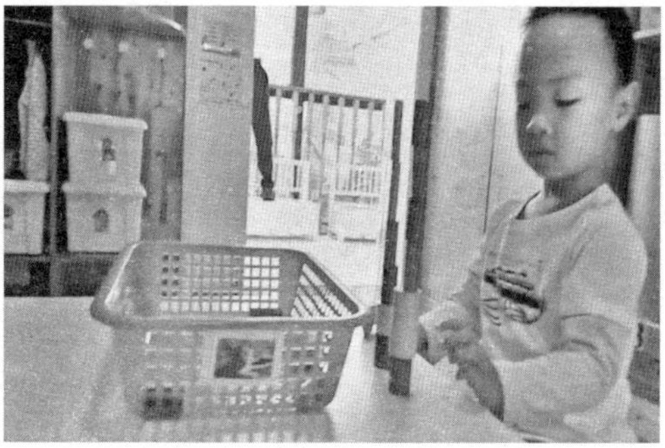

图2-2

而这次辰辰选择了绿色(第二粗)的积木放在最下面,然后是三个黄色(最粗),接着是绿色、黄色、两个绿色,然后是蓝色、红色,越是上面的圆柱体积木越是细,惊喜的是他的作品更高了,也稳了很多。这时老师问了一句:“为什么这次能搭这么高?”辰辰看着手里的积木,又看了看我说:“从胖到瘦。”找到方法的辰辰这次将最粗的所有的积木叠在最下面,接着比它细一点的积木叠在上面,再细一点的再垒上去,最后他将14个圆柱体积木全都搭了上去,虽然因为太高,还是倒了下来,但还是让他高兴不已。

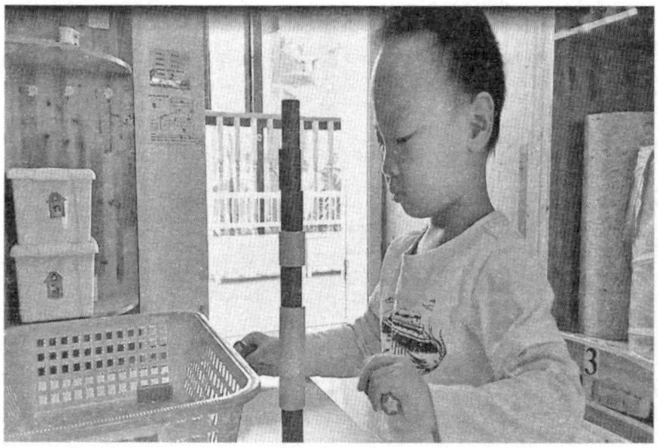

图2-3

图2-4

学习了什么:

1. 在垒高游戏中学习量的排序。辰辰垒高游戏持续了15分钟以上,他不断地失败,又不断地尝试,垒高的技能不断地在提升,从数量少到数量多,从无序垒高到“从胖到瘦”垒高,量的序列不断清晰,说明他在操作探索的过程中,慢慢积累了从粗到细的排列顺序,而且也积累了粗的在下面细的在上面更稳的经验。

2. 有反思和解释的能力。在失败—尝试—再失败—再尝试—成功的过程中，能够用语言“因为这个高”、“从胖到瘦”等语言来描述自己的发现。

3. 具有良好的学习品质。在整个过程中，辰辰非常专注，不断地思考、尝试让积木垒得更高的方法。对于中班的孩子来说，能专注一段时间做同一件事情实属不易。当遇到积木不断倒下时也没有一丝想放弃，能坚持探索如何把积木垒得更高，可见他具有坚持和探索的精神。

下一步做什么：

有效的师幼互动是幼儿进步的基础，在活动后教师应该用语言和行为及时肯定辰辰在活动中探索和坚持，让他为自己不断努力后取得的成功而感到高兴，不断地提高辰辰的自信，并鼓励辰辰在之后的活动中能保持坚持不懈的精神。

（作者：上海市奉贤区绿叶幼儿园　黄莉莉）

故事三：拼拼乐

故事主人公：

梓涵（男，5岁，中班）

故事地点：

数学活动室

幼儿背景分析：

梓涵是一个性格比较活泼好动的男孩，但他碰到困难容易气馁，比较缺乏自信。他特别喜欢在建构游戏中进行各种积木的拼搭，拼搭的作品总是会让我们眼睛一亮。

发生了什么：

材料《拼拼乐》不仅考验幼儿的图形组合能力，还能考验幼儿的空间想象能力。之前梓涵第一次操作，我们发现他能很快速地将一幅任务图片完成，把材料放在地上拼，而不是直接放进底板中。

今天是梓涵第二次操作，他选择这一份6×6的图形拼块，依然没有选择用底板而是直接放在地上拼搭。他拿起一幅图片，看了一下后就开始从中间的红色三角形开始拼搭，熟练地将两块拼块翻转、旋转到2个小的红色三角形拼成了一个大红色三角形，很快就完成了4个红色大三角形的拼搭。接着，他数了数图片上有6个大红色三角形，目测还需要4个拼块才能拼成2个大红色三角

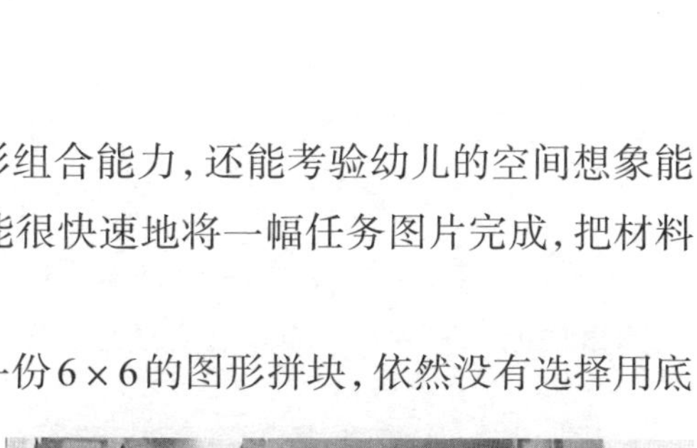

图3-1

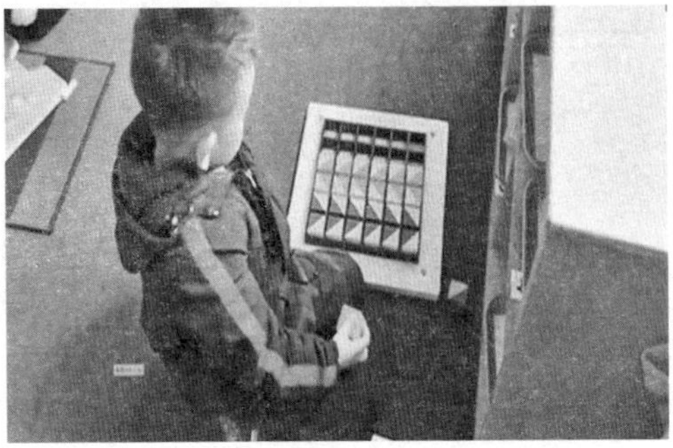

图3-2

形，于是马上又拿起了4个拼块完成了其余剩下的部分。在确认自己已经满6个大红色三角形后，继续拼搭旁边的6个蓝色三角形，也很快完成了。

拼着拼着，以为胜利就在眼前，可是梓涵却好像遇到了难题，那就是需要用4个三角形拼出蓝色的平行四边形，他尝试了很多次翻转还是没能成功。梓涵想了想跟我说：“老师，换一张纸吧。”当我问他原因时，梓涵说：“因为这个太难了。”我问：“需要我帮帮你吗？”这时他没有回答我，而是突然拿起了旁边的底板说：“放在底板上吧。”接着他将刚刚拼好的拼块从下往上一整条一整条地放进了底板中。在摆放的过程中，梓涵和我说：“老师，我现在反过来。”我问他：“怎么反过来？”他将卡片不同的方向演示了一遍说：“从这里然后这样翻过来。”原来梓涵把材料转向他要放的方向，可是问题好像还是没有解决，他拿着一块积木转个不停，看到他心不在焉时就问他：“看看，现在排到哪儿了？还剩下几排没有排完？”梓涵看着卡片说：“还有一排。”我试着又问他：“那块底板上还有几排没有排完？”他说：“还有两排。”我继续追问他：“那是哪两排没有排完呢？”这时梓涵看了看底板又看了看图片，用手指了指说：“这两排。”我鼓励梓涵说：“那你再动动脑筋，试试看好吗？”得到鼓励的梓涵又开始拼了起来。

于是，梓涵又一边拼着一边数着，又发现接下来拼的地方需要4块蓝色和黄色的拼块时，他一下子将4个拼块全部转向了他需要的颜色拼起来，在之后的过程

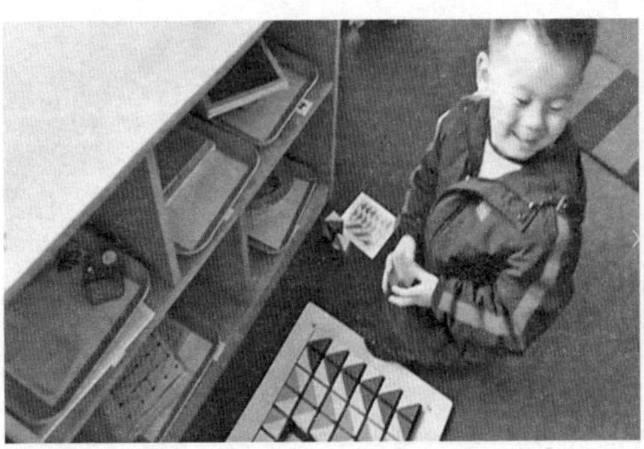

图3-3

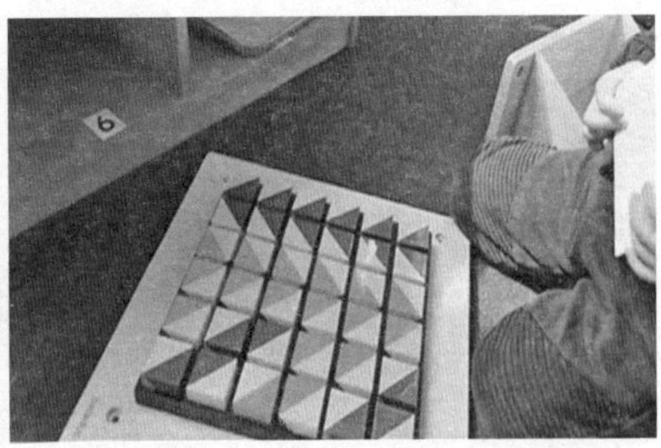

图3-4

中，他不断地检查、翻转、再检查、再翻转……他没有放弃，当拼到还剩下最后几个拼块时，他不停地鼓励自己说："还有最后一块我就要好了。

学习了什么：

1. 具有独特的思维方式和学习方法。在活动中，梓涵给予我最大的惊喜之一是他的图形组合能力以及空间想象能力比较强。大多数幼儿拿到这份材料时都会一排一排、一个一个按照图纸上三角形的方向逐个去摆放。而梓涵是直接观察到三角形组合后新的图形规律去摆放，放在地上拼搭也是为了能让他自己更方便观察其图形组合的变化，所以他完成的速度非常快，体现了他独特灵活的思维方式和学习方法。

2. 观察能力细致，计划性较强。梓涵拿到一张图片他会先观察规律，并思考从哪个地方开始拼搭最简单，最后拼最难的地方。他有两次通过目测推算出需要图形的数量和形状，全部取好后再拼接。显然，他有很强的推算能力，做事情的计划性很强。

3. 遇到困难不放弃，具有良好的学习品质。虽然过程中多次碰到困难，但梓涵能继续坚持，继续尝试，对他来说，今天最可贵的是他坚持不懈的学习品质。

下一步做什么：

1. 任务卡的调整。从案例中可以看出梓涵对三角形的图形拼搭是有经验的，但幼儿对平行四边形的认知还比较少，用三角形拼成平行四边形对中班的幼儿来说有难度，老师要根据幼儿发展水平对所有的任务卡进行挑选。

2. 表扬幼儿的表现。对于梓涵今天的表现，教师应该给予更多的赞美和鼓励，来增强他的自信心。今后也要多关注和观察他在其他活动的情况，从而发现他身上更多可贵的品质。

（作者：上海市奉贤区绿叶幼儿园　黄莉莉）

故事四：挑小棒

故事主人公：

知行（男，6岁，大班）、小庄（男，6岁，大班）

故事地点：

教室

幼儿背景分析：

知行已有玩小棒的游戏经验，而小庄是第一次玩。

生活中知行是个开朗乐观、乐于助人的小朋友，大家都喜欢和知行做朋友。他喜欢探索且有解决问题的能力。相比知行的热情大方，小庄更内敛沉稳，他喜欢一个人思考问题。

发生了什么：

挑小棒游戏进行得很顺利，知行率先挑走数根小棒。但随着棒子被挑走得越多，难度也就越大。两个孩子小心翼翼地挑小棒，小庄在挑小棒时，知行还会提醒小庄："玩这个游戏要专心点，不要动，不要动，小心点，小心点。"

知行用一根小棒去挑另外一根小棒，小棒动了动，他说："动了。"于是，就轮到小庄挑，他用手轻轻一碰这根小棒也动了，知行再次去挑，这次成功了。

游戏一直持续了6分多钟，留下小棒越来越少，眼看着留下来的小棒很难挑走，他们你看看我我看看你，僵持一会儿后，开始商量，知行说："要拿这根，这根比较重要。"可是要怎么安全地取走这根小棒呢？知行给出方案"用两根小棒同时挑起，这样可能会成功。"正当小庄准备取另一根小棒时，知行又给出了建议"你仔细观察一下下面这根，它是靠在上面的，如果你拿走这根它就会动，所以这是不

图4-1

图4-2

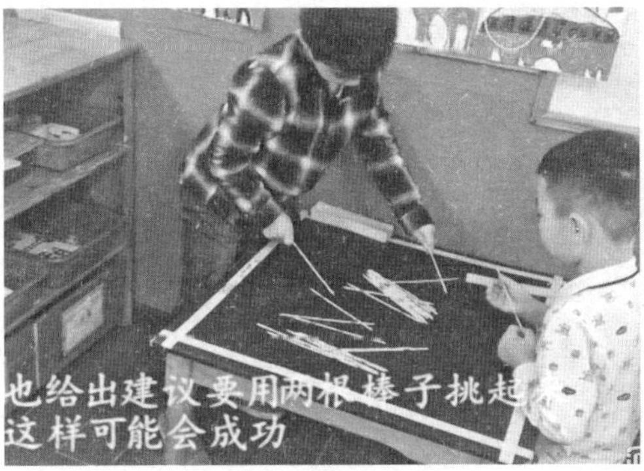

图4-3

图4-4

行的。”两个孩子又陷入了沉思。小庄率先打破了沉默：“让我试试看。”小庄开始挑，知行则在一旁指导小庄：“你换角度也可以。”小庄在知行的引导下小心地挑小棒，可是快要成功的时候却因动作太大而失败了……

学习了什么：

1. 善于思考和解决问题。在整个活动中，知行非常善于观察和思考，在挑小棒前，通过观察和思考判断哪根小棒可以挑，所以他挑小棒的成功率很高，另外他思考也比较周密，挑小棒前会认真思考挑走哪一根小棒会更有利于后续的游戏。他还运用了多种方法挑小棒，如摁住小棒的一头挑起另一边、用两根棒子一起挑、移动自己的身体等，说明他积累了较多挑小棒的经验。

2. 愿意学习同伴的经验。活动中小庄与知行之间互动多也比较有效，小庄一开始并不会挑小棒，但是通过观察知行挑小棒的方法，以及知行的语言提醒等，慢慢地学会挑小棒。

3. 坚持专注不放弃。一次次的失败没有击退他们，反而体现出他们的坚持。在游戏中，小庄因为缺乏经验，挑小棒一直碰到问题，但他并没有产生负面情绪，而是继续进行游戏并最终独立取得第一根小棒，这种坚持不放弃的精神值得点赞。

下一步做什么：

1. 请知行介绍、分享一下自己挑小棒的经验，同时可以请小庄说说自己挑小棒时的注意点，帮助其他孩子积累挑小棒的经验。

2. 继续追踪观察小庄之后挑小棒活动中的游戏情况。

（作者：上海市奉贤区小森林幼儿园　蔡玲）

故事五：永不放弃的小云朵

故事主人公：

小云朵（女，5岁，中班）

故事地点：

教室

幼儿背景分析：

小云朵因为身体原因，整个小班阶段很少参与学校以及班级的日常活动。她比较内敛、害羞，参加活动不太积极，但今天个别化学习活动中我看到了不一样的小云朵。这份玩具今天她是第二次玩，我把她活动的情况记录了下来。

发生了什么：

小云朵拿了一张卡片，很快地在积木上找到这些图形，然后进行拼搭，第一次拼搭后，小云朵自言自语道："这样对了"，我有点吃惊，无意间发出了"额"的声音，让小云朵有点犹豫了，她拿着卡片看了一遍又一遍，我说："你再比一比，看一看。"她边看卡片边旋转积木，嘴里自言自语："这样子，这样子，这样应该对了吗？"说着又旋转下面两块积木，说："这样对了。"我说："看看上面两块积木"，通过我提醒，小云朵开始旋转上面两块积木，不怎么自信轻轻地说："这样子对不对呀？"小云朵挠挠头皮，有点小失落。

于是我把卡片拿到积木上，提醒小云朵比比看看，小云朵用手开始比划积木上和图卡上的图形，比划图形里面的弧线，她一块一块地进行比划，我再次提醒："哪两块还有问题？"小云朵指着上面两块很肯定地说："这两块。"我说："应该怎么样放呢？"小云朵开始旋转积木，再拿图卡放在积木上用手比划，再旋转积木，

反复看了几次后自言自语说:“这样对了吗？这样应该对了。”可小云朵还是反复地在比划着,几次过后,显然有些气馁了,

我想继续鼓励她:“你刚才有个很好的办法,用手比一比,那你再来比一比看一看,这个图形和这个图形用手比的时候是一样的吗?”小云朵听了之后,继续旋转积木,她一块一块地又开始和卡片进行比较。我问:“下面两块怎么样?”小云朵说:“下面两块对了。”“那就是上面两块还是有点问题,但我看到有一块积木是可以的啦,并用手指指那块对了的积木。”小云朵终于在我的提醒和指导下成功了!

图5-1

图5-2

图5-3

图5-4

学习了什么:

1. 有图形拼搭的经验。在刚开始拿到这份材料时,小云朵一看到卡片上的图

形就开始有目的地去找积木上的图形，并用旋转、翻转的方法进行拼搭，说明她对图形拼搭是有一定的经验的。

2. 获得并运用自己的方法。当小云朵验证自己是否拼搭正确的时候，她会用将图卡放在积木上比对的方法进行验证，还用手指比划积木和图卡的方法来进一步地验证，这是她自己获取的学习方法，值得点赞。

3. 坚持不懈地反复调整。小云朵探索这份材料花了比较多的时间，虽然遇到了困难，但她还是很坚持地想把图形拼搭完成，过程中，她反反复复地检查、调整、验证、反思，尽管多次调整还是有错误，最后终于通过自己翻转积木和求助老师，获得了成功。

下一步做什么：

1. 材料方面的调整。这份积木组合材料里面有两个维度，对于中班上学期的幼儿来说是有难度的，接下去我会将图片一个维度的卡片放在一起，两个维度的卡片放在一起，让孩子自主选择。

2. 帮助幼儿建立自信心。后续我将把这个视频和其他幼儿进行分享，在分享的过程中邀请小云朵来简单介绍过程，从而鼓励表扬小云朵在其中的表现，以此来帮助小云朵建立自信心。

（作者：上海市奉贤区绿叶幼儿园　曹燕婷）

故事六：摇摇乐加

故事主人公：

阳阳、晨晨（男，6岁，大班）

故事地点：

教室

幼儿背景分析：

晨晨特别愿意表达，与人交往的能力较强。阳阳是一个不受约束和规则限制的男孩，不过在最近发现他开始慢慢愿意遵守游戏规则。

发生了什么：

第一次游戏的时候，用的是点子骰子，他们看到2和3同时喊“5”，晨晨先拍铃拿走一个雪花片。当他们摇到5和2的时候，大家都想了一下，晨晨先拍喊“7”，继续摇到6和2的时候，阳阳要借用手指数数的时候，晨晨马上喊了“8”，阳阳仍旧用手指验算了一下，并且认同对方的答案是正确的。

图6-1

第二次游戏的时候，他们更加熟悉这个游戏了，摇到6和6，阳阳马上说“12”，他非常自信地说道：“对的！是12。”这时，轮到晨晨去用手指去数。阳阳问晨晨：“对不对？”晨晨点头认可，继续游戏，“3加6等于……等于……”阳阳继续问，晨晨激动说道：“等于9！”

去拿雪花片的时候，阳阳还用手指去验证。

多次游戏后，游戏竞争越来越厉害，他们开始出现按着铃铛不放却都还在运算的情况。当争执起来的时候，却都认可对方，并且归还雪花片。过程中，晨晨都会去点数一下，验证一下对方是否正确。

游戏继续进行着，当摇到4和5时，他们的手都按在铃铛上，晨晨先说出正确答案。阳阳不愿意放手，晨晨生气地对阳阳说道："犯规！"阳阳没有和晨晨争吵，只是停顿了会儿然后把自己的雪花片给了晨晨。

最后一次游戏时，他们用了数字骰子。同样的规则，他们继续开心玩着。

图6-2

图6-3

学习了什么：

1. 有同伴合作的意识。两位幼儿能合作学习，能够互相观察并且提醒对方的加法运算答案是否正确并且互相进行验证。

2. 两人能相互妥协谦让。幼儿出现矛盾时，愿意相互妥协，阳阳在抢铃时，手按着不给对方按铃，当晨晨指出对方犯规时，阳阳还是愿意遵守规则并且归还雪花片，两位幼儿能继续进行游戏。

3. 两人都有游戏的竞争意识。为了获得更多的雪花片而争着拍铃抢答，说明两人游戏的竞争意识强，想要获胜的心愿强烈。

4. 游戏中能思考并找到策略。晨晨在游戏的过程中有策略，会借用手指进行验算，而且为了赢得比赛能够不断反思和调整策略：游戏后半段会想到先按铃再回答，抢到回答的机会，说明他的思维灵敏，思维会变通。

下一步做什么：

1. 在游戏过程中，两位幼儿越来越熟练，正确率也不断提高，说明他们在游戏中找到了玩这份材料又快又好的方法，后续可以让他们分享自己的游戏经验给其他孩子们。

2. 观察这份材料，观察其他幼儿游戏中存在的问题，并进行调整，让材料满足不同幼儿的游戏需要。

（作者：上海市奉贤区小森林幼儿园　曹艺）

故事七：车轮滚滚

故事主人公：

昊鋆（男，5岁，中班）

故事地点：

教室

幼儿背景分析：

昊鋆的父母平日工作比较忙碌，对孩子的照顾较少，日常接送和生活起居都是由奶奶照料，昊鋆对奶奶的依赖性比较强，这也导致孩子在很多事情上不太有自己的想法，做事比较缺乏自信。

发生了什么：

个别化学习活动开始了，孩子们纷纷去选择了自己想玩的学习材料，此时的昊鋆也选择了一份材料：车轮滚滚。

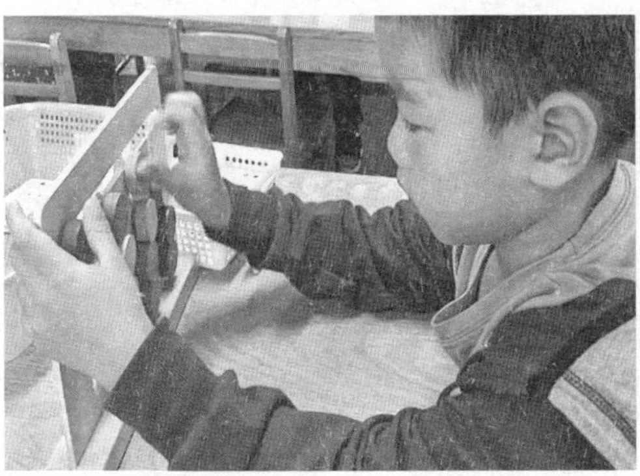

图7-1

图7-2

刚开始，昊鋆就遇到了困难，对着车轮自言自语道：“这个怎么过不去呀！”此时的我正在一旁，但并没有立刻给予回应，而是看着昊鋆继续滚动着车轮。在这过程中，昊鋆也被旁边小朋友发出的声音所影响，时不时地转过头去看旁边，但他很快收回了视线，继续操作面前的材料。没过一会儿，昊鋆面朝我再次求助道：“董老师，这个绿色的怎么过不去啊？”这时，我给予了正面回应：“一个竖的车道里如果有四个车轮，当然在横向的车道里其他车轮过不去了。”昊鋆似懂非懂地继续操作材料，可始终没能达到预想的成果。

图7-3

此时的昊鋆似乎有些气馁，有些手足无措，不知道该怎么继续时，我轻声说：“你可以把这块板换个方位摆放，试试看。”昊鋆似乎听明白了，他将板面平躺了过来，然后将题卡板平放在操作板的上方，开始继续游戏。意想不到的事情发生了，昊鋆根据题卡完成了任务，还自发地进行了验证。第二次操作的时候，昊鋆明显了有自信，操作得更加得心应手了。

学习了什么：

1. 遇到问题不退缩。在一开始游戏的时候昊鋆就遇到了问题，他显然有些气馁，但在老师一次次的引导下，他不断调整自己的心态。当他找到方法之后，操作得越来越得心应手，给自己增加了许多信心，相信今后的昊鋆遇事不会那么轻易地退缩，会试着思考解决问题。

2. 思考问题的灵活性。对于操作板竖过来放置进行操作是这份材料原本设计的初衷，但是对于昊鋆来说这似乎有些难度。难道这样就放弃了吗？不妨寻找另一条可行的路径：调整操作板放置的情况，竖的不行，那就横过来。没想到操作板横过来之后，昊鋆似乎一下子开窍了，对空间方位有了属于自己的理解。

3. 学习的良好品质。在后半段的操作过程中，昊鋆根据题卡完成了任务，还自发地在做完之后进行了验证。在整个游戏过程中，昊鋆逐渐收获了学习中该有的品质：认真、专注、反思等。

下一步做什么：

1. 将这段游戏的视频和小朋友们一同分享，学习昊鋆身上的优点。
2. 继续观察昊鋆在其他方面遇事后的处理能力，继续帮助其建立自信心。

（作者：上海市奉贤区绿叶幼儿园　董靓）

故事八：图形对对碰

故事主人公：

允哲（男，5岁，中班）、宇浩（男，5岁，中班）

故事地点：

教室

幼儿背景分析：

图8-1左边是允哲，他是一个非常有个性又聪明的孩子，偶尔有点固执己见。刚开学的时候发现他不太合群，自由活动的时候喜欢独来独往，但是最近发现他会有意无意地去看看人家在做什么。右边的是宇浩，他是一位非常聪明有礼貌的幼儿，非常善于表达，也是个暖男。

发生了什么：

宇浩和允哲一起在玩图形对对碰，这份材料宇浩玩过两次，允哲玩过一次。两人对游戏的基本玩法都大致了解。只见桌面上有两个三角形，允哲看到后将两张卡片组合到一起去看一下是不是能组成另外一个图形，但宇浩发现后马上摁了一下铃说："我抢答的。"最终卡片被宇浩拿去。宇浩拿到后马上说："两个三角形变成了一个正方形。"

接着又翻到了一张三角形卡片，两个人比对了一下觉得不需要，对这张卡片他们都不知道该怎么办，于是我介入说："没有凑成功的卡片就放在中间。"又出现一张三角形的牌后，宇浩误拍了抢答铃，拍下后他自己说："不对不对，一大一小。"随后翻了几张牌后，出现了一张相同大小的三角形牌，宇浩非常机敏地拍了抢答铃，一边动手把两张牌并到一起一边嘴巴里说："两个三角形能变成一个大三角形。"

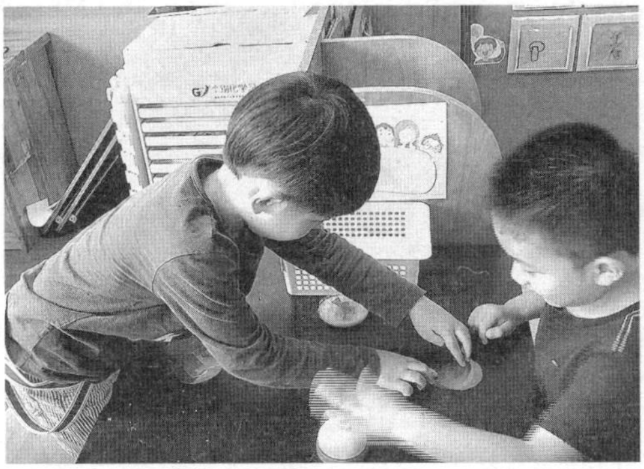

图8-1

图8-2

在宇浩认真看自己牌的时候，允哲拿了一张长方形和一张正方形卡片凑成了一个更长的长方形，但是全程他都没有说一句话。然后两人又翻出了两个扇形，当允哲把其中一张卡片拿在手上的时候，宇浩准备拍抢答铃，允哲马上说："不行的。"宇浩反反复复看着两张卡片自信地说："行的。"允哲说："那你试试"，宇浩把两张卡片放到一起，仔仔细细地上下看了一会儿说："两个扇形在一起变成一个更大的扇形。"

这一次，翻出来了两张梯形的牌，允哲抢到了机会，他迅速地把牌放自己那边。但又是什么理由没说，于是我再一次介入："它变成了什么形状？允哲想了一下说："六边形。"接下来一次，也是允哲赢到了卡片，但是他又没有主动说理由，于是我介入："允哲你拿这两张卡片的理由是什么？什么和什么组合在一起变成了什么图形？"他拿出两张牌并在一起后看了下说："两个三角形变成了一个大的三

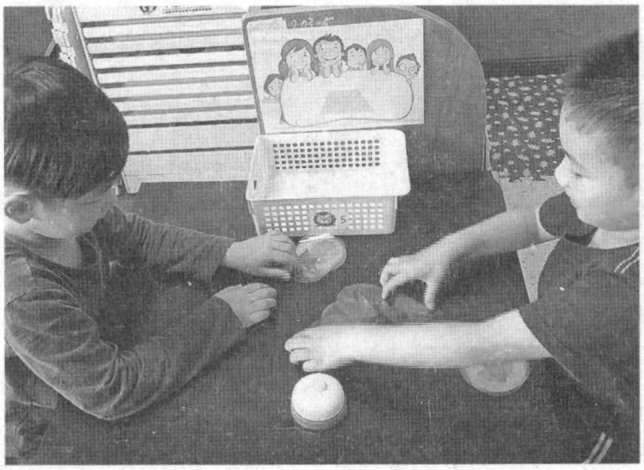

图8-3

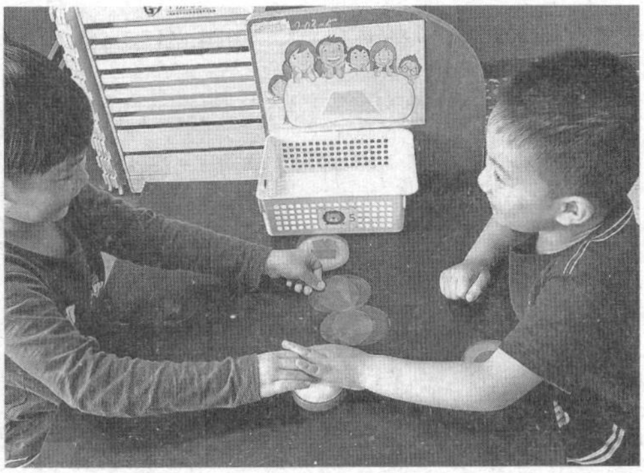

图8-4

角形。”接着，又是允哲赢得了机会，他拿着两个扇形仔细地看，我说：“允哲说出你的理由”，宇浩在一旁提示说：“两个扇形……”，允哲马上说：“两个扇形变成一个半圆形。”

最后，他们又翻出了两个直角梯形，允哲看了一下觉得可以组合成一个新图形，马上按抢答铃。他从宇浩手中拿走牌，但是没有主动说理由，宇浩马上提醒：“说出来呀。”允哲又懵了一下，宇浩说：“两个梯形变成一个大梯形”“这不是梯形好哇”，此时我又介入了：“这两个是梯形，这下你可以说你的理由了”，允哲马上说：“两个梯形变成一个大梯形。”

学习了什么：

1. 两名幼儿对材料较为熟悉，玩法都比较清楚。

2. 幼儿图形的认知经验非常丰富，认识并了解圆形、半圆形、三角形、梯形等图形的特征，对图形的局部与整体的关系也比较清楚。尤其是宇浩，他能在两张图形牌还未组合的情况下也能将他们进行抽象的组合，但在验证的时候会再组合在一起给对方看一下。

3. 两人在游戏中能自我验证组合的图形是否正确，同时两人也愿意合作游戏，并相互监督对方的牌拿得是否正确，使得合作游戏更加有意义。

4. 游戏中宇浩的语言表达能力较好，他能非常主动地在每次抢答后说出自己的理由。他也愿意乐于助人，当对方说不出的时候也能提醒他。

5. 允哲是我们班级里一位非常有个性的幼儿，很少能看到他和其他小朋友愉快地游戏，但是今天，他在游戏中非常投入，虽然一开始对游戏的规则有些不清楚，对图形怎么组合没有宇浩敏捷，但过程中他努力探索，所以游戏的后期他玩得越来越顺，抢答也更加激烈。游戏中他也不是只关注自己，而是对对方的情况也有关注。

下一步做什么：

1. 材料的调整。游戏中牌堆是敞开式地放在一边，在幼儿熟悉这份材料玩法之后，轮到翻牌的幼儿会先观察好牌堆，再观察桌面后翻牌，这样显得有失公平，所以后期可以提供一个布袋，这样两个人都看不到，更显公平。

2. 表扬激励幼儿。他们非常认真地一起合作玩游戏，遇到困难时两个人也有尝试解决，要在集体面前表扬两个幼儿，表扬允哲学会了和同伴合作游戏，还要表扬宇浩愿意用语言表达自己的发现，以进一步激励两位幼儿后续更好地学习。

（作者：上海市奉贤区绿叶幼儿园　方晓云）

故事九：套娃

故事主人公：

欣欣（女，4岁，小班）

故事地点：

教室

幼儿背景分析：

女孩叫欣欣，生活自理能力较强，经常帮老师分发调羹、游戏材料、整理玩具等，动手能力较强，平时话不多，性格乖巧、懂事。

她第一次接触套娃材料，材料是一份5层木质套娃玩具，幼儿在探索过程中将套娃进行组合，按照大小嵌套在一起，最后组成两个大套娃。

发生了什么：

第一次操作：

五个大小不同的套娃，其中一个最小的套娃不能拆分。欣欣选择第二小的套娃组装好，放进了最大的套娃里面，后来又放弃。选择了第二大的套娃，放进了最大的套娃里面。继续把第三大的套娃拿在手里，又打开了最大的套娃，将第二小的拿出来，把第二大的套娃的一半放了进去，桌面上有最大的、第二小的、第三小的套娃的一半的。

看了一会儿，欣欣发现不对，又把最大套娃打开，多次调换，桌面上剩下最大的和第三大的。她看了看我，我介入："你能不能试试看，把它变成一个大的套娃，最后只剩下一个套娃。"欣欣再次尝试，手里剩下一个大的，示意给我看，我问："现在剩下几个？"欣欣说："1个"，我继续问："数数看，你手里有几个娃娃？"欣欣说：

图9-1

图9-2

"2个"，我问："那你能不能把这两个套娃变成1个？"欣欣尝试了一会还是没有成功……

第二次操作：

教师介入：将较小的两个套娃拿走，只剩下三个较大的套娃。欣欣先把最小的放进最大的里面，将中等的拼好，发现小的，又把中的拆掉，将小的放进去，最后放进最大的里面，成功。

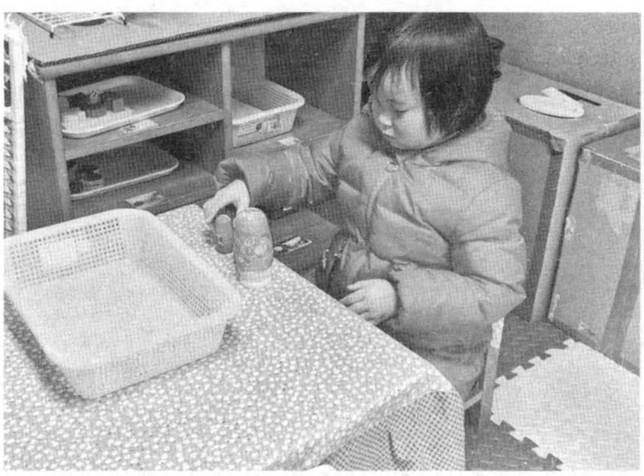

图9-3

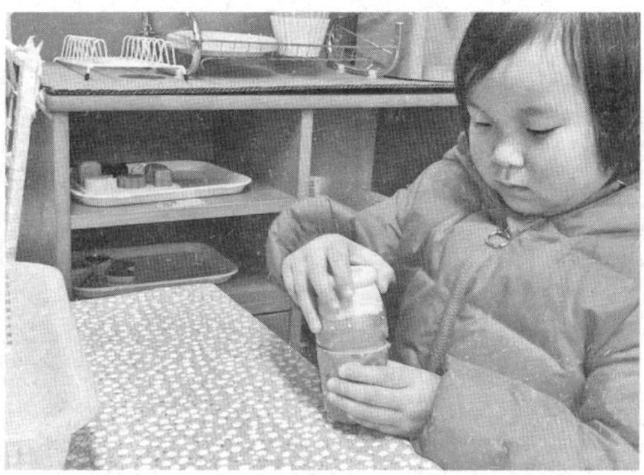

图9-4

学习了什么：

1. 游戏中积累大小比较的经验。操作过程中，多次发现套娃有大小的不同，多次将小的套娃放进大的套娃里面，发现放不进去，还能够拿出来调整，最后在第一次的操作中成功调整为两个套娃。在第二次操作中成功变成一个大的套娃。

2. 游戏中能够在一组套娃学具里找出最大、最小。调整后的套娃中，欣欣能够区分最大和最小，并且嵌套成功。

3. 游戏中能坚持探索不放弃。在未成功的时候，没有放弃而是不断地尝试努力解决问题。

4. 幼儿有一定的反思能力。在遇到问题的时候，能够根据教师的指导和提示，反思自己的行为，并去验证和尝试，最后体验成功。

下一步做什么：

继续观察幼儿操作这份材料的情况，看看在这次成功的基础上尝试五个大小的是否也能成功。

（作者：上海市奉贤区绿叶幼儿园　侯玲）

故事十：图形拼搭

故事主人公：

迪迪、潘潘（男，5岁，中班）

故事地点：

教室

幼儿背景分析：

迪迪是个思维灵活的男孩子，个性比较要强，但做事比较缺乏耐心，和同伴交往时比较会以自我为中心。潘潘性格内向、腼腆，平时话比较少，是个安静的男孩子。

发生了什么：

“图形拼搭”游戏中使用的材料是“几何形状组合积木”，有一块底座，上面有9个圆柱，15块带有圆孔的彩色几何形状积木，其中红色3块，2块直角3孔形，1块2孔长方形；黄色4块，2块直角3孔形，2块2孔长方形；原木色3块，是3孔长方形；蓝色3块，2块4孔“L”形，1块2孔长方形；绿色2块，1块4孔正方形，1块4孔“T”形。

材料的基本玩法是将所有的积木每层三块组合拼搭出五层大正方形，套在底座上，即为成功，如图（1）。材料正确拼搭的基本组合方法有五种：第一种方法是绿色4孔“T”形、红色2孔长方形和黄色3孔直角形，如图（2）；第二种方法是黄色3孔直角形、红色3孔直角形和原木色3孔长方形，如图（3）；第三种方法是蓝色4孔“L”形、红色3孔直角形和黄色2孔长方形，如图（4）；第四种方法是绿色4孔正方形、黄色2孔长方形和原木色3孔长方形，如图（5）；第五种方法是蓝色4孔“L”形、蓝色2孔长方形和原木色3孔长方形，如图（6）。

图 10-1

图 10-2

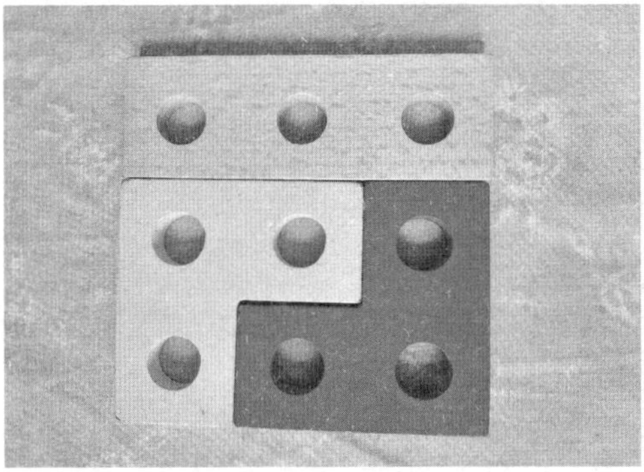

图 10-3

图 10-4

图 10-5

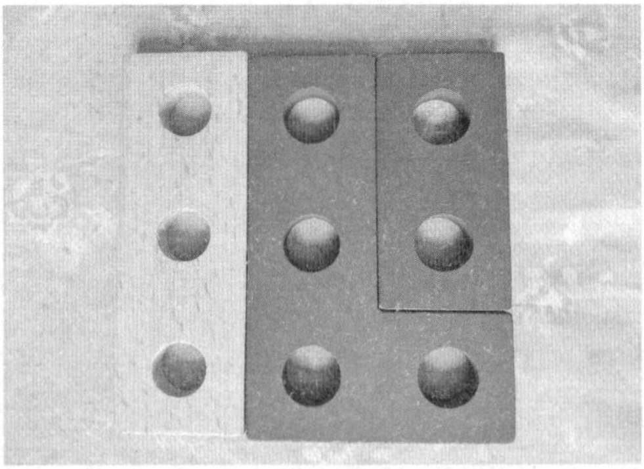

图 10-6

其中形状一样，但是颜色不一样的积木，可以交换使用，如：图（6）和图（7）或图（2）和图（8）。

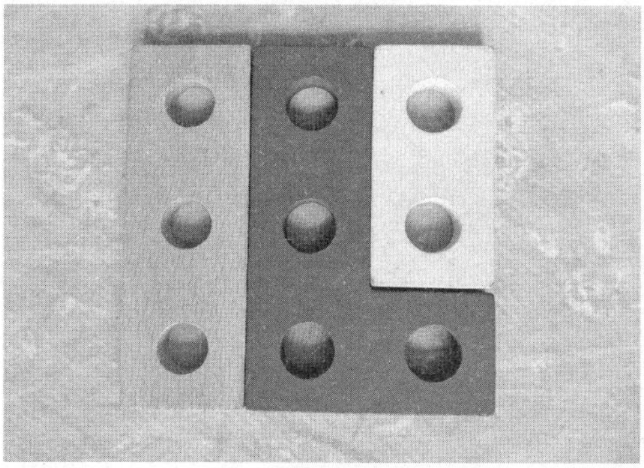

图10-7

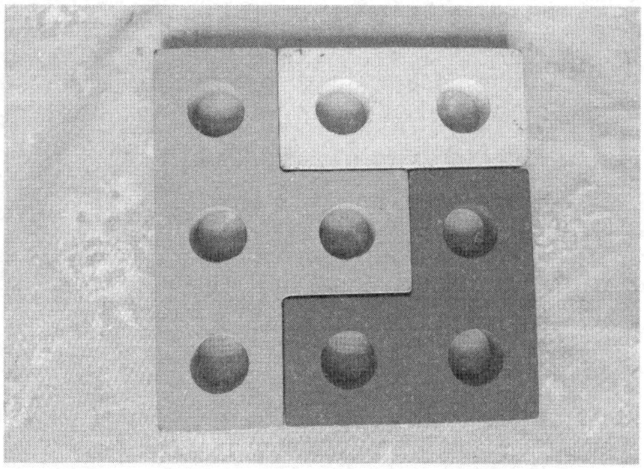

图10-8

潘潘，个别化学习的时候，他正在玩这份材料，他尝试了快15分钟，总是剩下几块图形积木不能组合成功。迪迪，他先后来过潘潘这里5次，有时来看看，有时来跟潘潘说句悄悄话，有时动手拼搭几下，但是潘潘每次都用手推开迪迪的手，还会皱皱自己的眉头，坚持自己探索，故事中已经是迪迪第6次来这里了。

场景一：

迪迪加入时，潘潘已经成功拼搭好了3层，手中剩下2块蓝色4孔“L”形、1块绿色4孔正方形、1块原木色3孔长方形和1块黄色3孔直角形，两人将剩下的这几块积木多次在底座上比划、放上和拿下。

迪迪两只手各拿1块蓝色的4孔“L”形，在底座上比划，发现不对后，将图形翻转了一下，比对后又拿开了。这时潘潘说：“不对不对。”迪迪说：“我们一起玩，你先把它拆掉几块。”潘潘将手中的1块原木色3孔长方形和底座上的1块绿色的4孔正方形放在了桌子上，看了看已经成功的三层，没有继续拆。

图10-9

迪迪摆弄自己手里的几块积木，将2块蓝色4孔“L”形拼成一个大的长方形，嘴里说着：“如果这个长方形不行，我们不能成功”，两个人将手中的积木逐个在底座上比试，都不成功，迪迪将绿色4孔正方形放在底座上试了试，马上又拿了下来，然后将潘潘搭好的第三层拆下来，接着先后将四种图形在底座上试了试后又全部拿掉，又尝试选择红黄2块3孔直角形在底座上对角拼搭后拿掉说：“其实，这个真的很难玩的。”潘潘选择了红黄2块3孔直角形拼搭成一个大长方形，然后想从迪迪手中拿来1块原木色的3孔积木，但是迪迪将2块原木色3孔积木拼搭成大长方形，放在潘潘搭好的大长方形上面，潘潘取下一块，拼搭在自己的第三层上成功。

场景二：

交流分享的时间到了，为了继续观察，请他们暂停，将桌子搬到了教室外走廊，当我准备相机的时候，迪迪已经快速地将所有的积木都拆掉了，两个人重新你一块我一块地一起搭，迪迪先放了一块，潘潘也放了一块拼在一起，两人看看底座，又在桌子上的积木里寻找，潘潘伸手去拿桌上的绿色4孔“T”形积木，旋转一下，拼搭在底板上，第一层成功。接着迪迪先放一块在第二层，潘潘先是选择了黄色2孔长方形后又放下，然后将原木色3孔长方形积木放了上去，马上又去桌子上拿了一个黄色3孔直角形积木，在手里翻转、旋转了一下，放进底座，第二层成功。迪迪先放1块原木色3孔长方形，潘潘马上拿起1块黄色2孔长方形和1块绿色4孔正方形，将第三层拼好。

潘潘接着将自己手中将1块原木色3孔长方形和蓝色2孔长方形拼搭在了第四层，看了看，拆掉了，又将2块换了换位置重新放回，但仍没成功，迪迪说：“看来你还不是专家，其实我有一次通过这关了”，边说边将潘潘搭的2块拆掉，选择1块红色3孔直角形积木放上，接着旁边放上1块蓝色2孔的长方形积木，发现不对，拆掉，两人拼搭了一会，迪迪在桌面上将2块蓝色4孔“L”形积木拼成一个大长方形问潘潘：“你觉得这2个拼好吗？”说完，将大长方形放进了底座，又拿掉一块，底座上剩下一个2孔的位置，潘潘看到，马上拿起旁边的红色2孔积木放上去，第四层成功。

图10-10

迪迪开始第五层，先将红色3孔直角积木放上去，一条直角边和底座外边对齐，然后将1块蓝色2孔积木和直角积木的另外一边对齐放好，手中还剩下1块蓝色4孔“L”形积木，在手中旋转了下，想放上去，潘潘双手接过来，将积木翻转了一下，放进了底座，两人开心地笑了起来，潘潘大声说：“完成，1、2、3、4、5，五层。”

学习了什么：

1. 在数学经验方面，幼儿学习了图形组合的多种形式和图形变换。幼儿最常接触的图形组合就是拼图，中班幼儿能用几何图形构造平面模型，能用平移翻转旋转等方式构造图形，能有意识地依据角度边长等选择组合图形，并能将组合后的图形看作是新的图形。这份材料拼搭成功的核心要点是需要发现这些积木的形状之间的关系：

第一，图形组合方式：“L”形、“T”形和直角形积木需要相互拼搭，或者跟2孔的长方形拼搭。

第二，图形数量：每层的积木的数量是3块。举例：任意选择3块2孔长方形积木和1块原木色3孔长方形积木拼搭为一层，其他的四层将无法完成。

第二，图形位置：“T”形积木的长边只能用在底座的四边；“L”形积木的长边除了用在四边外，还能用在底座中间；直角形积木的直角可以和底座的直角对齐，也可以放在底座四边的中间；正方形和长方形的积木的位置变化较多。首先，在录像中两个孩子都会用不同的图形组合成一个新的图形，迪迪在操作中2次出现将2块蓝色4孔“L”形积木拼成大的长方形，潘潘用2块3孔直角形积木拼搭出长方形，并用三块图形拼搭出大的正方形。其次，两人在操作中都运用了图形的变换，包括移动、翻转和旋转，场景一中，迪迪多次将手中的积木在底座上比划转动，场景二中，潘潘在拼搭第二层的时候，将一个黄色3孔直角积木在手里翻转、旋转了一下，再放进底座，在第五层最后一块的时候他从迪迪手中拿过蓝色4孔“L”形积木翻转后成功。

在这方面，两人表现存在着差异，潘潘场景一中一直不成功，原因不是他对图形的认知和拼搭组合存在困难，而是他没有拆掉底座上已经拼搭好的三层，当迪迪在场景二中帮他全部拆掉后，他图形拼搭组合比较主动，而且观察积木也比较仔细，能够快速反应出需要哪块积木，并能够及时调整。而迪迪在录像中的表现是观察比较能力较强，知道需要重新组合才能继续拼搭，能总体观察已拼好的图形和自己已有的图形之间的关系并且做出判断，喜欢尝试不同的拼搭组合方法。

2. 在心智倾向方面，两人表现出不同的学习风格、性格特点及交往策略。首先，迪迪思维灵活，敢于尝试。比如，迪迪加入后，两人用剩下的积木拼搭不能成功的时候，迪迪说“我们一起玩，你先把它拆掉几块”；当潘潘只拆掉2块，不拆掉已成功的三层的时候，迪迪主动多拆掉一层。潘潘思维缜密，探索能力强，喜欢安静尝试，有一定的坚持性。比如，能在15分钟里坚持探索材料，不断地自我调整。两人在学习中解决问题的方法也不同，迪迪要打破原有的组合，尝试重新组合，而潘潘则是用反复尝试、试错、调整剩余积木的办法来解决问题。其次，迪迪爱表达，想法外显，如在录像前后他6次加入潘潘的游戏，录像中一直与潘潘有语言的交流；而潘潘不爱表达，情绪比较内敛。如：迪迪多次用语言跟潘潘交流，但是潘潘的回应较少，只说过简单的“不对、不对”或者一些语气词。再次，迪迪在人际交往方面比较主动，情绪表达很直接，常伴有肢体动作。如录像中参与游戏有可能是他自己想玩，所以他甘愿等待、妥协，当然在满足自己愿望的同时，他也感受到了助人为乐的快乐。还有看到同伴成功了会给予掌声和笑脸的鼓励。而潘潘喜欢独立思考，当遇到困难时，不会主动寻求他人帮助。如从一开始不太接受迪迪的加入，到后来在迪迪的参与下体验到了成功和同伴互动的快乐。

下一步该做什么：

1. 调整材料供幼儿充分探索。中班幼儿的思维水平决定了他们不能马上找到组合规律，现在的成功有偶然性，只有创造条件，让幼儿重复体验，才能发现规律。为了便于幼儿发现这些图形的组合规律，教师增加了一份一模一样的材料，如图(10-9)，像录像中情况出现的时候，两名幼儿可以各自独自探索一份材料；当某一幼儿出现潘潘这样的情况的时候，教师也可以让他一个人操作2份材料(使用一个底座)，他可以多次选择需要的形状，积累多种图形组合拼搭的经验；在观察中教师发现五层组合积木是套进底柱上的，幼儿想调整的时候，不方便抽出，也不能直观地看出每层图形的组合情况，于是教师“分解”了底座，在原材料的基础上增加了5个没有柱子的正方形的拼搭模板，作为辅助材料。每个(如图

10-10）正好可以摆放一层的组合图形，幼儿可以在桌面上拼搭组合出5个大正方形（平铺的，不垒起来），如果后面的组合出现问题，可以从已完成的组合里面调整和对换所需的形状；原材料和辅助材料配合在一起使用，在操作中教师也要观察幼儿的学习，当幼儿对材料有兴趣，能够独立探索的时候，教师提供原来的材料，当幼儿不能成功，教师可以引导幼儿使用辅助材料，帮助不同幼儿感知图形的组合。

2. 创造同伴互相学习的机会。幼儿之间的互相学习也很重要，不同性格、不同认知水平、思维能力的幼儿之间的互动比教师的直接介入和指导更易被幼儿接受，录像中给潘潘多一些时间，他可能会独自探索成功，但在和迪迪的互动中他享受到了交往的快乐，也体验到解决问题的方法是可以不同的，思维变得灵活了，这些是他单独探索无法学到的东西，而迪迪也体验到了耐心等待和帮助别人的快乐，这也是他成长中的必修课。因此在个别化学习活动中，教师要创造幼儿之间互动、学习的机会，帮助幼儿建构多种学习经验。

3. 创设分享交流的机会。分享与交流是教师了解幼儿学习的有效手段，特别是个别化学习中，每个幼儿的学习特质各不相同，录像中的潘潘比较内向，但是对图形组合的经验比较丰富，需要在交流中展现自己，通过分享建立自信，也便于教师和同伴了解他的想法。像迪迪一样的幼儿园教师也要给予交流的机会，这样教师才能够客观地了解幼儿的想法，避免主观判断。同时教师也能够在交流中发现不同幼儿存在问题的关键点，外显幼儿的思维过程，鼓励幼儿尝试数学语言的表达。

（作者：上海市奉贤区绿叶幼儿园　侯玲）

故事十一：积木排排队

故事主人公：

柚子（男，4岁，小班）

故事地点：

数学活动室

幼儿背景分析：

柚子的认知经验水平较班级中的大部分孩子来说较高，思维比较灵活。排队的时候，他喜欢排第一个，有时候来晚了，即使有“晚来的孩子排后面”的建议，他会用皱眉和不太高兴的声音向老师表达自己的不愿意，并且坚持要排第一个。他也比较执着于自己的椅子，任何时候一定要坐自己的椅子，同时也不太乐意让别的小朋友坐在他的位子上。

发生了什么：

这是柚子的第一次操作情况。我没有对这份材料作任何的介绍。

图11-1

柚子在将积木翻转后，将点子1、点子2、点子3的绿色积木分别放入底座中，并且与底座上的数字符号1、2、3配对。

之后他将数字2的蓝色积木放入底座“2”处，将数字1的紫色积木放入底座“1”处。他又从篮子中取了一块点子5的绿色积木，放入了底座“5”处，并调整了一下积木，让点子5面向自己。又

图 11-2

图 11-3

取了一块数字2的紫色积木，叠放在之前数字2的蓝色积木之上。然后，他将一块数字3的紫色积木、一块点子3的红色积木放入底座“3”处。

在翻转积木后，他将点子1的黄色积木叠放在数字1的紫色积木之上。接着，他又将这块积木重新放回篮子中，将点子4的绿色积木放入底座“4”处。他又将数字4的紫色积木叠放于点子4的绿色积木之上。他又翻转了一下积木，发现所拿的不管是点数还是数字都为1。将数字1的蓝色积木放于底座“1”处。将点子1的红色积木、点子1的黄色积木分别叠放于其上。将点子2的红色积木放于底座“2”处。此时，他将篮中所有的积木都放入了底座中。

出于好奇，我询问了一下他的操作想法。他告诉我：“我是这样的，这里有很多1，这里有很少2，这里有很少3，这里有很少2，这里有很少1。”

学习了什么：

1. 对数比较敏感。在有颜色、有拼图同时又有数的选择中，他屏蔽了颜色与拼图对他的干扰，只关注了积木上的数字符号和点子。同时，整个操作的过程非常顺利，他能不借助手口一致点数，很快地将同一数量的积木放入相应的底座中。他能够理解数字符号1—5，知道其背后所包含的数量的意义。

2. 数量的变化的表达。在他向我解释他是如何操作的过程中，我们可以发现，柚子对自己操作完成后的结果也有一些发现，他用语言“这里有很多1，这里有很少2，这里有很少3，这里有很少2，这里有很少1”来表达“积木1的数量最多”的发现。

下一步做什么：

1. 继续追踪观察不同认知水平幼儿操作此份材料的情况。

2. 根据大部分幼儿的操作情况，对此份材料做进一步调整。如思考是否要将底座上的数字符号改成点数等。

（作者：上海市奉贤区绿叶幼儿园　季晓凤）

故事十二：对对碰

故事主人公：

恒恒（男，5岁，中班）、贝贝（女，5岁，中班）

故事地点：

中班教室

幼儿背景分析：

恒恒从小班入园开始就是一个不太善于与别人交往的孩子，中班后期才逐渐有了与人交流和交往的意愿。性格上力求完美，不允许自己出现任何错误和失败，如果出错或失败了总是以大吵大闹、尖叫收场。但是恒恒从小班开始就表现出了对数字的特殊兴趣，对数字非常敏感。贝贝则是一个乖巧、懂事的女孩子，各方面能力一般，并不突出。

发生了什么：

第一次游戏：

图12-1

贝贝和恒恒在观察了材料很久之后，两人一起把红色的圆片根据底板上的数字放入圆形的洞洞里，并正式开始游戏。刚开始，贝贝跟恒恒说："要从中间开始。"说完便自己拿起了彩色的游戏片从中间开始游戏。而恒恒则拿了一片紫色的游戏片直接放到与游戏片颜色相对应的数字旁边，并想要拿走洞

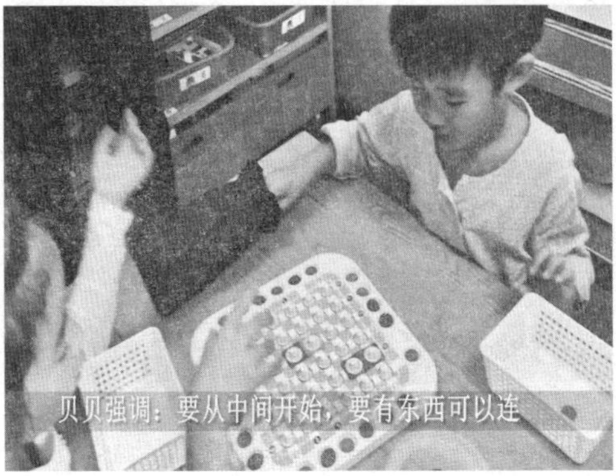

图12-2

洞里的圆片。

此时，贝贝试图告诉恒恒游戏的规则：“要从中间开始，没连的地方是不能这样放的，必须要能连起来才能拿掉。”这次，恒恒听取了贝贝的意见，把紫色的游戏片放到了底盘的中间。

游戏过程中，贝贝每次都会有意识地拿取袋子里的游戏片，寻找能够与底盘上游戏片颜色相接的游戏片进行游戏。而恒恒则是每次都是随机拿取游戏片进行游戏。当他放置第二片游戏片时，依然将游戏片放在了和颜色相对应的数字旁边，并拿走了对应颜色洞洞里的圆片（没有对应颜色的圆片没有拿走）。而贝贝仍然用将相同颜色游戏片相连接的方法继续游戏。

恒恒看到后，试图阻止贝贝：“哎呀，错了错了！应该是颜色一样的游戏片挨近这个数字才能得到圆片的，一定是这样的。”但显然，贝贝没有认同恒恒的游戏规则，于是两人就按照各自的游戏规则继续进行游戏。

在整个游戏过程中，恒恒试图把自己的游戏规则和贝贝说了两次，但贝贝都没有采纳。最后的比分为18:14，贝贝赢得了游戏的胜利，此时恒恒说了一句：“差点就追上了。”第一局游戏结束了。

第二次游戏：

在两人对圆片摆放的数量进行仔细的检查后，第二局游戏开始了。当恒恒的第一片游戏片依然放在最边上相对应的颜色开始时，贝贝无奈地对恒恒说：“先从中间开始，要有东西可以连起来才行的。哎！你真不知道怎么玩，算了吧！”游戏就这样继续进行。

图12-3

当恒恒将紫色的游戏片放到紫色数字1旁时，贝贝又说：“诶！你这样是不对的，你看这个（颜色）是不一样的。”而恒恒马上回答：“我的方法是不一样的，就是紫色（游戏片）对应的这个紫1，就能把这一分拿掉了。”说完，贝贝无奈地看了一眼恒恒后，两人继续根据自己的游戏规则进行游戏。

在游戏中，每当恒恒拿取游戏片，他都会寻找与游戏片相对应颜色数字较大（圆片数量多）的地方，放入自己的游戏片。直到游戏片摆满底盘，游戏结束。最后比分为19:18，贝贝又赢得了游戏的胜利，此时恒恒略带兴奋地说了一句：“嘿嘿！（比分）好接近啊。”

学习了什么：

1. 数学核心经验

（1）甚是有趣的是两个孩子在游戏中的规则是不同的，女孩子的规则是游戏片要先从中间开始，并要按照相同颜色的游戏片相连的方法进行游戏，最终游戏片连到数字就能够得到分数。而男孩子的规则是游戏片上的颜色和数字的颜色一样就能够得分。可以看出两个孩子在游戏过程中关注的点是不同的。女孩更多地关注颜色和配对，男孩则更多地关注数字。我们可以发现，男孩子数概念的经验相对于女孩子更加丰富。

（2）在两局游戏结束时，恒恒的两句话——“差点就追上了！”“好接近呀！”也体现出恒恒在数量比较上掌握得较好。能够一下子就预估两人分数的差距。

（3）在游戏中，恒恒每次拿到游戏片后都会寻找到与游戏片相对应颜色并且数字较大的地方来放他的游戏片，他在游戏中这种策略的运用也是源于他对数概念的理解和掌握。很明显恒恒在数方面的经验是比较丰富的，数能力也是较好的。

2. 学习品质

（1）两次游戏将近持续二十五分钟，两名幼儿对新材料都非常感兴趣，学习的愿望和兴趣比较强烈。在游戏中孩子们的专注度较强，坚持性也很强。

（2）虽然恒恒在两次游戏中都输了，但是他第一次游戏时说的“差点就追上了”以及第二次游戏结束时，略显兴奋的一句：“好接近呀！”体现了他在学习上自信、乐观的态度。

（3）在合作上，两个孩子在游戏中运用不同的规则进行游戏是有冲突的，他们交往和协商的能力比较欠缺，在交往的策略和技能上也相对比较欠缺。

下一步做什么：

鼓励这两名幼儿平时多与人交往，多参与两人或多人的游戏，从而促进两人的协商、交往、合作等能力的发展。在让孩子学会交往、得到别人认同的同时提高孩子的自信。

（作者：上海市奉贤区绿叶幼儿园　凌蔡旦丹）

故事十三：巧连直线

故事主人公：

童童（女，6岁，大班）、然然（女，6岁，大班）

故事地点：

大班教室

幼儿背景分析：

童童是个学习能力很强的孩子，学习内容她能很快地理解并运用，会举一反三。同时，她也是一个热心、喜欢帮助别人的孩子。然然是个开朗的孩子，平时不计较得失。乐观、开朗是她最大的优点。

套筒游戏的材料已经投放一段时间了，然然对材料比较熟悉，已经玩过几次，而童童则是第一次玩，对材料相对陌生。

发生了什么：

游戏开始，然然主动要求用剪刀石头布的方式来决定谁先下棋。

第一局：童童将4号套筒（一共5个套筒，数字越小套筒越大，并且数字小的套筒能套住比自己数字大的套筒）放在一个格子里，然然马上选择了一个比童童的套筒大一号的3号套筒将童童的4号套筒套住。童童看了一眼被套住的套筒后，继续游戏，很快然然获得了胜利。

第二局：然然很快获得了胜利。

第三局：在两人交战的过程中，童童原本想下3号套筒，但她看了看然然手中剩下的套筒后就换了2号套筒（手中第二大）。最后，童童在没有发现然然胜利的情况下，将自己1号套筒套到了然然的套筒上，最终然然提醒童童，并获得胜利。

图13-1

图13-2

第四局：在这一局游戏中，没有出现大套小的情况，童童很顺利地获得胜利。并且当童童在整理套筒的时候，对然然说：“我告诉你一个秘密吧，如果你先用小的套筒，后面就能用大的套筒。如果你先用大的套筒，后面（你只剩下小的套筒）我就能套住你了。”然然点头表示同意后，接着开始了第五局。

第五局：在然然将4号套筒下在中间的格子时，童童选择了3号套筒套了上去，而然然也不甘示弱，又选择了2号套筒继续往上套。接着童童手里余下一大一小两个套筒，她取出1号套筒又拿了回来，最终选择2号套筒放在旁边的格子里。然然立刻拿起自己的套筒，让自己的套筒斜线连成了直线，获得了胜利。

图13-3

图13-4

第六局：然然开始，当童童看到然然将4号套筒放在中间的格子里时，她马上将3号套筒套在上面，然然也紧接着用2号套筒套上去。童童看了看自己手里的套筒，又看了看棋盘上的套筒布局，将自己4号套筒套住了然然的5号套筒。接着然然用自己的4号套筒拦住了童童的去路，童童将自己的1号套筒套住然然的4号套筒，最终获得胜利。

第七局、第八局、第九局……：其中然然和童童有一局打平互得一分，其他棋局均童童获胜。

最后童童表示要告诉然然获胜的秘诀，便一遍一遍教然然应该怎样玩套筒游戏，直到游戏结束。

学习了什么：

1. 童童是第一次玩这一份材料，对游戏材料和游戏规则都不熟悉。但是在整个游戏过程中，童童通过与对方的游戏进行自我分析和学习，很快掌握游戏的玩法。她在游戏过程中学习、掌握游戏玩法，经历了从不会玩到会玩的过程。

2. 童童能通过游戏不断积累经验，调整游戏策略。游戏刚开始几局，童童只考虑方位，要将对方的套筒拦截不让对方连成一条直线。但在游戏后期，童童逐渐考虑到了套筒的大小，并运用大小来拦截对方。甚至后来童童能够通过观察对方套筒的大小来判断使用什么大小的套筒是最合适的。可以看出童童不仅对方位、对粗细这个维度（比较）进行了更多的考虑，并根据实际情况调整自己在游戏中的策略。

3. 童童几次更换自己套筒的行为，说明她从只关注自己到学会关注对方。在游戏中童童放了相较于对方最大的套筒，防止对方用较大的套筒将她的套筒套住。

4. 在游戏过程中，两名幼儿体现出了专注、相互合作、相互欣赏、相互沟通、协商、妥协、友好等良好的学习品质。另一方面，从刚开始的然然向童童介绍游戏玩法，到最后童童向然然介绍自己的游戏经验及赢得胜利的方法，也体现了两名幼儿之间良好的互动及情感。

下一步做什么：

1. 对幼儿来说，游戏是一种很好的学习，保持这种宽松的氛围，让幼儿有更多机会展开递进式的学习。

2. 创设更多分享交流的机会，让幼儿将内化的经验转化为数学语言，尝试进行表达。如：粗细不同的套筒在使用的先后顺序上，有什么作用与秘诀。

（作者：上海市奉贤区绿叶幼儿园　凌蔡旦丹）

故事十四：套筒游戏

故事主人公：

晨晨（女，6岁，大班）、嘟嘟（男，6岁，大班）

故事地点：

大班教室

幼儿背景分析：

晨晨和嘟嘟今天都是第二次接触这一份套筒玩具。晨晨距离上一次玩已有将近半个月的时间，而嘟嘟在与晨晨一同游戏前，已经和恒恒玩了几局。

发生了什么：

整个过程中幼儿一共进行了四局游戏。

第一、第二局游戏：

在两局游戏的过程中，嘟嘟都比较随意地选取套筒，并将最大的套筒先下，而

图 14-1

图 14-2

晨晨会对嘟嘟的大套筒进行围堵，阻止他连成一条直线。

在第一局游戏中，嘟嘟将银色套筒连成直线，并说：“我赢了，连成一条线了。”晨晨对嘟嘟的胜利也表示祝贺，（晨晨：“你看还是这样的，像字母T。”）并帮助嘟嘟拿取赢得的分数（雪花片）。在第二局游戏中，晨晨再次不断地进行围堵，并根据两人套筒的大小更换自己所下的套筒大小，使嘟嘟不能将银色套筒连成直线，最终两人愉快地一起宣布打成平局。

第三、第四局游戏：

在第三局游戏开始前，晨晨表示刚才第二局游戏两人都赢了，这一轮应该用石头剪刀布的方法决定谁先下棋，而嘟嘟表示因为他的分数比较多，所以这一轮应该先下，晨晨默认后第三局游戏开始。嘟嘟在这两局游戏中都有选择地先用了较小的套筒进行游戏，而晨晨依然以围堵为主，最后嘟嘟轻松地赢得了第三局的胜利。第四局，在嘟嘟发现自己没有下在能够胜利的位置时已经来不及了，最终两人又以平局结束游戏。

图14-3

图14-4

学习了什么：

1. 在游戏中，幼儿逐渐从一个维度的思考到多个维度的思考：在第一局游戏中，嘟嘟较多地在方位上进行思考，第二次就使用了最大的套筒，慢慢地我们发现嘟嘟在后几轮游戏中更多的是用小的套筒先进行游戏，并且他将对方的套筒套住时会选择大小合适的套筒而不是一味选择最大的。

2. 从关注自我到关注对方：通过相互观察，两个幼儿都有了不同策略的改变，比如：嘟嘟改变了出棋的顺序，先出最小的套筒。而晨晨则在围堵的行为上考虑到了对方套筒的大小，在第二局中晨晨在观察对方的套筒之后马上更换了原先的小套筒，放了相较于对方最大的套筒，防止对方用较大的套筒将自己套筒套住。而嘟嘟在最后一局中发现，把套筒下在中间更有利于获得最后的胜利，虽然发现的时候为时已晚，但是，我相信他会在今后的游戏中尝试运用刚才发现的策略进行游戏。策略的形成，是幼儿通过游戏自主学习到的结果，是幼儿在不断调整中积累经验、完善经验的过程。

3. 不仅体现了两名幼儿的合作性，还有相互欣赏（晨晨输了第一局后还称赞对方的棋子摆放得像一个"T"，并愉快地帮助嘟嘟拿取他所获得的分数）、相互沟通（嘟嘟和晨晨在游戏过程中经常用语言表达自己的想法并及时地进行沟通和交流）、协商妥协（他们会在游戏中相互协调避免矛盾的产生，特别是晨晨在游戏第二局结束时，她认为两个人都赢了应该石头剪刀布来决定谁先开始游戏，但嘟嘟说："因为我赢了，我有两分所以我应该先玩。"晨晨也马上同意了嘟嘟的说法。）、友好（四局比赛中不论输赢还是平局，两人始终保持愉快、友好的情绪和态度进行游戏）的良好品质。

4. 有较好的语言表达能力：在游戏中我们能看到两名幼儿的语言表达能力都是较好的。他们在整个过程中不断地将自己下棋的想法和结果，运用完整的语言表达出来（如："我赢了，连成一条线了。""这次我先来，因为我赢了我先来。"）。并且两人都能试着将自己内化的经验用数学语言进行表述（如："小了，你要换一个。""这个已经是最最大的了。""你套不进去了，两个是一样粗细的。""连成了一条线，我赢了。"等等）

下一步做什么：

更多的创设一些分享交流的机会，让幼儿将内化的经验转化为数学语言，尝试进行表达。如：粗细不同的套筒在使用的先后顺序上，有什么作用与秘密。

（作者：上海市奉贤区绿叶幼儿园　凌蔡旦丹）

故事十五：有趣的竹排

故事主人公：

小程（男，6岁，大班）、小宋（男，6岁，大班）、小张（女，6岁，大班）

故事地点：

大班教室

幼儿背景分析：

小程的解决问题的能力较强、小宋学习能力好、小张鬼马精灵怪点子比较多，三个孩子平时交往互动默契，今天他们要一起合作制作竹排。

发生了什么：

小程说："我们需要剪刀、竹子、扭扭棒。"小宋和小张拿了材料开始制作竹排。

第一次尝试：小程用扭扭棒把并列排放在垫子上的细竹棒绑在一起。

第二次尝试：发现无法捆绑住系竹排，小程说："用麻绳。"小宋马上就去找麻绳，三人决定用麻绳捆绑竹棒，小程用麻绳尝试捆绑竹排，当小程尝试打麻绳拉紧的时候，细竹棒全部都变成了一捆，小程前后尝试了四次。

图 15-1

第三次尝试：小宋看到了橡皮筋，他尝试用橡皮筋把细竹棒捆起来，看起来比较顺利。

第四次尝试：后来三人商量决定换成三个粗的竹棒，而小张把地上的细竹子整理好，放回了收纳盒里，小程和

图 15-2

小宋用两根橡皮筋把三根竹棒的两端捆绑起来，但是他们发现中间的一根竹棒拱了起来，他们决定用更多的橡皮筋来加固。小张一边压住竹棒一边说："我来压着它。"把竹排抬起来的时候，中间的一根竹棒又拱了起来。

第五次尝试：他们决定用扭扭棒把三根竹棒的两端捆绑起来进行加固，但是他们一把竹排抬起来的时候，中间的那根竹棒又拱起来。

第六次尝试：小程说："那我们试试两根两根竹棒绑起来吧。"孩子们把两端的橡皮筋拉扯下来，把两根竹棒绑在一起，两两捆绑在一起，过程中小张不断地把竹棒抬起来，两端的男孩儿用橡皮筋捆绑两端的竹棒，三个人配合默契。接着三个人开始用扭扭棒在竹排的两端进行加固。把三根竹棒捆绑在一起，但是在过程中中间的竹棒不停地在拱起，三个孩子并没有意识到他们的捆绑的方式不正确，接着他们不停地在调整竹排两端橡皮筋的数量，把本来捆三个竹棒的橡皮筋调整捆两个。

第七次尝试：中间的竹棒还在不停地拱起，于是他们决定在中间用扭扭棒采取两两捆绑的形式把两根竹棒捆绑在一起。他们一共捆绑了六根扭扭棒，在捆绑扭扭棒的过程中，孩子们也遇到了问题，扭扭棒捆绑得松，对两根竹棒的加固起到微弱的作用，于是孩子们把六根扭扭棒都进行了加固，不停地旋转扭动，让扭扭棒绑得更加紧更加牢固。

最后三人成功了，小程高高地举起了他们的大竹排！

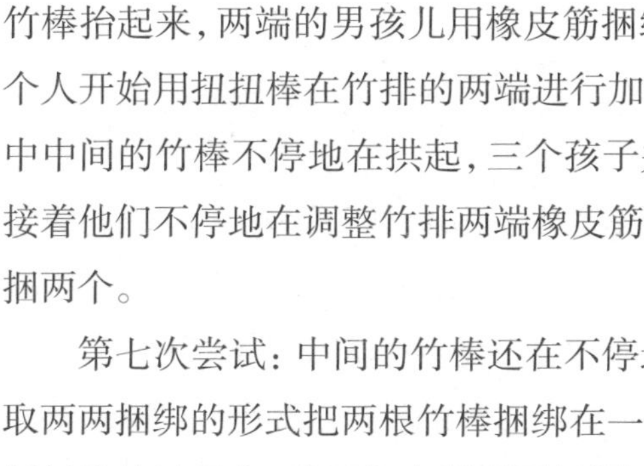

图 15-3

三个人要去实验他们的竹排是否能浮在水面上。他们先试放一艘大竹排，兴奋地喊起来，"哇，真的成功了！""他真的浮在水面上！""这个船浮起来了，那他为什么能浮起来呢？"小宋说："因为竹排里面装满了空气，空气是有浮力的，如果竹排里面装满水，它就不能浮

图 15-4

起来了。”小程说:“应该把竹排放到水更深一点的地方去。”接着孩子们试放一艘小竹排,孩子们还给小竹排起了好听的名字叫“小咪咪”,他们说小咪咪也是可以浮起来的。最后孩子们放了一艘用竹筷做的小竹排,发现用竹筷做的小竹排也是能够很好地浮在水面上的。他们在放竹排的过程中,大竹排的竹子里面进了水,他们一起把竹子里的水倒出来,继续让它浮在水面上。

孩子们成功了!

学习了什么:

1. 有主动解决问题的意识和能力

在制作竹排的过程当中,遇到了竹排拱起来、扭扭棒扎不紧等一系列的问题,孩子们一次又一次地尝试,一次次地解决遇到的问题,包括不断地选择调整扎竹排的材料,从扭扭棒到麻绳再到橡皮筋;不断地调整制作竹排的材料,从细竹子到粗竹子;不断地调整扎竹排的方式,从几根竹子扎在一起,到两根两根进行捆绑,遇到问题不逃避,积极地面对并解决问题是孩子们身上最闪光的地方。

2. 体现出了积极良好的学习品质

小程非常地自信,在整个探索中他始终处于积极主动的主体地位,提出了两个两个捆绑的方式,解决了竹排拱起来的问题,在探索中,他也会主动寻求他人的配合解决困难,有一定的合作能力。小宋,虽然对于制作竹排不是很熟悉,但在今天的片断中看到了他从不会到会的学习的过程,这都是向同伴学习的结果。而小张在制作竹排的过程中,一直在不急不躁地配合同伴,帮助同伴拿材料、放材料等,很好地在适应同伴,支持和配合同伴才能让制作竹排最终取得成功。三个孩子都在整个学习过程中体现出了积极的学习品质。

3. 学习的专注性和持久性好

三个孩子在面对重重困难的时候,不放弃、坚持不懈的学习品质是值得我们学习的，在多达7次的反复尝试中，孩子们始终思维活跃，积极探索，注意力集中，遇到困难坚持完成，不停地调整材料、调整方法以达到制作成功的目的。

4. 善于调整自己的行为以适应他人

过程中，小宋和小程把细竹棒换成粗竹棒的时候，小张主动整理好细竹棒并放好，孩子们之间有谦让和妥协；小宋和小程用扭扭棒和橡皮筋绑竹棒，小张就会抬起竹排方便两个人扎，孩子们之间有协商和配合，这样的默契是难能可贵的，三个孩子在整个过程中，能与同伴友好地交往合作。

5. 探索、创造能力不断提高

孩子们一开始对于制竹排可能有少许的经验基础的，知道制作竹排需要的一些材料和方法，并在后面7次的尝试中积极探索、材料上不断递进，从扭扭棒——麻绳——橡皮筋——扭扭棒与橡皮筋结合，始终积极地主动探索，通过动手操作、观察比较，积累了许多成功制作的经验。

6. 体会了成功的喜悦感

整个过程中，孩子们的情绪一直是积极的，在最后，孩子们的努力没有白费，成功制作出了竹排，去水里试放，竹排浮在水面上了，孩子们兴奋大喊："成功了！"孩子们通过坚持不懈的努力获得了成功，孩子们内心的喜悦和成就感是由然而生的，相信孩子们也会带着这份喜悦和成就感投入到新的学习中。

下一步做什么：

首先，在集体面前肯定三位孩子在活动中所表现出的专注、认真以及善于合作、学习的品质。这都是非常值得大家学习效仿的，通过集体的交流讨论，让大家都能学学他们的闪光点。

其次，组织有价值的交流分享，分享他们在制作竹排中的经验以及对于竹排沉浮的感悟，在经验集体化的过程中推动竹排活动的进一步深化。

最后，通过家长资源的利用，在资料的进一步收集整理中让孩子了解更多制作竹排的方法以及关于沉浮的认知，丰富拓展孩子们的竹排实验。

（作者：上海市奉贤区满天星幼儿园　张海艳）

故事十六：谁的长颈鹿高？

故事主人公：

乐乐（女，5岁，中班）、蓝蓝（女，5岁，中班）

故事地点：

数学活动室

幼儿背景分析：

乐乐是一个活泼、思维活跃的女孩，语言表达能力强，对事物的接受能力比较快，很喜欢参加幼儿园的游戏活动。蓝蓝是个乖巧、安静、情绪稳定的女孩，遇到困难常表现出害羞。

发生了什么：

第一次游戏：

乐乐和蓝蓝开始搭长颈鹿，乐乐搭了三个长的纸筒，蓝蓝搭了一个长的和一个短的纸筒，乐乐对蓝蓝说："你干嘛不用长的要用短的啊？"蓝蓝听了乐乐的话

图 16-1

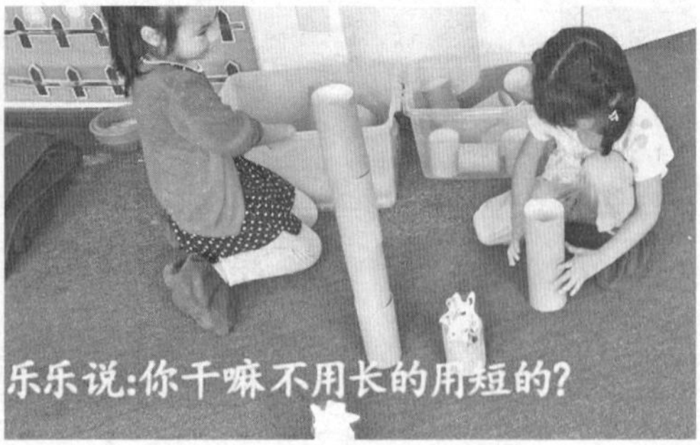

图 16-2

后，将一个短的纸筒换成了一个长的纸筒，接着两个人继续往上搭。

搭了几个纸筒后，两个人的纸筒全部倒了，乐乐和蓝蓝对视相互笑了笑，重新开始搭。最后蓝蓝先将长颈鹿搭建完成。当乐乐准备将长颈鹿放上去时，她看了看蓝蓝搭好的长颈鹿，于是放下了长颈鹿，又拿了一个长的纸筒搭了上去，完成后她又看了看蓝蓝搭的，这才把长颈鹿搭上去。蓝蓝用手指“1、2、3、4、5”地点了点乐乐的纸筒数量，乐乐很快地对蓝蓝说：“我高。”

第二次游戏：

她们开始第二次搭长颈鹿，乐乐随手拿了一个长的纸筒和一个短纸筒，搭好后她仔细观察了一下纸筒，又将短的纸筒换成了长的纸筒。蓝蓝拿到哪一个纸筒就往上搭哪一个。

过了一会儿乐乐已经将纸筒搭得很高了，而蓝蓝只搭了一点点，乐乐准备把长颈鹿的头放上去，一旁的蓝蓝看着乐乐笑了笑接着继续搭自己的。但是乐乐的纸筒全部倒了，她只好重新一个接着一个地搭。蓝蓝拿起两个短的纸筒想把一个纸筒塞进另一个纸筒里去，乐乐看到了说：“蓝蓝，你要把一样的纸筒对牢。”蓝蓝拿了两个纸筒继续往上搭，可是每次搭得很高的时候都倒下了。乐乐看到蓝蓝的纸筒倒下后，嘴里说“啊哦。”说完走过去帮蓝蓝搭了一个纸筒。最后在乐乐的帮助下，蓝蓝的纸筒总算是搭高了。

当两个人都准备把长颈鹿搭上去时，蓝蓝的纸筒又倒下了，乐乐停下了自己放长颈鹿头的动作，对蓝蓝说：“我还是帮你搭吧。”最后在两个人的努力下都成功了。乐乐和蓝蓝看了看自己搭的长颈鹿，乐乐说：“还是我的高。”

图16-3

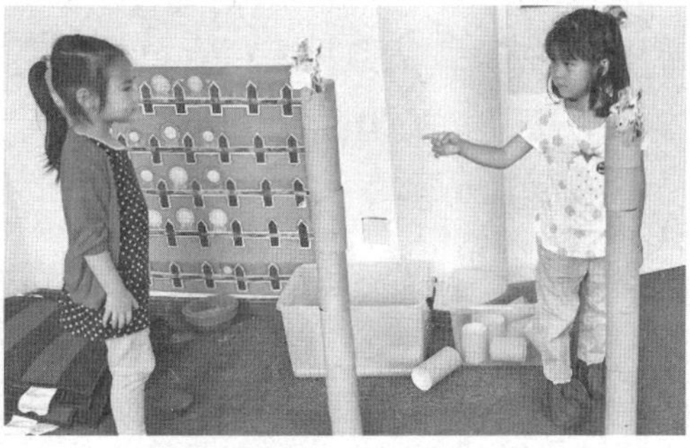

图16-4

学习了什么：

1. 活动坚持专注。整个游戏过程中，乐乐和蓝蓝都能够很专注、坚持、认真地一起探索这份材料。当搭高的纸筒倒了后，她们都没有放弃，而是一次又一次地继续搭。特别是蓝蓝，当看到同伴已经搭得很高快要成功了，而她的纸筒却一次又一次倒了后，她并没有急躁放弃，而是继续很有耐心地搭。这种坚持的学习品质是值得其他小朋友学习的。

2. 乐意帮助同伴。乐乐在这个过程中有主动去帮助同伴的意愿，她没有因为两个人是在比赛而不管自己的同伴。当看到同伴在将两个一样大小的纸筒往里塞时，她用语言提醒蓝蓝“一样的要对牢”，她将自己的经验分享给同伴“两个一样的纸筒是塞不进去的，只有对牢才能更稳固”；当看到同伴的纸筒一次次地倒下后，她帮助了蓝蓝；当最后两个人都准备把长颈鹿的头搭上去时，蓝蓝的纸筒又倒了，这时乐乐没有继续她的动作，而是说：“我还是帮你搭吧。”她在这个过程中没有去计较胜负，而是乐于助人、愿意等待同伴。

3. 搭建过程有目的。乐乐在搭建过程中的目的性比较强，她知道用长的纸筒搭的话能够搭得更高。所以当她拿到了短的纸筒后她会马上换一个长的纸筒。她每次搭的时候也都是小心翼翼，确保下面稳了后才会再继续往上搭。

4. 比较方法有不同。乐乐在第一次游戏时，当她搭了5个长的纸筒想将长颈鹿的头搭上去时，她观察了一下蓝蓝搭的纸筒，发现蓝蓝搭的要比她的高，于是她又去拿了一个长的纸筒搭上去。在这个过程中她通过用目测的方法比较了两个人搭的纸筒的高矮，目测比较两组相差不多的物体高矮的能力比较强。而在第一次游戏的最后，蓝蓝用手指点数了纸筒的数量，她通过纸筒的数量来比较她和乐乐搭的长颈鹿的高矮。

下一步做什么：

1. 在集体面前表扬乐乐和蓝蓝专注、坚持、有耐心的玩这份材料的品质，提高幼儿的自信心，激发幼儿学习的兴趣，并继续观察其他孩子对这份材料的玩法。

2. 家园一致，将两位幼儿的学习视频分享给父母，让家长也能以身作则，不断激发幼儿的学习热情，有助于培养幼儿坚持性的品质。

3. 提供更多可以比较高矮、长短的材料，比如：积木、奶粉罐等，以此来丰富幼儿的经验。

（作者：上海市奉贤区绿叶幼儿园 钟蓓）

故事十七：弹力水球

故事主人公：

雨棋（男，6岁，大班）、子欣（女，6岁，大班）

故事地点：

大班教室

幼儿背景分析：

雨棋性格活泼，喜欢尝试新鲜事物，与小朋友相处友好、融洽。子欣这学期刚转学过来，性格有点内向、腼腆，与人说话轻声细语，这个游戏是男孩主动邀请女孩参与的。

发生了什么：

子欣和雨棋选择了这份材料，子欣是红方、雨棋是绿方。子欣手指点一下乒乓球，球动了一下没有跳出格。雨棋用手指把乒乓球往水下摁，乒乓球从水下钻

图 17-1

图 17-2

到另一个格子里，两人轮流想办法想让球回家。“耶，我快回家了”雨棋显得特别高兴。游戏过程中子欣几次小心翼翼地用手指点一点球，但球动了动却都未出格子，她看上去有些失望。而雨棋弯着手指把球往水里一按，球一下进了绿格。“耶、耶，我赢了”他激动地大叫。正在旁边观察的我，轻声地提醒他们“小球进对方的家才算赢哦”。

第二次游戏，子欣指了指绿格又指指红格对雨棋说：“我进这个家，你进这个家。”子欣点了一下球，球滚到旁边的格子里。她吃惊地问：“怎么回事？”雨棋用手指将球往下一戳，球后退一格。子欣手指点球一下，球跳到左边格子。见两人的球往自己的家方向跑，我提醒道：“到别人的家里去哦。”子欣也指指自己的家提醒同伴：“你到这个家。”说着她自己用手指点了一下球，可是一动也没动，接着她把球往水下一摁，球忽地跳到塑料板上不动了，她小心地沿着塑料板将球往前推，而旁边的雨棋见后俯下身帮忙，他用力地向小球吹气，但小球一动不动。他笑着摇摇头说：“吹不动”，子欣直接将球拨进格子里。这次他们还是没有成功……

在之后的尝试中，雨棋从旁边的篮子里取了两根吸管，并把吸管递给了同伴，但是显然子欣是不太愿意去尝试的，她摇着头说“我不会”，一旁的我鼓励他们：“试试看，拿着”，雨棋深吸一口气把球一下子吹到红格前，他高兴地转过头来对着我笑。子欣看起来特别羡慕，所以我鼓励她：“你来试试”，子欣拿着吸管慢慢靠近球，呼得吹一下，球前进了。“哇，成功了”我表扬道，子欣也特别高兴。孩子们的游戏还在继续，我看到他们在一次次的探索中尝试着去发现。

图17-3

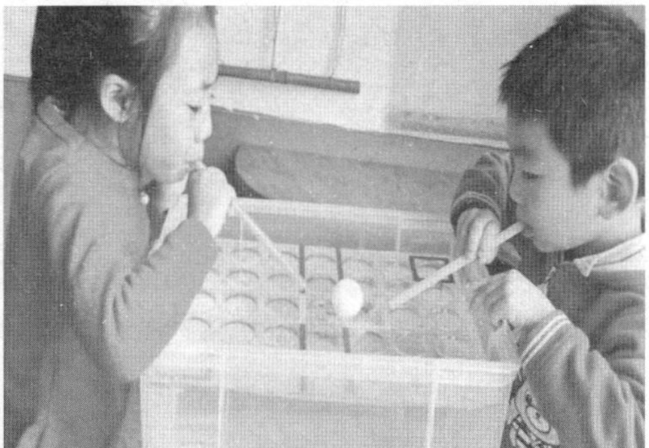

图17-4

学习了什么：

1. 浓厚的学习兴趣：从两个孩子一次次尝试以及专注的神情中我看到了他们对“弹力水球”游戏有着浓厚的兴趣。

2. 较强的规则意识：游戏中他们始终是两个人轮流游戏，没有争抢的行为。特别是子欣的球有两次停在板上，她还是把球重新放回原位。子欣在游戏中不断提醒同伴雨棋，球要进对方的格子才能获胜。

3. 较强的学习能力：整个游戏我们清晰地看到两个孩子在让球回家的过程中，在不断探索和尝试中出现了许多方法，如手指点、用手摁、用嘴吹、借助吸管等，在一次次失败中体会到成功的喜悦。

4. 不同的性格特征：子欣做事小心谨慎，对于挑战新事物有点胆怯，但让我很感动的是在同伴和老师的鼓动下，她也愿意试着去挑战，而且处于劣势的她在游戏中没有气馁的负面情绪表现，反而比较淡然，微笑着与同伴交流。而雨棋胆大心细，在游戏中从尝试按压水球到使用吸管，他在不断地积极探索。同时能把自己的新想法和同伴分享，邀请同伴一起使用吸管游戏。

5. 关注同伴的需求：在游戏中让我非常佩服的是或者说难能可贵的是虽然这是比赛，但两个孩子却互相帮忙，彼此能关注到同伴的需求。

下一步做什么：

一方面我要及时给予他们表扬和鼓励：特别是对于性格比较内向的子欣，我要告诉她的父母孩子敢尝试新的材料，新的玩法，而且成功了。让家长看到子欣的进步，为她感到高兴。我也要在分享交流中表扬和鼓励雨琪，他胆大心细，愿意帮助同伴，让同伴们为他骄傲。

另外，对于像雨棋这样的孩子，我可以提供一些辅助材料如小棒等，增加游戏规则的难度，让孩子有不断挑战的兴趣。

其次，我认为教师的介入要适时适宜：对于我第一次介入，提示幼儿游戏规则进对方球门获胜这个介入不合适。对于探索活动，我们要更多地给予幼儿自主权，多方面支持和鼓励幼儿的探索行为。不仅是提供丰富的材料，同时对于游戏规则不要局限幼儿，可以放手让幼儿自己协商制定游戏的规则。学习对幼儿而言，是主动经历世界，主动地观察和尝试探索、发现问题和解决问题的过程。作为教师，我们应该更多的是观察、记录、分析、判断而不是指导。我们要为孩子们创设环境，提供丰富的材料让他们去体验、去探索、去感知，为他们打开学习之门。

（作者：上海市奉贤区满天星幼儿园　朱桢）

故事十八:“捣蛋鬼”不捣蛋

故事主人公:

小金(男,4岁,小班)

故事地点:

小班教室

幼儿背景分析:

小金在班里是个让老师有点头疼的孩子,总是不愿意参加任何集体活动,也不喜欢听老师的话,还总爱“欺负”别的小朋友,班里的孩子们也不是很喜欢他。他总是喜欢一个人游离在教室里,到处玩,几乎没有同伴交往。

发生了什么:

上班了,小金第一次来到小医院要当医生,可是淼淼已经当了医生了,两人争执下,小金采纳了老师的建议去当小护士。

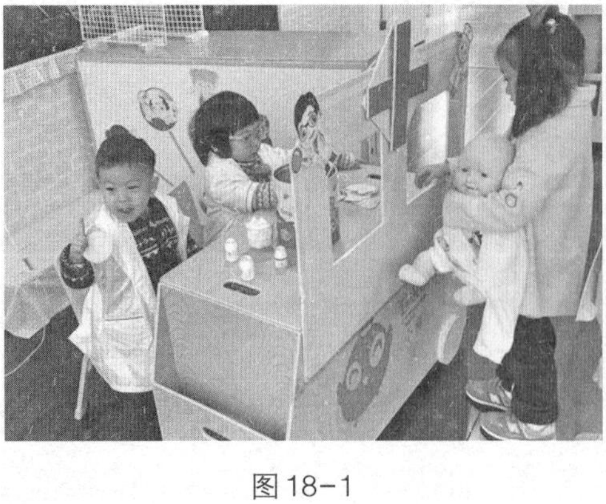

图 18-1

图 18-2

小医院门口来了好多的病人,小金护士和淼淼医生还在研究挂号牌。淼淼医生带了一位妈妈和宝宝进医院看病,小金护士坐在位子上发呆,看好病的妈妈碰到了医院的门(医院是移动的木车柜做的),门歪了,小金对妈妈说:“你干嘛?”然后扶好了小医院。当妈妈离开医院,小金挥手跟她说:“拜拜,明天再来医院。”

小金突然说:“我要去买糖。”然后就冲出医院来到小鸡家。小鸡家的爷爷对他说“不要过来”,他转头对我说:“老师,我要买个糖。”说完就自己去柜子上拿东西了,爷爷说:“这里没有糖的。”并把他拿的“糖”给拿走了,小金说:“老师,她不给我糖。”他又过去拿,爷爷说:“不给你。”小金对我说了好几次“老师,她不给我。”爷爷说:“你是小医院的,不是我们家的。”他给爷爷介绍自己手里的看病预约牌,爷爷摇头走开,他看爷爷走远了,开心地拿着“糖”回了医院。

淼淼从小金手里拿走了“糖”,问:“你怎么拿了个这个?”小金没说,淼淼把“糖”还回了小鸡家。

这时,小病人跟小金说:“我要一个药。”

小金说:“你不可以找护士。”看到彩虹家的妈妈自己在给宝宝挂盐水,就说:“谁叫你当护士的?”说了两遍,“放开我的标志(彩虹家妈妈手里拿的发烧的标志)”,说了几遍并且拿走了。

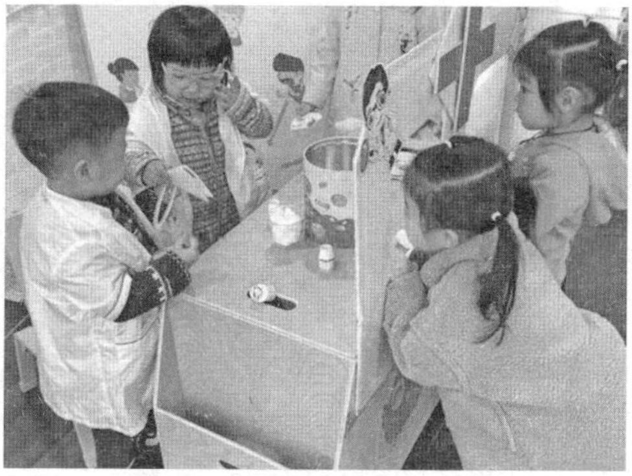

图 18-3

学习了什么:

1. 与同伴交往。小金愿意接受老师的建议做小护士而非继续争抢当小医生,他的退让使本次游戏得以继续。一开始在小金的概念里,也许今天这个小医院是他一个人的,别人都不可以进来,他没有迎接任何病人进医院,但后来他愿意接受有医生、小病人和他一起游戏了。小金今天和小伙伴们的游戏中有了互动交流,这是很大的进步,他愿意主动和当医生的淼淼交谈,也和来看病的妈妈说再见,让她明天再来。

2. 对游戏专注。小金今天一直在小医院做小护士直至游戏结束,他的专注让我惊叹，让我知道原来他也是可以如此认真地进行集体游戏的。

3. 对目的执著。后面的买糖之路有点曲折，面对“不友好”的小鸡家爷爷的再三拒绝，小金并没有气馁，执着此行的目的，坚持一定要买到糖，小鸡家爷爷也为他的执着而放弃和他继续争辩，小金顺利拿到了“糖”，那时的小金内心的喜悦都映衬在了脸上。

4. 对同事善良。而小金此番买糖的真实目的也是令我十分惊讶，事后小金告诉我们，原来他是为淼淼医生去买糖吃的，太暖心了，即使淼淼医生发现小金拿走了小鸡家的“糖”，误解了他，把“糖”还了回去，小金也没有解释什么。

5. 对角色投入。小金还发现了彩虹家的妈妈自己给宝宝看病，这应该是医生做的，小金严厉地指出了她的错误，也坚持着自己（护士）是医院一份子的角色观。

下一步做什么：

1. 鼓励小金继续专注集体活动，无论是在游戏还是学习活动等时候，可以通过鼓励表扬的方式，让小金有事可做，就无暇“捣蛋”了，期待小金的蜕变。

2. 引导小金和小朋友交流的方式要有礼貌，游戏中小金语气太过严厉都吓坏了小朋友们，他对彩虹家的妈妈说：“谁叫你当护士的？”“放开我的标志。”说了几遍并且拿走了，这一切让彩虹家妈妈都呆住了。因此，我要鼓励他和小朋友说话要友好，那样大家会更喜欢他的。

3. 像小鸡家爷爷这般拒绝小金的行为，在今后的日常中需要正面引导，挖掘小金的进步和身上的闪光点，让大家改变对小金的看法，都喜欢上小金。

（作者：上海市奉贤区解放路幼儿园　倪尤霞）

故事十九：弹球店的故事

故事主人公：

婷婷（女，6岁，大班）

故事地点：

大班教室

幼儿背景分析：

婷婷是一个个性比较强的女孩，各方面都表现突出，动手能力比较强，在和伙伴们的游戏中比较有主见，当她遇到困难时，经常会用不一样的方法积极地解决问题。

发生了什么：

婷婷拿了几张手工纸，将手工纸搓成了纸球，又拿了一个纸盘，将纸球放在纸盘里。她的弹球店开业了，可是，等了很久都没见客人过来，她开始画宣传单，之后拿着宣传单去娃娃家邀请客人，被拒绝后，她又去了建筑工地，终于邀请到了萌萌，萌萌玩了两次觉得不好玩，就走了。

图 19-1

于是，婷婷又找了一张手工纸，折了一个“小红包”，再去艺术商店买了几根漂亮的羽毛，制作奖品。她看到奶茶店的小客人昊昊，邀请他进店玩游戏，并介绍了游戏规则：“如果你想得到面具就要投到8这里，如果你想黄色的羽毛就要投到6，如果你想要白色的羽毛你要投到1。”昊昊投了两次都没有投中，婷婷说：“还有两次机会哦。”终于在最后一次昊昊投中了1，婷婷将白色羽毛的奖励送给了昊昊，昊昊拿到羽毛，开心极了，后面的客人被吸引，都围了上来，没一会儿准备的奖品都被赢走了。

婷婷又去艺术商店买了几根羽毛做奖品。看到没有客人，就拿宣传单去娃娃家介绍：“我们这个游戏是有奖品的，第一次你可以试玩一次，下一次就需要收费。”这次娃娃家的妈妈和宝宝都心动了，一起来到弹球店，客人一下子多了，婷婷马上要求：“排队，大家都排队。”店内生意火爆，婷婷忙得不亦乐乎。

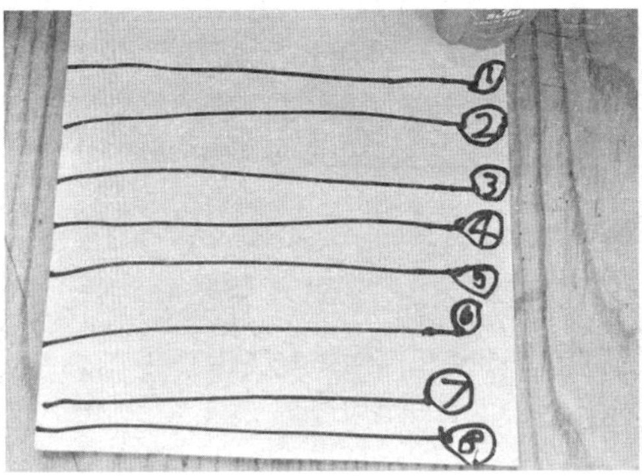

图19-2

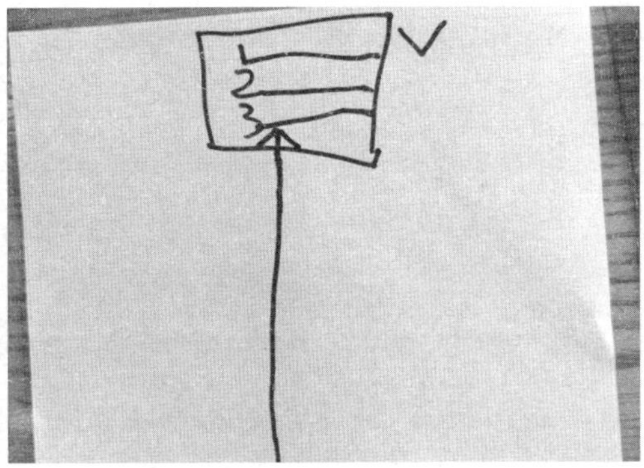

图19-3

学习了什么：

1. 幼儿的角色意识比较强：在整个活动中，婷婷一直围绕她开的“弹球店”进行服务，当没有客人的时候，她想到自制宣传广告纸去吸引顾客的方法。遇到同伴的拒绝后，不气馁，继续向其他同伴介绍这个新游戏，作为弹球店的老板她还制定了游戏的规则，当客人第一次来玩的时候，介绍游戏的玩法并采用奖励的方法“如果你想得到面具就要投到8这里，如果你想黄色的羽毛就要投到6，如果你想要白色的羽毛你要投到1”。而且她还想出了“试玩”的办法吸引客人：第一次免费，从第二次开始收费。

2. 幼儿解决问题的能力比较强：为了吸引顾客，婷婷想出了礼物奖励的方法吸引客人来弹球店，当发现自己制作礼物的时间比较长后，马上想到直接去艺术商店买现成礼物的方法，当客人之间因为排队出现纠纷的时候，婷婷老板能用排队方法及时调解，让客人们有序参加活动。

3. 幼儿的动手能力比较强：在整个弹球店开店初期所有的材料都是她用废旧的材料及现成的彩纸进行制作的，她在手工纸上画了一条一条的直线，并在每条线的旁边用数字进行标识，弹球店的弹球也是用手工纸进行揉搓变成的。她还利用了纸盘，放置各种宣传单和礼物，最后她能把每样物品都整理好。从这些小细节中也可以看出婷婷是个非常细心，有良好生活习惯的孩子。

下一步做什么：

1. 将婷婷的"弹球店"以视频的形式和班中的孩子一起观看并进行讨论。"怎样才能让客人减少等待，如何缩短老板准备奖品的时间？"鼓励幼儿共同想办法解决问题，如：没有客人怎么办？如何解决客人之间的纠纷。

2. 根据幼儿讨论，提供不同的游戏材料，帮助幼儿推进游戏的进程。

3. 和孩子们一起讨论还可以开一些怎样的店，吸引客人，并鼓励幼儿在角色游戏中大胆尝试。

（作者：上海市奉贤区解放路幼儿园　费爱勤）

故事二十：一个操碎了心的队长

故事主人公：

小雨（男，6岁，大班）

故事地点：

大班长廊

幼儿背景分析：

小雨在班级里月龄偏大，是个爱动脑的男孩。他在游戏中常常有许多“花样经”（想法）。前一段时间开“搏击馆”，他问我有没有搏击手套，我摇摇头，让他自己想办法，他就找了几块毛巾绑在手上；在开始拳击比赛前，他就和对手制定了三局两胜、掌握力度不打伤、裁判喊“3秒钟”等规则。在角色游戏中，他能快速调整方案、解决问题，不时创造小惊喜，朋友们给小雨“游戏专家”的称号。

发生了什么：

今天的游戏内容——解放军部队，小雨队长带领着队员们开始了一天满满当当的工作，他召集三位队员们集合，排成整齐的一排，在队员们完成“立正、稍息”后，要求他们做俯卧撑。小雨队长亲自参与，边看边做，当他发现队员小钱姿势不太标准，立刻对小钱说：“你再重做一遍。”第二次集合开会，小雨大声重申俯卧撑的标准姿势，说：“这一次，你们要做标准的俯卧撑！”在队员们操练时，小雨巡回走动，边用手纠正队员们的姿势，边嘴上不停说着“身体下去一点”，“丁丁，你的脚并在一起”，之后自己再蹲下去完成自己的任务数。

5分钟后，小雨队长带领队员装备武器，在他负责的各类工作（发放队员工资、接待外来人员等）中，他发现队员小钱在外晃荡一圈后回来了，就问：“你刚去哪里了？你跟我过来一下。”他拉着小钱去角落里谈话。这时，有一位带着“检察官”帽子、夹着本子的女生走了过来，她边在纸上记录着，边说“我是来检查安全的”。小雨队长轻声叫队员丁丁收回桌面上的剪刀后，站起来对着“检察官”做了一个请的姿势，并命令丁丁带领“检察官”去查看核弹仓库。小雨队长看了眼手里的资料，放下帽子，跟了过去。他在仓库门口对助手喊了一声：“快去把弹夹收好”，开始亲自陪同“检察官”参观。

图20-1

图20-2

2分钟后，小雨队长对“检察官”说：“请你继续参观哦。”他召集队员们列队，大声喊：“帽子都带起来，射击训练要开始了。”此时，“检察官”在训练场坐了下来，边看操练边在纸上记录（打勾、划线等记录）。在队员们“biu、biu”的射击声中，“检察官”对队长说：“请你们把部队里的物品收拾整齐些。”队长点点头，又做了个送的姿势。在音乐声中，队员们返回教室了，队长一人坐电脑桌旁，在纸上画了若干条长短不一的波浪形线条。老师问队长：“这些线条代表什么呢？”他解释说线条代表队员们一天工作的得分。

图20-3

学习了什么：

《3—6岁儿童学习与发展指南》中指出大班幼儿能“关心尊重他人”，又呈现出强烈的“自尊、自信、自主”意识，小雨在安排和处理队长日常事务中，连续不断的精彩表现，用“哇”时刻带给我惊叹和思考。

1. 小角落谈心

当小雨看到队员小钱擅离职守了几分钟，他放下手头的工作，拉小钱去小角落谈心。虽然老师未得知谈话内容，但是看两个孩子谈话中整体表现出平静的表情，猜测是较平和的一种沟通方式。这样的解决方式，有点成人世界里“照顾下你的面子，咱俩私下商量着”的味道。对比俯卧撑训练中，小雨队长直接提出的惩罚方式，这次采用另一种方式，也许是队长顾忌队员的尊严，也许是给队员一个辩解的机会、了解下队员的真实想法，这都反映了队长不以自我为中心，能从他人角度考虑的成熟的心理过程。

2. 配合“检察官”的工作

从小雨队长叫助手丁丁快速收剪刀、收弹夹、亲自接待等一系列工作，说明他对于“检察官”检查过程的重视。小雨对自己的角色有着一种强烈的责任感，并一以贯之，沉浸其中。不仅如此，他还建立了一套非常系统的工作体系，有安排与负责各类操练、维护装备设施，还涉及查阅资料、对外接待、发工资、评价队员等方方面面的事宜，这种媲美成年人的领导力，让我感叹不已。

下一步做什么：

1. 对游戏中小雨认真负责的游戏表现进行同伴的分享学习

教师可以播放小雨队长和队员们的游戏视频，将过程放给同伴们观看，对队长认真负责、积极工作的情节进行放大，鼓励同伴交流、建议等，也是给小雨搭建一个在大众面前表达表现、概括总结的机会。

2. 用访谈等方式了解队长、队员、检察官的内心活动

因为孩子们在游戏中的真情投入，老师作为旁观者，客观记录下孩子们的游

戏行为。那么，如何更好解读幼儿的行为，如何走进孩子的内心，需要老师在游戏结束后，对他们进行深入了解，剖析他们行为背后的真实想法，设计下一步更适宜的支持行为。

（作者：上海市奉贤区解放路幼儿园　高花）

故事二十一：我来帮帮你

故事主人公：

彦彦（男，4岁，小班）、莹莹（女，4岁，小班）

故事地点：

教室

幼儿背景分析：

彦彦（男孩），是班级里的大哥哥，语言表达能力强，词汇丰富，性格比较倔强，想要做的事情一定要做到，做不到他会发脾气，不肯妥协。

发生了什么：

游戏时间到了，我走到点心店，看到彦彦（男孩）蹲在莹莹（女孩）后面的地上，正打算叫他起来，当他抬头看我的时候，我看到他的手里拿着围裙的带子，原来他在帮助女孩系围裙。

图21-1

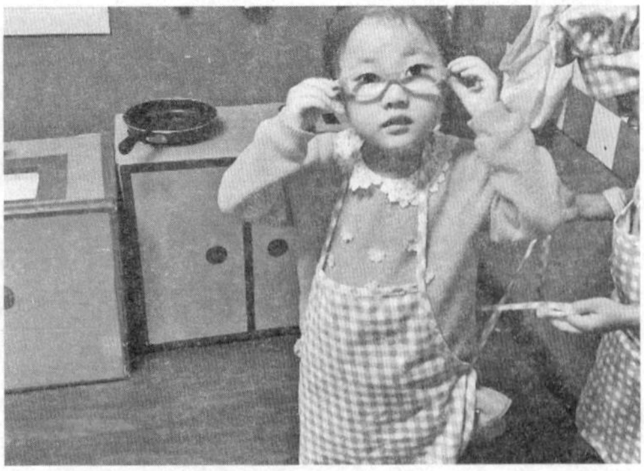

图21-2

他两只手各拿着一条带子，交叉、拧紧、用力拉，尝试了好多种办法，旁边的“服务员”跟彦彦说话，彦彦一边和“服务员”莹莹说话，一边继续系围裙。他尝试了很久，还是没有成功。彦彦求助老师，老师说：“两根绳子交叉，然后一根绳子钻洞洞。”听到老师的话后，彦彦尝试将两根带子交叉，莹莹也转身帮忙，用一根绳子去钻交叉后的洞洞，彦彦还是没有成功，他只能用力握住绳子（系带子不是小班的要求，所以教师帮忙系好）。

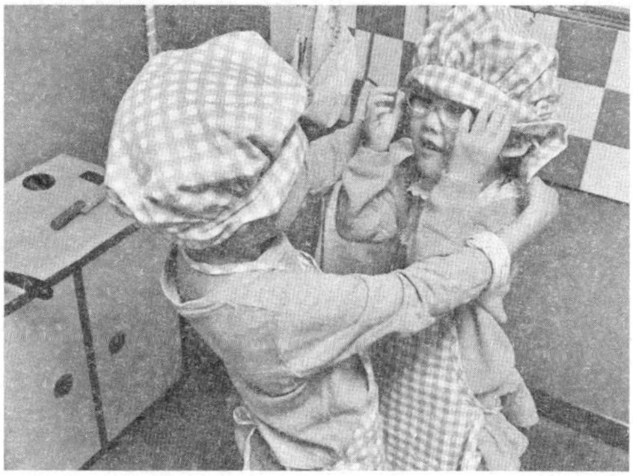

图21-3

彦彦马上拿起帽子，准备帮助莹莹戴帽子，这时莹莹打了个喷嚏。

彦彦：“你怎么感冒了？”

莹莹：“我没有感冒。”

彦彦：“那你怎么咳嗽了？”

莹莹：“我打喷嚏了。”

彦彦：“打喷嚏没关系的。”

彦彦认真地帮助莹莹戴好帽子，笑着说：“哈哈，我跟你一样了。”这时，彦彦发现莹莹眼镜歪了，又主动帮助莹莹整理好眼镜，整理好后，两人拿出锅子和食物，开始炒菜，彦彦边炒菜，边念儿歌“炒小菜、炒小菜，炒好小菜开饭了”。过程中，莹莹一直在旁边，手也握着锅子和铲子，也想玩。

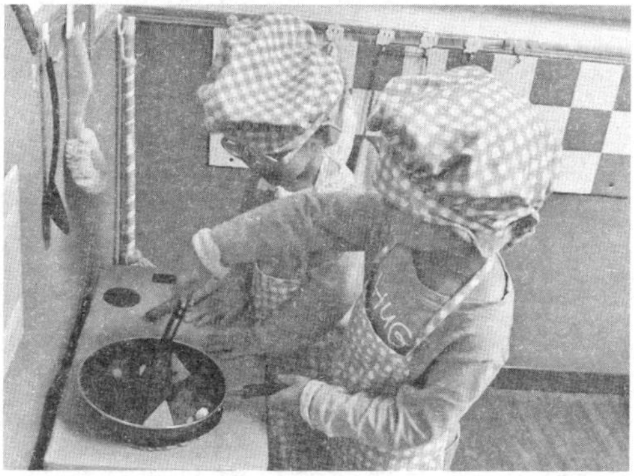

图21-4

学习了什么：

1. 愿意帮助别人：相对而言，彦彦动手能力比较强，自己能够穿戴好自己的围裙，也能够帮助莹莹穿戴，这对于入园一个月的小班幼儿来说是难能可贵的。他的帮助不是拿出围裙或者整理下围裙，而是从头到尾的帮忙穿戴好，而且帮助莹莹也不仅仅表现在穿围裙上，后面的帮忙戴帽子、整理眼镜也能够体现出这一点。

2. 想做的事情能够做仔细，做得有始有终：可以看出帮助莹莹这件事情是彦彦发自内心愿意去做的事情，我们能够看出他多次尝试系带子，自己不会，还会主动问老师，老师说的方法也乐于尝试，虽然没有成功，但是他没有放弃。原本以为系围裙是一个单独的互动事件，老师帮助解决后，彦彦又主动帮助莹莹带帽子，发现眼镜歪了又整理眼镜，整个过程是连贯的，有目的地进行的，能够看出只要是他喜欢做的，想做的事情，他都一定要做到、要做好的良好品质。

3. 语言表达能力强：从这个片段中我们能看出，第一次彦彦会主动与老师沟通他的需要，相比大多数小班幼儿他是乐于表达的，第二次他与莹莹关于喷嚏的对话，我也看到他是一个细心的人，并且愿意用语言表达出来对同伴的关心。第三次他炒菜的时候边炒菜边念学习过的儿歌，他能够运用自己学习的内容到自己的游戏中去。

下一步做什么：

1. 在班级幼儿面前分享学习故事，鼓励幼儿的行为。
2. 在围裙的带子上增加暗扣，便于所有的孩子穿戴。
3. 继续观察男孩，观察他是只喜欢这个女孩子，还是对其他人也能这么细心。

（作者：上海市奉贤区绿叶幼儿园　侯玲）

故事二十二：公交车

故事主人公：

天天（男，4岁，小班）、圆圆（女，4岁，小班）

故事地点：

教室

幼儿背景分析：

角色游戏已经开展了2个多月，孩子们已经不满足于在娃娃家里摆弄，近期他们特别喜欢去点心店用餐或者去邻居家做客，或者去大舞台看表演，同伴之间的交往变得多了，游戏也变得更有趣了……

天天是一个思维极为活跃的幼儿，和同伴游戏的过程中，能够主动地表达自己的意愿和想法，并且有着较好的角色意识，他能在游戏中不断地创造不同的游戏情节。圆圆是一个生活经验十分丰富的孩子，在游戏中，她经常能将生活中的情节还原，创设的游戏情节十分真实。

发生了什么：

这一天，我看到小宇和天天两个人在蓝蓝家游戏，小宇拿了一个盘子当方向盘在家里跑来跑去说在开车，于是我说："车子在家里开太危险，找一个空的地方开吧"，于是就这样开启了"公交车"的主题……

一开始，天天和小宇各搬了一把椅子排列在一起然后开始开车，天天跑回了蓝蓝家拿了一个盘子做方向盘，看到这列公交车的孩子们充满了好奇，也想上车，可是只有两个座位，于是小宇和天天就去搬来了好几把椅子，孩子们就不约而同地上了车，开始对司机说"我要回家""我要去金汇"……

图22-1

图22-2

第二天：做司机的是小杰了，孩子们上车的时候纷纷给司机塞钱了，可是没有放钱的地方，于是我说：可以放在你的口袋里……

（第三天游戏前，我做了一个公交车的投币机放在了材料区）

第三天：孩子们发现材料区有一个投币机后，直接搬来使用了，这次又换了小红做司机，孩子们将钱投在投币机里，可是小银行的钱没有了，圆圆说“没有钱可以刷卡”，我说：“可是没有卡呀。”我又指了指那边的材料说：“那里有材料，如果你需要可以使用。”于是圆圆拿了两张手工纸就折了起来，很努力地在做交通卡，我问她：“这是交通卡么？”她高兴地点点头就跑去坐车了，这会又是天天做司机了，天天看着圆圆做的手工纸的交通卡在投币机的上方刷了一下，也表示赞同，圆圆就坐上车了……

图22-3

图22-4

再后来，孩子们坐公车的时候有投币的，有刷交刷卡的，当没有交通卡了他们会去材料区拿手工纸做一张交通卡，我们的公交车就这么产生了……

学习了什么：

1. 有丰富的生活经验并能拓展游戏情节。天天和圆圆都有乘坐公交车的经验，并且知道乘坐公交车要投币或者刷卡，公交车经过的站头是有站名的，乘坐公交车要告诉司机去什么地方等。天天本身是蓝蓝家的爸爸，但在游戏的过程中能够创设新的游戏情节，成为了“小司机”。

2. 有初步解决问题的能力。当天天发现没有方向盘便去了娃娃家找了盘子代替方向盘，说明他以物代物的能力比较强，能根据方向盘的外形，找到替代物。当发现公交车座位不够就去搬了更多的椅子。当圆圆发现钱用完了但又想坐车时，会想到用交通卡，发现没有交通卡时，则去了材料区找手工纸折，并且能尝试制作成交通卡的形状……在这个过程中他们没有寻求老师的帮助，而是想法设法地解决遇到的问题，让游戏继续进行，当这一个个问题解决时，他们在游戏中体验到了更多的乐趣。

下一步做什么：

1. 和其他幼儿集体分享“公交车”的游戏，肯定及鼓励在这个游戏中幼儿的游戏表现。

2. 继续关注幼儿在角色游戏中游戏行为和游戏情节，关注幼儿游戏中的需求，并提供相对应的支持策略，进而进一步提高幼儿的游戏水平。

（作者：上海市奉贤区小森林幼儿园　姜雯婷）

故事二十三：我们小区的管道

故事主人公：

乐希（男，4岁，小班）、淘淘（男，4岁，小班）、熙乐（男，4岁，小班）

故事地点：

小班教室

幼儿背景分析：

通过幼儿园几个月的集体生活，幼儿的集体意识开始产生，他们开始尝试集体合作共同完成任务，共同感受游戏的快乐，分享成功的喜悦。在活动中，也开始使用各种材料进行探索尝试，游戏水平较之前已经有了新的提高。

发生了什么：

乐希、淘淘和熙乐三个人在建筑工地搭建。“哈哈哈，水管，我们搭了水管！水从这里流到这里！”乐希开心地叫起来。“哈哈哈哈！来这里！”熙乐拿了块积木，

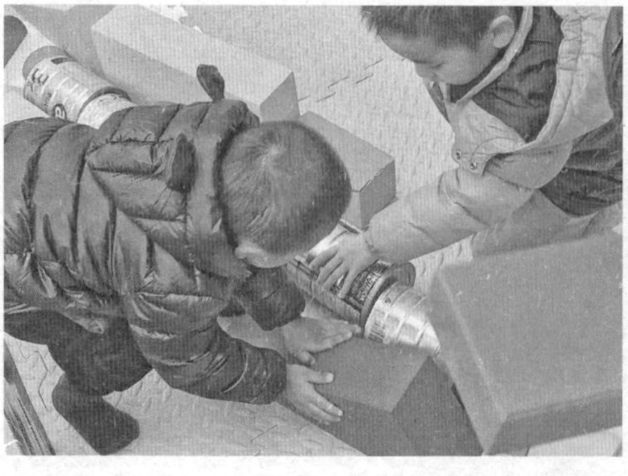

图23-1

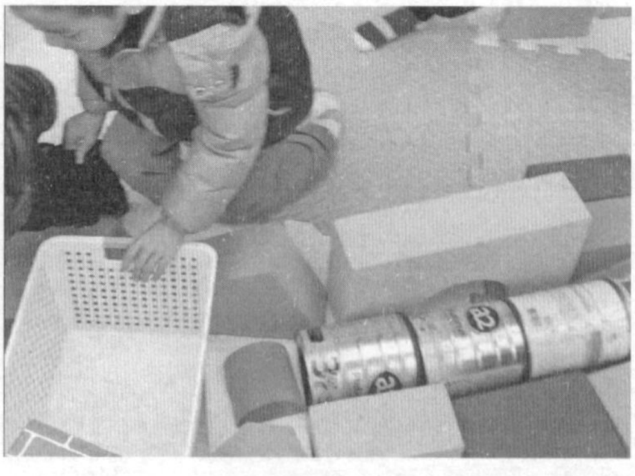

图23-2

图23-3

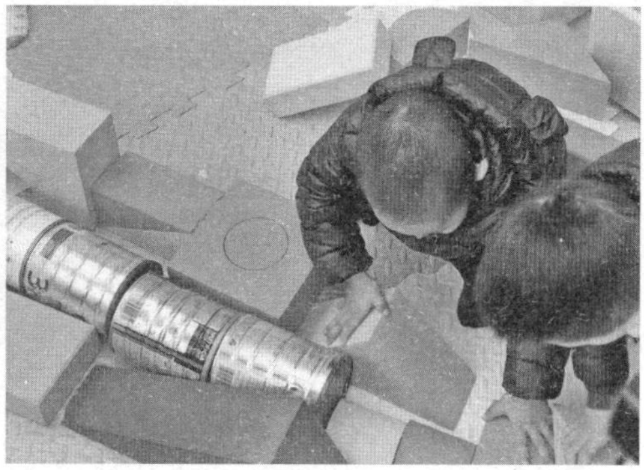

图23-4

淘淘也去选了块积木，他们围着奶粉罐做的管道用积木一块块地包围起来。“你们这个管道通道哪里去啊？”“这里啊！”熙乐指了指旁边的篮子。“如果说管道通到那里，那管子并没有接过去啊？水不是都漏在地上吗？”“那这样！”熙乐去材料篮里拿了好多积木，在水管的末端围了一个更大的“坑”。“淘淘来这里！”熙乐叫淘淘、乐希把积木围绕在水管的末端。“哈哈哈！水管完成！”

学习了什么：

1. 分工合作。在这次的角色游戏中，我看到了建筑师们分工合作，他们在整个活动中都是有商量的，有序地拿取奶粉罐，设计“水管”流动方向，为了防止水管滚动，也是基于生活经验，孩子们在“水管”周围用“墙”给水管堆砌起来。有材料的替代意识，会将奶粉罐想象成水管，会把大型的泡沫积木块想象成墙体。

2. 大胆交流。活动中乐希很主动地与成人发起对话，大胆地介绍了自己和同伴共同搭建的水管。于是我介入了他们的游戏，并且询问道：“水是从哪里进来？又通到哪里去呢？”熙乐很自信地用语言和手势比划地向我介绍：“水从这里，漏到那里去。”淘淘顺着熙乐手指的方向说道：“是从这个缝（钢琴背面）这里来的。”可见淘淘对于细节的想象与描述比熙乐更细致。在与我的对话过程中，也看得出孩子们是乐于交往交流的，无论是同伴之间还是与成人的互动上，孩子们都是积极大胆地表述自己的所思所想。

3. 合作意识。活动中我对他们水流进家里提出了疑问“如果说管道通到那里，那管子并没有接过去啊，水不是都漏在地上了吗？”“那这样！”熙乐去材料篮里拿了好多积木，可见熙乐很有领导力，在他的带动下，另外两名幼儿也快速加入进行调整，淘淘把“家”（篮子）放在水管末端并且，三人合力，再用积木在房子周围围上了一圈。孩子们能根据成人给予的提示，将整个建构活动继续推进，当问题提出时（“水管通向哪里”），幼儿很快地做出了相应的调整，有一定的解决问题的能力。包括后面一起扩建自来水厂也是一样的。当我询问水从那里来时，两名孩子都指了指钢琴背面说“从墙上出来”，当淘淘说从自来水厂来的时候，我便提议他们可以一起合作搭建一个自来水厂。通过这个观察发现，这三名幼儿的合作意识较强，他们有集体意识，大家在相互合作中共同完成作品。在搭建的过程中是边做边想，通过生活经验迁移以及同伴一起互动中的经验共享，促进幼儿游戏水平的提升。

下一步做什么：

幼儿的想象力和创造力是无限的。在活动中，特别是建构活动中，要给孩子们足够的、不同质地的材料，才能满足不同能力幼儿的创作需求。搭建的材料越丰富，孩子的选择更多，在最后成品的展示上会有更多的惊喜。在这次的活动中，幼儿合作的意识很强了，但是幼儿在选用材料上比较单一，所以要扩大幼儿选用材料的范围，使得他们的建构更加精彩。

（作者：上海市奉贤区解放路幼儿园　周霏菲）

故事二十四:“私房菜馆”开业啦!

故事主人公:

凯凯(男,5岁,中班)

故事地点:

教室

幼儿背景分析:

今天故事的主人公凯凯是一个愿意与同伴交流、喜欢结交新朋友、愿意挑战困难动脑筋的孩子,很多时候都会有让人出乎意料的惊喜举动。

发生了什么:

疫情过后的“私房菜馆”实行了分餐制,原本可以坐6个人,现在减少为只有2个人的位置。

今天“私房菜馆”的服务有些不同,往常在客人还没来之前,服务员就会早早地把碗筷等餐具准备好放在餐桌上,而今天是等客人们都就坐了服务员才把餐具拿上来。凯凯发现筷子没有了,于是他环顾了四周,眼神锁定在一旁的笔筒。他

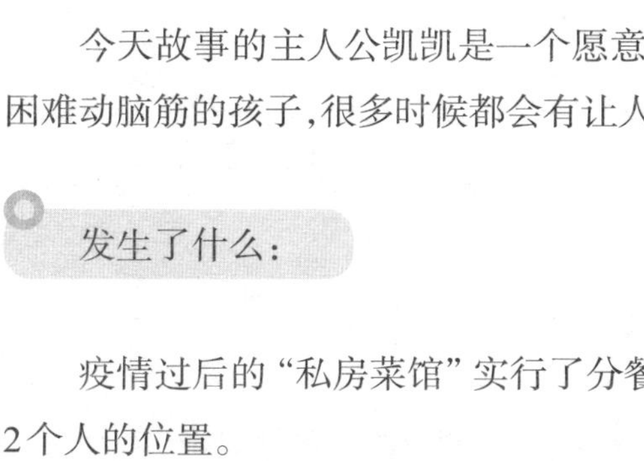

图24-1

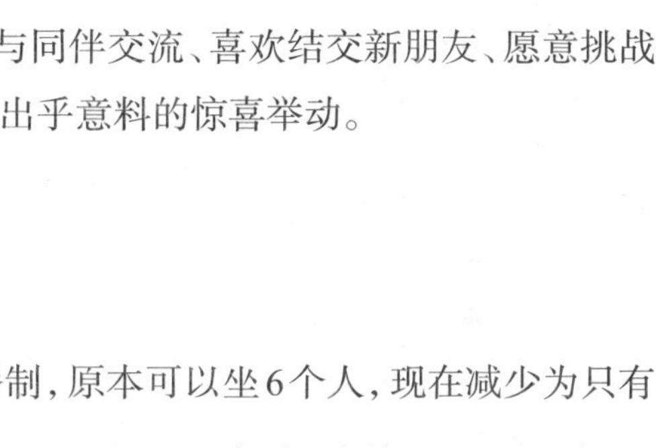

图24-2

图24-3

灵机一动把笔筒里的双头笔拿出来当做是筷子给了客人。餐具发好后，他马上拿起菜单给客人点菜。今天的点菜方式也有所不同，往常都是一桌的客人一起点菜，今天都是服务完一位客人再为下一位客人点菜。凯凯先为客人倒了一杯果汁，然后按照客人点的菜一个一个地画出来，在旁边写上价格。最后，联系厨房把菜做出来。

他就这样一直来回忙碌着……

学习了什么：

1. 凯凯对新闻时事比较关心，并且把自己的所见所闻带入角色游戏中。在“私房菜馆”开张的时候，凯凯先让客人就坐，然后再送上餐具，这与现在的疫情情况相符。说明凯凯善于观察生活，关心时事，知道疫情期间在外用餐时的不同之处，这是生活经验的再现。

2. 凯凯出现替代行为。凯凯在发现筷子没有的情况下，快速反应，找到双头笔作为筷子的替代品。

3. 凯凯的角色意识强，凯凯非常投入他今天这个服务员的角色，从送餐具到点菜、与客人的交流、最后点完菜跟后厨的交代，完全都是投入在这个服务员的角色中。

下一步做什么：

1. 对主题经验的丰富与充实。幼儿对疫情的知识了解得越丰富，那么游戏的内容就越充实。今天的角色游戏中只有凯凯一人有防疫的行为体现。防疫可以说已经成为了我们生活中的一部分，可以与其他幼儿一起讨论疫情对生活的改变。

凯凯在游戏中起了带头作用，接下来可以先让孩子们去观察生活中不同的公共场所都有哪些防疫措施，通过孩子们的观察和询问，来讨论我们角色游戏中可以有哪些防疫措施。让孩子自己有思考的过程，巩固孩子们已知防疫的知识，并且融入在角色游戏里面，比如：使用口罩、免洗洗手液、耳温枪等。

在材料超市，增加不同种类的低结构材料。让孩子们能发挥自己的想象力，从已有的材料中找出可以作为防疫物品使用的材料。

2. 对材料的调整。我发现凯凯在点菜记录时，花了很长的时间。可能对于中班的孩子来说，用一张空白的纸点菜有一定的难度，需要调整点菜的模式。可以与孩子一起讨论制作一本菜单。这样点菜时有图片作为参照了，服务员就不需要凭空想象菜品，记录时就有参照物，更加符合中班孩子的年龄特点。

（作者：上海市奉贤区解放路幼儿园　张嘉琦）

故事二十五：球出来了

故事主人公：

豆豆（男，4岁，小班）浩浩（男，4岁，小班）

故事地点：

操场

幼儿背景分析：

豆豆是一个在各方面的发展属于比较慢的幼儿，平时对于他不感兴趣的事和人会自动屏蔽，喜欢独来独往，在班级里也很少和小朋友们一起玩。

浩浩平时有点调皮，在班级里时常有幼儿告状说"浩浩打人了"，是个让老师头疼的男孩子。

发生了什么：

当我发现豆豆的时候，他已经在放大皮球了。只见他双手托着大皮球，因为球对于他来说太大太重了，因此他还用头顶着它。豆豆试着想把球托出框，可是这个框对于他来说太高了，球往后一滚，掉了。豆豆一边去捡一边说："它好像太大了。"说着他又尝试把球举起来，可又失败了。

他趴在了球上休息，当我以为他已经放弃的时候，他却用双手拼命的把球往外推。"豆豆，你是想把球从两个栏杆中推出去吗？"我猜测着他的意图，他再尝试了几次，可还是不行。豆豆自言自语地说："我出不去了。"

休整了一会儿，他又开始了第一种方法，用双手把球托起来，举过头顶，球靠着框一点点地往上升，他继续努力着，双脚也踮了起来，球进去了一小半，可最后还是掉了下来。豆豆有些气馁了，开始又趴在球上休息了，这时候我鼓励他："豆豆，想想办法，想想办法。”或许是我的鼓励给了他勇气，他重整旗鼓，再次尝试用双手托起球，可能是前面的尝试消耗了他太多的体力，这次没有一下子成功举起球，但他没有放弃，又尝试了一次，终于把球托了起来，力气不够了头也顶上，手再往上伸一点，脚再踮高一点，可是球却再一次地滚了下来。再次失败的豆豆有些失落地趴在球上，看了看正在录像的我，却没有求助于我。

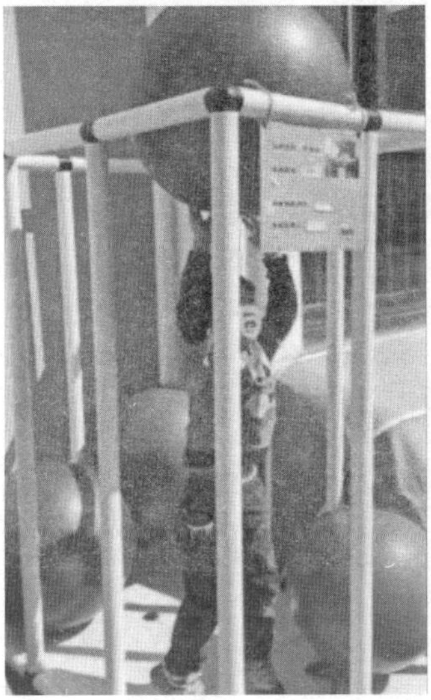

图25-1

图25-2

这时浩浩拿着羊角球走了过来，他边把球推进框中边跟豆豆打招呼。看到小伙伴的豆豆马上抬起头来说：“我出不来了，你能帮帮我吗？”浩浩爽快地答应了。浩浩一开始也想把球从两个栏杆中推出去，可用手推了推却不行。他又用他的屁股顶着球，手抓着栏杆，用力的把球往外顶，还是不行。于是他从框中拿起一个羊角球说：“豆豆，你玩这个吧。”豆豆接过羊角球，提了提还是放下了，他仍执着于他的那个大皮球。浩浩把羊角球拿出框外后还试着玩了玩，边玩边说：“豆豆，这个，这样。”浩浩看看豆豆仍想要大皮球，他就又走进了框中说：“我的力气大。”他弯腰双手抱起了球，可是球太大了，浩浩一下子往后倒去倒在后面的球上，又滑下来从框中滑了出来。浩浩马上又爬了起来换了种方式，他抱起球用力往上举，举到一定高度之后他脚往上一跳，用力把球往上一抛想要把球抛出框外，可是失败了。他又重新试了一次，还是不行。

图25-3

图25-4

于是，浩浩改变了方法，爬上了旁边的羊角球，可是球太滑了，他滑了下来。浩浩还是用了他一开始的方法，借助他的跳跃用力地把球往上抛。一次、两次、三次，每抛一次球，浩浩就会被他自己所用的力气反弹摔在框中，有一次还撞在栏杆上。可他却毫不在意，也没有放弃继续着他的动作，最后他终于把球给抛出了框外。

学习了什么：

1. 坚持不懈的豆豆。在整个过程中，我发现他对这个大球的兴趣是非常高的，也因此始终坚定地执行着他的目标：要把球拿出框去。他尝试了几种办法：双手托着大皮球，还用头顶着它，想要把球托出框中，为了让球高一点他还踮起了脚；用双手拼命地把球往外推，以及最后的求助同伴。为了这个球他想尽了办法，尝试了一次又一次，我为豆豆的执着点赞。《纲要》中指出：3—4岁的儿童行为受情绪支配作用大，情绪不稳定，容易冲动。常为一件小事大哭大闹。但是今天的豆豆却出乎我的意料，虽然一次次地尝试又一次次地失败，但是他的情绪却控制得很好，没有因为做不到而发脾气或放弃。我也发现今天的豆豆在语言的发展上有了进步，能用简单的语言表达自己的感受和需要，有了交往的主动性。当他看到小伙伴的时候会主动地寻求帮助“我出不来了，你能帮帮我吗？”

2. 乐于助人的浩浩。今天最大的惊喜是浩浩的表现，平时的浩浩在各方面的表现不是很突出，有时还会游离在我们的集体之外。但是今天，当豆豆求助于他的时候他爽快地答应了，而且自始至终一直在帮豆豆想办法。一开始他尝试了几次没有成功之后，他想让豆豆转移目标玩羊角球，他向豆豆推荐了羊角球，还自己演示给豆豆看。发现豆豆还是想玩大球之后，他仍然回去帮豆豆，还表示自己力气大。尝试了一次又一次，虽然自己个子也不高，还一次次地摔倒，可他都没有放弃，直到最后帮豆豆把球抛出了框外。

下一步做什么：

1. 为豆豆提供更多的群体活动的机会。豆豆今天的表现让我打破了以往对他的看法，我惊喜地发现，当他遇到问题的时候，他也会主动寻求同伴的帮助，而当小朋友热情的帮助之后他也会主动道谢。在以后的活动中我会多提供一些机会让他加入到同伴的游戏中去，让他慢慢地建立群体意识，更好地融入到我们的班级群体中去。

2. 肯定和表扬浩浩助人为乐的品质。而对于浩浩我则会把今天他的表现和小伙伴们一起分享，让他们知道原来我们的浩浩也有这么棒的时候，是个有爱心、愿意帮助小伙伴的孩子，而且遇到困难愿意动脑筋，虽然球很大，可是他却把它托了起来；虽然失败了好多次，但他始终没有放弃，一直在想办法。希望通过我的努力，慢慢帮助他建立自信心，让他的亮点能有更多的人发现。

（作者：上海市奉贤区小森林幼儿园　唐燕）

故事二十六：地铁工程师

故事主人公：

艺艺（男，5岁，中班）

故事地点：

建构室

幼儿背景分析：

“艺艺在家老是丢三落四，做事没有半分钟热度。”这是艺艺妈妈对孩子的评价。在幼儿园艺艺对有些活动有比较浓厚的兴趣，对没有兴趣的活动很容易分心走神。三楼建筑城是艺艺很喜欢的地方，每次轮到我们班玩，他都早早地来到学校。这天早上，他7∶50分就来到学校准备去三楼建筑城。

发生了什么：

第一次尝试：

黑衣服的艺艺和绿衣服的备备一起搭建地铁。艺艺搭建建筑，备备搭建轨道，备备的轨道从艺艺的建筑中穿过。艺艺采用架空和垒高为主的建构技能进行搭建。他拿起两个相同的长方体放在建筑的两边做基柱，之后所有的搭建都是左右相同，小木块一次拿两个，大木块一次拿一个，后又拿两个长方体斜靠在建筑上，不是很牢固，在往上搭建的过程中建筑全部倒塌。

第二、三、四次尝试：

第二次，艺艺的脸色有点变化，还是根据第一次的样式在倒塌的木块中搭建，但是很快就倒塌。

第三次，艺艺拿着一块长方体不断地和其他长方体比较，想找到相同的两块。

图26-1

图26-2

图26-3

在和地面上的积木比较11次后，他思考了一下，又抓了一块积木，还是不对，他开始和框里的积木一一比对，16次比对后，还是没有找到相同的积木，他放下手中这块长方体，重新拿两块相同的积木搭建第一次的样式。往上搭建的过程中，还是倒塌了，又失败了一次。

第五次尝试：

艺艺在底部使用四块长方体两两紧贴做两边的基柱，在往上的过程中多次叫备备帮忙扶住基柱，艺艺测试会不会倒塌，发现很稳就左右各放一个相同的。在最上面放两个圆形发现会掉下去，就把一个圆形放在顶部中间的位置。最后两人测试地铁是否能通行，终于完成。

学习了什么：

艺艺在建构中能有意识地双手取用两块一样的积木在建构作品的左右对称的位置放置积木，反复多次，说明他能有意识的对称，但是在今天的作品中没有出现模式，所以我认为他的建构水平达到对称。

1. 兴趣与专注：整个活动持续了40分钟，艺艺表现出浓厚的兴趣，在完成造地铁的任务过程中注意力保持高度的集中，虽然过程中有短暂的急躁，但总体还是能有积极的态度和良好的行为倾向，从侧面反映出这一建构主题是对他有吸引力的。

2. 坚持性：兴趣是最好的老师，正是因为对他有吸引力，在艺艺经历四次失败，但是面对活动中的困难时他能积极主动研究、克服困难，表现出坚持性。

3. 反思：艺艺多次的倒塌过程中发现底部牢固才更坚固，从前几次的两根基柱到第五次使用四根基柱。在前四次的往上搭建过程中发现只放一边容易倒塌，在第五次请求伙伴帮忙扶住，吸取失败的经验，并且通过主动请求同伴帮助的方法调整自己的策略，游戏水平得到提升。

下一步做什么：

首先，我表扬艺艺的坚持，中班幼儿的年龄特征是专注性不够高，很容易分心，但是在多次失败后他还能不气馁地完成心中所想，在此我向他举起大拇指，认可他的成功，给予他一定的时间享受成功的喜悦，欣赏自己的成果、分享自己的喜悦。

其次，我将与艺艺家长取得联系，在家长面前表扬艺艺这次活动中的优点，让家长感到欣慰。

（作者：上海市奉贤区解放路幼儿园　李旻珉）

故事二十七：八层房

故事主人公：

芸芸（女，6岁，大班）、琪琪（女，6岁，大班）

故事地点：

建构室

幼儿背景分析：

建构活动室深受孩子们的喜欢，从3月开始孩子们玩过4次后就爱上了建构活动，最近他们不再单一地使用就近看到的材料，更多的会选择自己需要的材料，因为在活动室里投放了篮子，孩子们还会主动使用篮子取物，更有计划地做事。

最近琪琪和芸芸的兴趣是把房子建高，之前她们有用长方形积木交错垒高的经验，今天她们会怎样呢？

发生了什么：

芸芸和琪琪一起想搭建5层楼的房子。她们用一层木板，四个圆柱子站立四角的方式垒了一层，芸芸发现第二层的木地板没有办法铺设，于是想了个办法在

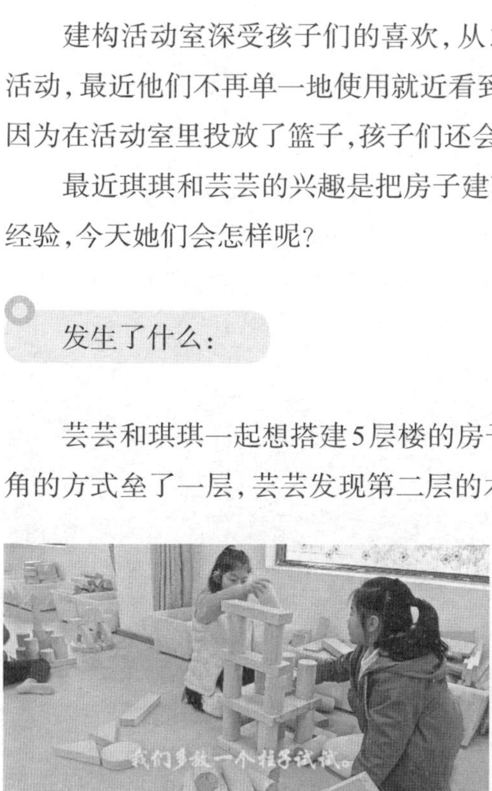

图27-1

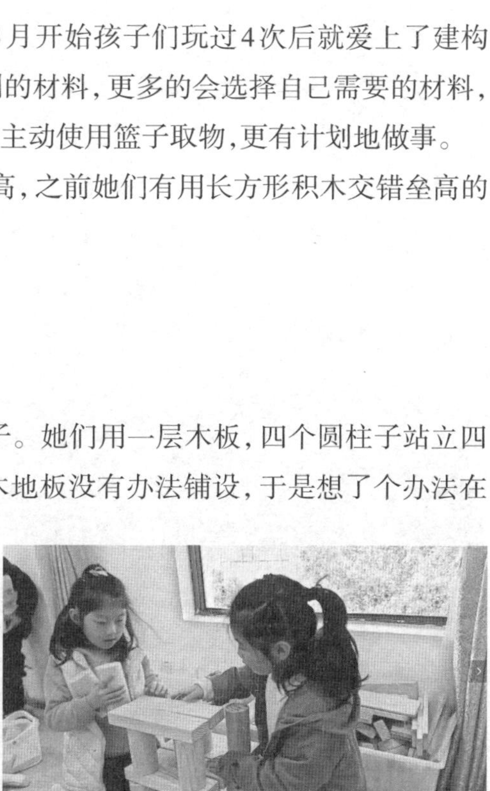

图27-2

中间增加一根柱子(圆柱形)，中间的这根圆柱架住两块块木板的中心，用这个方法建构到第三层的时候，房子倒塌了一半，琪琪想拆了重新建构，芸芸说：“别拆，就这样修一修。”结果刚修好，第三层的一根长方形地板翘起来，又倒了一部分。芸芸没有说话，在房子的中间部分增加了一根柱子，建构到第四层的时候，房子中间的两根柱子摆放的方向不一样了(原本东西方向摆放，现南北方向摆放)，房子又开始倾倒，琪琪仔细看了看说：“我知道了，要再加个柱子，是柱子太少了。”芸芸没有说话，只是把第三层的两个柱子摆到了中间位置，房子稳固多了，两人继续建构。

房子建构到第五层的时候，长的圆柱形积木没有了，芸芸、琪琪走了一圈还是没有找到长款的圆柱形，芸芸突然跑过来开心地说：“有了，有了，我找短的，把两个拼起来不就行了。”五层房建成了，芸芸发现还有很多的短款圆柱形积木就建议：“要不，我们建八层吧。”琪琪马上表示同意。

房子建构到第七层的时候，芸芸每边用三块圆柱形积木做了柱子，房子更高了。芸芸说：“这是我们柯南班的图书馆！”这下，相对较矮一些的琪琪已经够不到了，房子出现了一些小晃动，琪琪着急地说：“别开窗，风一吹就要倒了！”芸芸就在架构木板的时候都选择了比较薄的一款长形积木来做第八层的地板。第八层没有办法在建构上去了，她们就选择了第八层做一个装饰屋顶。做的时候有部分积木掉落，芸芸不厌其烦地修补了三次。当最后一块三角形屋顶放上去之后，芸芸开始数楼层，确定是八层之后，开始选用正方体的积木，用两边对称的方法建构房子的大门。

图27-3

图27-4

这幢房子马上吸引了旁边的孩子的围观，菡菡也来数楼层，若颖却在房子的一边用相同的长方形积木用重复垒高的方法建构了一个长方体，当她建成后，第一个站上去，并开心地说："这下长高了，碰得到了。"琪琪建议到："我们把房子都连起来吧。"大家一致同意，活动继续……

学习了什么：

（一）数学核心经验

1. 量的比较——在长的圆柱形缺失的情况下能及时调整用两块短的圆柱形组合来替代。在第7层房子时能及时比对，用数数和目测的方法让每根柱子都由三个短圆柱形垒高的高度，保持每根柱子的统一高度。

2. 数量的比较——在建构的时候能时刻关注圆柱形积木的数量，在取用的时候能根据每层需要的数量取用。

3. 空间方位——在第四层往上建构时，中间圆柱形的方位发生了变化，由纵向排列变为横向排列，芸芸能马上根据圆柱形的变化调整长方形积木的建构，由前后平铺变为左右平铺。

（二）建构水平

1. 模式对称——房子的建构过程都是4块木板，6个圆柱为支撑的对称，以一层为一种模式，重复式建构。最后的屋顶和大门也是用圆弧和正方体积木垒高的对称建构。

2. 架空——有一定的架空经验，用四角顶力的方法架空楼层，形成立体、四面的楼层空间。能用五个圆柱四角一个中心的方式让四块木板平铺成一个平面，并且能随时注意每根柱子的高度、位置和木板平衡度的关系。

（三）问题解决中的数学过程性能力

1. 联系：把已有的数学经验迁移到新的问题中——在建构第四层时中间的柱子由纵向的变成横向的，芸芸就把长方形的积木也变换平铺的方向，延续之前平铺的方法，让四块长方形积木更稳固。

2. 推理与验证——在第二层建构时芸芸用五根柱子让四块长方形积木平铺在上面，在建构第三、第四层时房子部分倒塌，琪琪提示要多加柱子，芸芸增加了，可是在建构到第八层时，芸芸还是用了五根柱子，但这次她选择了较薄的长方形积木平铺，她成功了，她在不断地操作中证明五根柱子是能平铺上四块长方形的积木的。

（四）学习品质倾向和表现

1. 坚持不懈：活动中有2次坍塌和多次积木掉落，但是她们不放弃目标从5层楼到8层楼，最后一层芸芸踮起脚尖，在看不清摆放的情况下，她还是坚持建构了8层。

2. 合作专注：芸芸和琪琪分工，遇到问题能互相商量：“再加一根柱子吧”“你帮我扶一下吧”等。直到最后造好房子，芸芸还在坚持着。

3. 反思调整：根据他人的反馈信息调整自己的思考——琪琪发现房子倒塌的原因是柱子太少，没有撑住，芸芸马上增加一根柱子，并且调整柱子的位置，让两块竖式排列的圆柱形积木能同时平铺架住2块长方形积木。

下一步做什么：

1. 孩子们能友好地合作，但在协商能力方面还要继续为其创造条件。如：提供纸、笔，让大班孩子们有计划地做事情，先设计再根据设计图纸共同建构，增加大班孩子的任务意识、计划意识，为幼儿的协商提供条件。

2. 增加环境的影响力，多提供一些建构的图片，可以是立体结构的或是结构相对复杂的精巧的建筑群。让幼儿有看一看、试一试的兴趣。

（作者：上海市奉贤区解放路幼儿园　方丹）

故事二十八：房子的变化

故事主人公：

小方（女，5岁，小班）

故事地点：

小（1）班建构区、建构室

幼儿背景分析：

小方是一个比较独立、自主的孩子，在建构游戏中，她很有自己的想法，在三个月左右的建构游戏中，小方搭的比较多的是“房子”，她的房子也在这三个月中不断地变化着。

发生了什么：

这是小方在4月初的作品。她和同伴取来了积木，进行垒高搭建，她们沉浸在不断地把目标建筑变大的乐趣中，偶尔会看着作品中的某一处说说是什么。可以发现，这些积木的使用基本没有很明确的目标，往往是看到、拿到哪种积木，就用这种积木来建构。

图28-1

这是小方5月初的作品。在老师引导一起观察了幼儿园前面的建筑工地后，孩子觉得房子是方方的、高高的。看，她和同伴一起用重复的方式不断地建构，房子越造越高，她高兴地说：“我搭的是高高的楼房。”两边逐渐有了左

图28-2

右对称的雏形。可以看出，她在积木选择的时候有一定的目的性，用到的两种积木存在一定的比例关系。

这是小方6月初的作品，她又在建楼房了。在分享时，老师表扬了搭桥方式的房子：这幢房子每一层都能让人们走进去。于是，孩子也开始用搭桥的方法建楼房。一开始是单层的搭桥，虽然很快房子就变高了，但这样的房子并不牢固，听到老师在一旁说：“想办法把房子造得又高又牢。”她马上调整自己的房子。看，这回的房子用了搭桥、围合等建构技能，房子也越来越有情景性了，有尖尖的屋顶，还有门前的阶梯。

图28-3

图28-4

学习了什么：

小方在三个月里建构房子的情况，让我们清晰地看到了孩子积木建构水平的发展阶段。

1. 对建构积木之间空间关系的理解和操作。

不刻意地摆弄积木——第一次呈现的房子搭建中，小方在搭房子的过程中，取积木和搭积木都比较随意，这个建构过程能让孩子熟悉积木，感受积木在空间中的位置、状态等。

纵向或横向的重复——第二次呈现的搭建中，当小方和同伴一起把一块积木摞在另一块积木上并乐此不疲时，她们会对横纵两方向搭建进行充分尝试和经验积累，直到他们能够把这两个方向的搭建经验综合运用时，新的发展阶段才得以出现。

搭桥和围合的出现——第三次呈现的房子建构中，当她把一块积木横向搭在两块纵向竖立的积木上时，要估计、调整三块积木间的空间距离，使这一建构物体稳定，这时，孩子的搭建水平又增长了不少。建构屋顶的时候，出现了围合的结构，小方用数块积木以横放的方式围成横向封闭而中空的建构模型，之后在上面建三角形的屋顶。这里，孩子突破了线形与实心面延伸的建构的模式，用多块积木构成了横向中空的建构，搭建的目的性更强了。

2. 在主题和情节背景下对建筑物之间关系的再现和表达。

这反映幼儿对所建构的事物在现实生活中相互关系的理解和表现。

情节不断丰富——幼儿从随性地搭房子开始，到能将房子往上盖，再到搭建的房子有了三角形的屋顶，房子门前有台阶等，让“房子”变得越来越丰富。教师对这方面多加关注与引导，才能发展幼儿对建构和建筑物之间的空间关系和逻辑关系的理解。

符合生活逻辑——在幼儿的建构和游戏情节逐渐丰富的基础上，教师还要关注幼儿积木建构组合与情节展开是否符合生活逻辑，因为这反映着幼儿对建构与现实生活的关系的认识和理解，以及通过建构活动和游戏的情节再现这一关系的水平。比如，当发现孩子建构的房子都是实心的，老师可以引导：房子里面要是能走得进去就更棒了。看似简单的一句话，可以让孩子的建构更符合生活逻辑。

下一步做什么：

我觉得，为实现积木建构的核心教育目标，即帮助幼儿经历操作、建构和设计的过程，发展他们对材料、模型和建筑物之间的空间关系和逻辑联系的理解，支持他们再现和创造性地表达生活经验，老师可以通过适宜适度的指导促进幼儿建构水平的发展。

1. 提出有挑战性的问题，创设幼儿感兴趣的问题情景或主题情节，并不断判断幼儿的现有水平，明确引导方向，才能有效促进幼儿建构水平的发展。比如：一开始孩子们单独搭建比较多，老师可以有意识地将两个靠得近的孩子作品通过主题情景连接起来，这样之后，合作搭建会逐渐出现。

2. 抓住幼儿遇到或提出的问题，作为形成和丰富主题、情节，掌握新的建构方式的生长点。比如：发现孩子搭的房子不够牢固，老师可以说：“我们来搭又高又不容易倒的房子。”这样一来，孩子会在尝试中不断地解决问题，会从简单的搭桥逐渐发展成双层的、围合的建构方式，从而推动建构水平的发展。

3. 给予幼儿适宜的表象提示和支持，作为他们建构水平发展的台阶和支架。如：用照相机拍摄孩子搭积木的作品，或者画下孩子的作品，写上孩子的姓名，贴到建构区的墙上，供孩子们观看及学习。这样一来，孩子们搭的时候会更专注，会开始注意搭新的模型。这种用照片、图谱记录的方式使孩子们体验到成功的快乐，进一步激发了幼儿对建构活动的兴趣，同时也使幼儿有了保存、珍视和欣赏自己和他人作品的意识。

（作者：上海市奉贤区解放路幼儿园　倪华）

故事二十九：合作中的模仿学习

故事主人公：

依依（女，4岁，小班）

故事地点：

建构区

幼儿背景分析：

依依是班级里比较内向的小女孩，在很多的活动中她喜欢独自游戏，很少会看到她主动和同伴一起活动。

发生了什么：

今天，小方用长方形积木垒在一起时，依依正好也拿了长方形积木，就挨着小方垒好的积木对面垒了起来，小方看了一眼，没有说话，就这样，依依和小方默认一起“合作”搭建了。

小方拿了一个筐去装长方形积木，依依看到了，也到一侧取了一个筐开始装

图29-1

图29-2

长方形积木，小方把自己取的长方形积木在刚才建构好的积木一侧开始建构，依依则用自己取的积木在刚才建构好的积木另一侧开始建构，一边观察小方的建构方法，一边自己建构。就这样用正方形积木、环状积木建构，每放一块都会先观察后操作。接着是继续搭建中间的建筑，依依总会在小方搭建之后也拿相同的积木接着小方的思路建构，虽然两个人没有任何对话，但和谐地建构着。在此期间，小方对已经建好的建筑整理了一下，将一些不是很整齐的积木摆摆正，依依在观察到小方的行为后，也马上对建筑进行细致地整理。有一次孩子在取回圆柱体积木的时候，发现其中两个圆柱体的长短和小方的不一样，马上又重新进行了调整。就这样，在这一次无声的合作中，依依将模仿的行为进行到底，直到她们完成了作品……

图29-3

图29-4

学习了什么：

在本次建构游戏中，依依从游戏的一开始就在观察小方的建构，然后主动地模仿学习。她会模仿小方取一样的积木，模仿小方取积木的方式（徒手还是使用小筐），模仿小方对建筑物进行细微的整理。在模仿建构中，我们可以看到她通过观察和对比，确定每一次建构的位置，其中有建构相对称的部分，也有合作建构同一个主体的。虽然整个游戏25分钟，她们两个只讲过一句话，基本没有对话交流，但并没有影响依依对同伴模仿学习的积极性。

模仿在儿童心理形成和发展上，特别是在儿童动作、语言、绘画以及行为上影响到孩子的各项发展。小班孩子有其年龄的特殊性，模仿行为较中、大班幼儿更为突出。另外，小班幼儿初步踏入同伴交往、共同学习的领域，所以一些模仿性学习的存在也是他们融入集体的表现。

依依在游戏中产生模仿学习的原因可能有以下两点。

1. 对模仿对象——对小方的认可

今天依依主动地去和小方一起玩，并模仿小方的建构行为，可以说一大原因是对小方的认可，可能是对小方建构水平的认可，也可能是对小方本人的认可。随着孩子的心理发展变化，会不断萌发模仿周围人的愿望，其中包括他们认可、敬佩的成人，当然也包括一些他们认可的同伴。显然，小方平时在建构游戏中的一些建构成果可能吸引过依依的关注，也可能外向、主动的小方（班级里的大姐大）本身就被依依认可。

2. 是幼儿自身学习的需要

模仿是一种学习，模仿是小班儿童的主要学习方式，他们通过模仿掌握别人的经验，习得良好的行为习惯。而同伴间建构的模仿符合孩子的发展目标，所以依依在建构游戏中自发地产生模仿式的学习，符合孩子的学习特点，能满足孩子学习的需要。

下一步做什么：

分析依依本次模仿学习中的成果，思考如何推动产生更积极的学习。

1. 幼儿的学习具有合作性和模仿性的特点，幼儿通过与成人和同伴的相互交往、相互作用，通过游戏、观察、学习、模仿教师、同伴或周围熟悉的人们语言、表情、声调、技能、举止行为以习得易于理解、力所能及的语言、道德行为、习惯、技能等。教师应尊重幼儿的这一特点，在幼儿学习的时候允许幼儿与同伴合作，允许幼儿模仿别人的学习方法和学习成果。今天的游戏中，依依通过对合作对象小方的建构行为的观察和模仿，她不但积累了一些建构的技能和经验（积木的搭配，搭桥的技能等），同时也了解到建构过程中要对建构作品进行必要的观察和思考（在下一步搭建时会观察已有的作品，对已经建构好的作品适当整理等）。因此，教师要尊重幼儿的合作性和模仿性的学习特点，努力促使幼儿之间的优势互补、相互学习，幼儿才能形成一股学习的合力。

2. 在整个活动中，依依和小方的语言交流非常少，两个人之间只有一句对话，老师可以适当地鼓励依依表达自己的需求，适当地表达自己的想法也是推动合作行为发展的基础。

（作者：上海市奉贤区解放路幼儿园　倪华）

故事三十：跨江大桥

故事主人公：

姚姚（女，6岁，大班）

故事地点：

户外建构游戏区

幼儿背景分析：

姚姚：是组里负责寻找建桥位置的成员，她是个乐于自己动脑筋想办法的幼儿，不太擅长与同伴沟通，遇到问题时不太愿意妥协，喜欢坚持自己的想法。

迪迪：是组内负责搬运材料的成员。他思维灵活，知识面广，个性比较自我，不太善于与同伴交往，往往用哭泣来解决与同伴间的问题和冲突。

小A：在同伴交往中能够较好地遵守规则，性格脾气比较随和。

小B：是小组的后勤人员，负责搬运材料。他亲社会行为较好，乐于帮助老师和同伴，任务意识较强。

建构游戏是班级中幼儿比较喜欢的游戏，所有幼儿都能主动选择适宜的材料进行搭建。今天活动前期，幼儿围绕我们当前的学习活动主题“我们的城市”分组做好了计划：一共分成了6组，每组5—6个人，今天观察对象所在的小组是第1组，她们的计划是造桥，队员们对任务进行了分工。

发生了什么：

今天的建构活动，姚姚和另外三位幼儿为一个小组。活动开始了，当其他组员都忙着搬材料，搭东西时，姚姚双手插在口袋里，一会儿看看小A，一会儿看看小B和小郑。小B将推车里的圆柱体倒了出来，姚姚问：“圆柱体要八块吗？”小A

回答姚姚：“对，圆柱体需要八块。”小B听到后说：“我去拿圆柱体。”姚姚依然手插在口袋里，看着小A将地上的半圆形装进推车里。

这时，老师走过来对姚姚说：“姚姚帮忙一起搭呀。”姚姚回答：“现在没东西搭呀。”老师说：“已经有很多材料了啊。”姚姚说：“还需要很多材料。”老师又问：“你们组的其他组员呢？”姚姚说：“全都去拿东西了。”老师说：“那他们拿来的东西你可以先搭起来了啊。”姚姚没有直接回答老师，晃动着身体说：“组长不是我。”

迪迪将长方体的积木一个个地搭在圆柱体积木上，姚姚走过来看到后将圆柱体上的积木用手一个个地推到了地上。迪迪问：“跨海大桥怎么搭啊？”姚姚走到材料小火车旁，搬出了一块很长很大的长方形积木，嘴里说：“大桥来了，大桥来了。”小B看到姚姚拿了大长方形木板后说：“我再去拿一块。”

姚姚和小A一起将长方形木板搭在了圆柱体上，又用小B拿过来的一块长方形木板接着前面的一块长方形木板，另一端用一块圆柱体固定。小A拿起一块长方形木板，姚姚指着小A拿着的木板说：“这块太粗了。这块比那块粗。”小B听到后，从旁边拿了另一块与前面的一样粗细的长方形木板，小A拿了一块圆柱体积木，小B将长方形木板架在了圆柱体上。姚姚拿起了地上的一块长方形木板，小B拿了一块圆柱体积木，姚姚将长方形木板架了上去。

姚姚低着身子跑到“大桥”的最前面，又跑到刚才搭的位置，低着身子看了看说：“这块太粗了，需要拿一块细一点的。”他将这块粗的木板用手推了下去，小A说：“没关系的。”姚姚跑到材料小火车自己去拿了一块和之前一样粗细的长方形木板。

图30-1

图30-2

姚姚看到前面搭好的“桥面”塌了，走过去又拿了一块圆柱体搭，将两块圆柱体放在一起，然后再将木板架了上去。

图30-3

小A将一块长方体积木放在了“桥面”上，姚姚看到后用手把这块长方体推了下去，说：“跨海大桥是没有这个的。”姚姚和小A又一起搭了几块桥面。小A拿着一块大的长方形木板问姚姚：“斜坡怎么搭呀？”姚姚把一块圆柱体积木放在了“桥”的最前面，小A将长方形木板的一端架了上去。“跨海大桥”终于完成了。

图30-4

当姚姚走上“大桥”，走出一段后感到木板在晃动，于是跳了下来将两块木板之间的支撑物“圆柱体”摆了摆正，确定桥面稳固后又重新走了上去。下了“桥”后，当看到小A在摸自己的手，姚姚走过去问：“你的手怎么了？”同伴回复说：“没受伤。”姚姚又继续反复的小心翼翼地走上了“跨海大桥”，直到老师说游戏结束。

学习了什么：

1. 姚姚是一位遵守规则的幼儿。游戏开始时，她始终以一个“旁观者”的身份观察着其他三位组员，当老师请她和其他小朋友一起搭时，她说：“组长不是我。”说明在她心里对小组的分工是很明确的，可能他们是商量好的由组长来负责主要的搭建，所以她一直没有动手参与。

2. 姚姚是位生活经验丰富的幼儿。迪迪将长方体的积木一个个的搭在圆柱体积木上，而姚姚却用手再一个个的将长方体积木推到了地上，然后跑到材料小火车拿了一块长方形的木板，还边走边喊：“大桥来了，大桥来了。”我想她之前一直没有动手参与其实也是在观察、在思考，当她看到迪迪搭的并不像他们所计划的“跨海大桥”时，她才会用手去推倒。这也能看出姚姚生活经验比较丰富。

3. 姚姚是位善于合作的幼儿。她取来了长方形木板，4个人才开始从自己管自己搭，到相互合作着搭，小B负责搬运需要的积木，姚姚和小A负责主要的搭建工作，迪迪辅佐。

4. 姚姚是位做事严谨的幼儿。当姚姚看到小A拿了一块长方形木板后，很快地发现了这块木板和之前搭“桥面”的木板是不一样的，说明她的观察比较能力是很强的，能目测比较出两块长方形木板的粗细不同。在之后，当搭了一块粗的长方形木板后，她来回仔细的比较了一下，发现粗细不一样，组员小A说：“没关系的。”但她还是坚持去换了一块一样粗细的长方形木板，这也能看出她做事追求完美，一丝不苟。

5. 姚姚是位能解决问题的幼儿。当看到搭好的“桥面”塌了后，她将两块圆柱体放在一起，然后再将木板架了上去，能很快发现用一块圆柱体“桥面”会不够稳，并自己想到了解决的办法。

6. 姚姚是位胆大心细的幼儿。“跨海大桥”完工后，她并不像其他同伴一样很快速地走过“桥面”，而是小心翼翼地一小步一小步地走，当感觉到木板在晃动后，很快地跳了下来并将木板摆摆正再继续走，说明她遇到危险能够马上停止动作，有较强的自我保护意识。当看到同伴小A在摸自己的手时，她主动地走过去关心她，问她的手怎么了，是位主动关心同伴的幼儿。

下一步做什么：

1. 和家长及同伴分享姚姚的做法，表扬姚姚具有的领导才能。虽然她跟老师说她不是这组的组长，但是在今天的活动中我看到了姚姚有做组长的潜质，姚姚是这组活动的核心人物，正是因为她拿来了一块木板告诉所有的成员“桥来了”，才打破了全组有分工但没合作的格局，她的这块木板引发了组员的共鸣，大家开始共同合作搭建，桥终于可以造起来了，所以我将和其他幼儿、孩子的爸爸分享这个故事，让他们也看到姚姚的优秀领导才能。

2. 鼓励姚姚尝试多用语言与同伴沟通，提高沟通能力。今天的活动中，让我发现原来姚姚一直手插口袋，其实是在思考如何造桥，而不是无所事事，当姚姚思考到桥是需要有一块木板作为桥面的时候，她的行动解决了组里尴尬的局面。老师后续会鼓励她多和同伴沟通自我的想法，以提高她的表达沟通的能力，这样她在团队里才会更优秀，团队也会更优秀。

（作者：上海市奉贤区绿叶幼儿园　侯玲　钟蓓）

故事三十一：不一样的你

故事主人公：

诚诚（男，6岁，大班）

故事地点：

操场

幼儿背景分析：

诚诚个性开朗，活泼好动，他经常想参与他人的游戏或者玩他人的玩具，但当他请求失败时，就易与同伴发生冲突，他的解决策略通常是寻求成人的帮助或者爆发情绪，并且这种情绪较难平复，也无法在成人的安慰下缓解，他甚至会出现一些攻击性行为。在集体活动和个别化学习中，当他遇到困难，会出现自暴自弃的情绪，有时会将这种情绪发泄到同伴身上。

在今天的故事中，我们看到了他一次次被同伴拒绝后不一样的表现。

发生了什么：

游戏一开始，他开心地跑向同伴，口中还喊着："我们是一组的。"可是同伴们没有回应他，他稍显落寞地跟在身后又询问："我们要走到什么时候呢？"和他一组的一共有4个人，可是剩下的3位伙伴似乎不太愿意和他合作，当他说："我来帮你吧？"他们果断又异口同声地说："不行。"他不断地去主动沟通"我们该做什么呢？""我也要参加比赛"，并开始承诺："我不捣乱。"宸宸才松口允许他看着已经搭好的积木，"那我看着这个圈么？""要看到睡么？"看到运积木回来的伙伴，他急着说："乐乐，我帮你们看着积木了，我没有破坏，也没有踢倒。"可即便是这样，同伴们还是不愿意和他合作，甚至想推开他，他不断地主动去沟通，但得到的回应都不是那么地愉快，"你只会帮倒忙""你不能做，只能看着。"

图31-1

图31-2

于是他在一边开始玩起了积木，脸上并没有失落的表情，这时乐乐拿掉了他的积木，并朝他喊到："捣乱捣乱，就知道捣乱。"诚诚站起身来，原本的微笑已经没有了，静静地看着同伴们的游戏，他没有离开，好奇地看着他们的一举一动，这时候乐乐和宸宸为了一个圆柱体争夺了起来，乐乐摔倒在地，诚诚看着争吵的两个人说道："你们两个别吵了。"还主动扶起了摔倒在地的乐乐，同伴在玩的时候他在身后扶着，倒下的积木他会主动扶起来。

渐渐地，诚诚开始和同伴玩在一起了，又能听到他爽朗的笑声了，最后他和凡凡共同搭了两个飞跃台，看着凡凡快速地冲上去跳下来，他也很想尝试，他慢慢地挪着脚步，始终不敢跳下来，凡凡主动又示范了一次给他看，于是他又重新开始，

图31-3

图31-4

这一次他冲上去的速度快了，然后勇敢地纵然一跃跳了下来……

学习了什么：

1. 诚诚有强烈的学习愿望。在这个案例中我看到了和平时不一样的他，看到了他强烈的学习愿望。由于以往在同伴面前的表现，没有获得任何小组的邀请，设计和分工上，他也都没有怎么参与，也没有获得任何任务。但在活动中，我们看到了他一次次主动请求，就想要完成小分队共同建构东方山水酒店设计。

2. 诚诚有坚持不懈的精神。为了获得同伴的认同，和同伴一起互动，在一次次的拒绝后仍然坚持礼貌地询问，没有哭，没有闹，也没有发脾气，而是用自己的方式去解决遇到的问题，直至最后成功获得同伴凡凡的游戏邀请。

3. 诚诚是一个主动的沟通者。他在一次又一次被同伴拒绝参与建构活动后（因为是比赛，他们担心他的加入会破坏他们小组的作品），又一次又一次地通过自己的方式与同伴进行沟通（“我也要参加比赛呀”“我们是一组的”“我帮你看着吧”“我没有动”“一起玩吧”），不断地询问，甚至主动帮助同伴，提出邀请，没有如往常那样爆发情绪或者直接放弃甚至迁怒他人。

4. 诚诚是一个遵守承诺的男子汉。他承诺同伴今天不捣乱，并且做到了，他没有破坏作品，也没有破坏游戏，开始关注同伴的行为，适时地为他们提供帮助，保护着小组的作品。他给我带来了诸多感动，我想告诉他，“你真是一个很棒很棒的孩子”。

下一步做什么：

1. 我要将今天的视频分享给全班的同伴，让孩子们了解一个不一样的诚诚，带着欣赏的眼光去看待身边的每一个人，知道每一个人有缺点，也有优点。

2. 我要把今天的视频分享给诚诚的爸爸妈妈，让爸爸妈妈也知道诚诚是一个多么棒的孩子，让所有人知道我们爱他。

（作者：上海市奉贤区绿叶幼儿园　季晓凤）

故事三十二：开心"升职"记

故事主人公：

开心（女，5岁，中班）

故事地点：

建构活动室

幼儿背景分析：

故事中的主人公开心，平日在班级里是一个安静内敛的女孩儿。在几次建构的游戏的观察中，她都是建构游戏中的"副手"。

发生了什么：

4月25日上午10：00

开心与丁丁一起搭建游乐场。

丁丁想要什么材料，开心就会陪同着一起拿，一同搬；丁丁开始搭建，开心就递给她需要的材料。在视频中我们可以看出丁丁是此次游戏的搭建者，开心是辅助者，她的主要任务就是负责搬运材料和传递材料。由始至终，未曾主动参与到建构的搭建中。

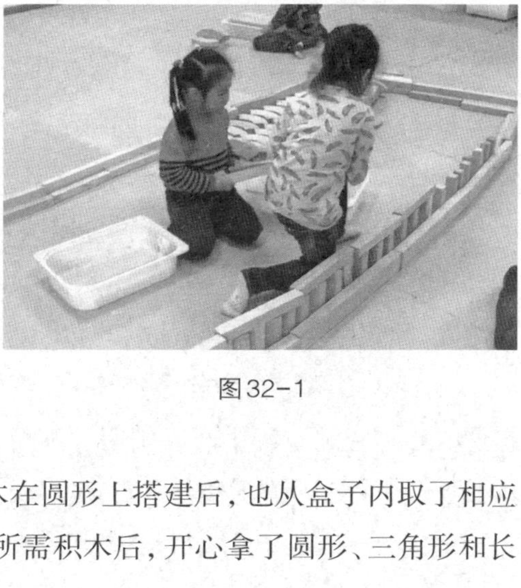

图32-1

4月26日下午3：00

开心看到同伴用三角形、长方形积木在圆形上搭建后，也从盒子内取了相应的积木在旁边进行了相同搭建。在取回所需积木后，开心拿了圆形、三角形和长

图32-2

图32-3

方形积木，在对面进行了建构。从录像看，开心依旧是辅助搭建，但这次她在观察同伴搭建的同时，开始模仿同伴搭建并尝试着参与到建构游戏中。

4月29日上午10：00

开心与伙伴的搭建主题依旧是“游乐场”。开心接过同伴递来的积木，开始搭建围墙。随后，看到同伴搭建了楼梯，开心尝试着自己搭建。开心对楼梯进行了底层平铺，接着就出现了一些问题，但在同伴的帮助下终于完成了楼梯的搭建。

学习了什么：

1. 专注：从几次的录像我们看到该幼儿参与建构游戏是积极且认真的。无论是取放材料还是给同伴传递积木，她都能在这个过程中保持注意，可见该幼儿的专注性高。

2. 合作：在该案例中，我们可以清晰地看到了该幼儿在建构游戏中扮演的是辅助搭建者。作为一个小助手，该幼儿正可谓是“鞍前马后”、“尽心尽职”，与同伴主动、积极默契地进行互动，共同完成了搭建任务。

3. 经验迁移：在建构游戏中，经常看到开心会和建构能力强的小伙伴一起搭建。在搭建的过程中开心则通过不断地观察、模仿，从而提升自己的建构水平。这其实是一种经验的迁移，是深度学习的一种体现。

下一步做什么：

1. 分享交流活动，认可表扬开心在建构游戏中的表现，提高幼儿自信。开心性格内向，在班级中沉默寡言。我们经常看到这样的孩子总能很好地与他人合作。但是从另一个角度而言，实则是该类幼儿自信心不足的表现。教师对于这样的孩子一定要用一双敏锐的眼睛去发现他们的闪光点，然后不断地鼓励和认可他们，这样就会有效激发他们的自信。

2. 教师要适时以适合的方式支持幼儿的建构行为。在建构游戏中，教师要总结一些支持的策略和方法，这样可以更加有效地推进幼儿的建构行为。

（作者：上海市奉贤区解放路幼儿园　王奕君）

故事三十三：搭积木

故事主人公：

辰辰（男，3岁，小班）、梓怡（女，3岁，小班）

故事地点：

建构活动室

幼儿背景分析：

辰辰是一个各方面能力发展都较好的孩子，他喜欢建构游戏，在平时的角色游戏中也经常到班级的建筑工地里进行建构游戏。梓怡在班级中年龄较小，各方面能力发展都比较一般，是一个有礼貌、热情的孩子。

这是一段两个孩子在建构活动室进行建构游戏的视频，游戏开始前，我选择了建构室内的一部分积木让辰辰和梓怡进行游戏。其中包括：两个大的三角形（三棱柱），四个小的三角形（三棱柱），两个长方形（长方体），两个半圆形（半圆柱体），两个拱形。

发生了什么：

辰辰在游戏开始前连续两次邀请梓怡一起游戏："我们一起玩吧，梓怡。""梓怡，我们一起玩吧。"梓怡回答："可以。"听到梓怡答应后，辰辰高兴地说："太好了。"于是两人一起开始游戏。

辰辰先将两块三角形积木重叠拼搭在一起，梓怡则将两块拱门型积木移到一边，然后摸了摸辰辰拼搭的两块重叠的三角形，便离开了，她在一边走来走去，持续了好一会。此时，辰辰将一块小三角形从重叠的大三角形下边滑下来，并将小三角形顺着斜边进行翻转，最后将小三角形放在重叠的三角形前方。他马上又拿

图33-1

图33-2

了一块小三角形在重叠的三角形斜边上滑下来，并进行翻转，将手中的三角形与之前的一块三角形拼搭成正方形。接着他每拿一块积木就在重叠的三角形斜边上滑下来，再进行拼搭。

此时，梓怡走了过来，将辰辰拼搭好的重叠的两块三角形分开后，又离开了。辰辰只能将两块三角形积木重新拼搭，变回原来的样子。并且依然拿一块积木、滑一块、搭一块……

过了一会，梓怡拿起边上的一块半圆形积木边对辰辰说"我也来"，边说边走到他身边一起游戏。此时，辰辰将自己拼搭的两个重叠的三角形分开，说："我给它改一下，做一个两半的房子。"于是，辰辰将其中一个三角形进行旋转，将两个三角形的两条短边拼搭在了一起。搭完后辰辰向后走了几步，看着自己拼搭的作品，说："三角形滑滑梯。"他将自己拼搭的两个作品介绍给了梓怡："这个是房子；这个是三角形滑滑梯。"并邀请梓怡："你也来试试吧，一起拼搭作品。"梓怡一口答应："我也来试试。"于是两人便开始用积木玩滑滑梯的游戏。

图33-3

此时游戏时间到了，我请孩子们将积木宝宝收起来。辰辰先将两块长方体积木上下重叠放在一起，再分别将两块小三角形和两块大三角形通过翻转和移动的方式将两条较长的斜边拼在一起变成正方形放在一起。而梓怡想把小三角形和大三角形拼在一起，但被辰辰将小三角形积木拿走了。此时，辰辰又将两块拱门形积木拼搭成正方形的样子，再将两个半圆形拼搭成圆形，并尝试将圆形嵌入两个拱门形积木中间。第一次他并没有成功，于是他将其中一个拱门形积木推开，分别将两个半圆拼搭到拱门形积木里，再将两个拱门型积木拼搭成正方形。

在辰辰整理积木的过程中，梓怡一直在边上这里看看那里摸摸。看到这样的情况，我就对梓怡说：“梓怡宝宝，你可以帮助一下辰辰吗？”梓怡马上答应，并加入进来。辰辰将一块拱门形积木和半圆形积木竖起，并拍了拍半圆形积木，将半圆形积木更好地嵌在拱门形积木中，梓怡则把辰辰整理好的一块大三角形积木搬走放到一边。当辰辰看到自己整理的积木被梓怡弄乱后，着急地对她说：“我叫你帮忙，不是看着。”看到辰辰着急的样子，我告诉他：“你要告诉梓怡你需要她帮你什么忙。如果你只告诉她你需要帮忙，她不知道怎么帮你。”辰辰点头表示同意，并和梓怡说：“梓怡，你能把这个抬起来吗？”梓怡听到后马上走到辰辰边上，帮助辰辰一起将另外一块拱门型积木抬了起来，放到一边。接着，辰辰将其余没有整理好的三角形积木都拼成正方形的样子摆放整齐。而梓怡在一边学着刚才辰辰的样子，拍一拍半圆形积木，将半圆形嵌整齐。最后将拱门形积木与另外一边重叠摆放在一起。

图33-4

学习了什么：

1. 数学核心经验。根据小班幼儿的年龄特点，对于图形的要求是感知圆形、方形、三角形三种几何图形的特征，能认识并区分。以及在提供一种几何形状轮廓的情况下，用至少3块几何形状拼板拼出这个简单图形。辰辰显然已经超过了小班幼儿第一学期的认知目标。他在没有任何几何轮廓的前提下，运用各种不同的动作：翻转、组合、移动等将两个三角形（其实是立体图形三棱柱）根据自己游戏的需要拼搭成一个大的三角形（这也是孩子在游戏过程中自己发现的）和正方形，这些动作恰恰反映了辰辰的能力水平，并且他对建构起来的图形有一定的想象力，想象成滑滑梯和房子。这也是他对空间的认知。当然也包括两人对大小的预判和感知的能力差异：男孩子能准确地选择两块一样大小的三角形进行拼搭，而女孩子则用一块小的三角形与一块大的三角形进行拼搭。

2. 学习品质及年龄特点。梓怡凸显出了比较明显的小班幼儿年龄特点，她在过程中对图形拼搭并不感兴趣，而是对滑的这个动作感兴趣，享受这个玩滑滑梯的过程。并且不断地模仿同伴的动作：滑（玩滑滑梯时）、拍（整理玩具时）。

而辰辰所表现出来的是他对活动的专注与坚持（过程中几次女孩对他的影响，他都没有理睬，而是专注于自己的游戏）。特别是在这个活动中他表现出来的那份对探索的执着：他对每一块积木都进行了滚动的测试。同时在游戏中也表现出了期望与同伴一起分享、一起游戏的心情：刚开始主动提出一起玩，游戏中不断地向同伴介绍并大声地自言自语等。小班幼儿刚开始进行集体生活，他们之间的交往也显得非常稚嫩。老师最后的介入并不是针对孩子的学习，而是针对两个人之间的沟通方法。交往合作也是孩子学习方式的一种。这对于孩子今后学习、交往、适应集体生活都是非常有帮助的。辰辰在整个学习、游戏过程中他的内驱力量强于外来力量，他能够主动地、自主地进行学习，他表现出了自信以及对材料有兴趣以及创造力。

下一步做什么：

1. 视频中辰辰的图形感知能力优于颜色感知与建构能力。对其建构能力及建构技能上进行指导，推进其建构水平。

2. 鼓励幼儿交往，提高幼儿社会交往能力。

（作者：上海市奉贤区绿叶幼儿园　凌蔡旦丹）

故事三十四：朱朱的汽车

故事主人公：

朱朱（男，5岁，中班）

故事地点：

建构活动室

幼儿背景分析：

案例中的主人公名叫朱朱，是一名中班的小朋友。平日朱朱性格开朗，乐于助人，对积木建构类活动尤为感兴趣。自从建构活动室投放了新的单元积木，朱朱每一天都期盼着去建构室游戏。从刚开始的“无命题”自由建构期到建构半命题“塑形期”，朱朱的建构作品都是各种各样的车，如：双层车、战斗飞车、双人汽车等。在这半年多观察的时间里，朱朱对建构汽车始终保持着高度热情。随着时间的推移，他的“汽车”也在不断地发生着变化。

发生了什么：

• 有轮子的汽车——独自垒高和拼搭

4月刚开始建构的时候，朱朱喜欢一个人静静地搭建一些比较简单的汽车。那时候搭建汽车所用的积木数量不多，建构作品双侧会有车轮子。朱朱说：“这是一辆会飞的汽车，上面是汽车的翅膀，下面的轮子下降后可以在地上开。”随后，他会坐在“汽车”后面，嘴里发出“呜呜呜”等声音模仿驾驶。

• 有对称的汽车——初步合作较复杂的建构作品

4月初，朱朱的汽车作品复杂程度有了提升，所用的积木种类以及数量逐渐增多，开始注重图形与图形之间的组合。建构的同时，会寻找同伴进行合作并一起

图34-1

图34-2

建构。在建构的过程中，朱朱经常是主动建构者，同伴更多的是负责帮忙搬运积木。这一时期，朱朱的作品会有模式出现，在摆放积木时也会注重汽车左右的对称，但建构作品实际并不能达到完全对称。

图34-3

• 有驾驶室的汽车——设计突出功能的建构作品

半个月后，朱朱的建构作品如同真实的汽车一般，可以坐入其中实现“驾驶”。这一时期，朱朱建构的汽车都有一个共同的特点：拥有可坐驾驶室。与此同时，汽车完全左右对称，积木摆放有规律，模式不断显现。在建构前，朱朱对于所需积木的形状和数量更有数了。他会清楚地告诉同伴或者自言自语，如“我要拿6块三角形积木”等。建构汽车的速度也从原先近30分钟逐渐缩短至18分钟左右。随后的时间，则是围绕着建构作品开展各种想象游戏。

• 有双座的汽车——创造性建构与赋予游戏情境

这次，朱朱仅用了8分钟左右的时间就搭建了一辆可驾驶的汽车。同伴见其一人驾驶，便问：“朱朱，那我坐哪里呀？”朱朱想了想，立刻拆除了一侧积木，在很短的时间里将原本的单人坐汽车变成了一辆双人坐汽车。接着，他又拿了2个圆形积木，2个长方体积木，还有2个圆柱体积木放在车内的不同位置。接着与同伴

图34-4

一同坐在车椅上(长方体积木)，转动着方向盘(圆形积木)，然后拿起圆柱体积木对同伴说：“这是我们的咖啡。”这一阶段，朱朱会在搭建之前事先告知同伴自己对接下来游戏场景的构想，然后与同伴讨论游戏内容，再开始建构作品。作品不仅在外形上像汽车，而且内部构造也越来越细节化，创造性游戏内容愈发丰富。

学习了什么：

在这四次建构汽车的过程中，我们不仅看到了朱朱建构作品的变化，同时也看到了该幼儿在建构游戏的学习中所发生的转变。

1. 作品从简单走向复杂，体现建构能力和水平的不断提升。期初建构，朱朱经常会运用“架空”的建构技巧再加上“轮子”的特征来呈心中所想的汽车模样。随着建构次数的不断增多，他在不断地探索中发现了积木图形之间的空间关系。随之，朱朱运用不同图形的组合、旋转，从而使得汽车变得更加复杂、高级，汽车作品逐渐从二维向三维转变，而这也正是朱朱建构能力与水平不断提升的表现。

2. 选“材”明确，建构目的性增强。4月下旬，教师在建构室提供了各种各样的汽车图片，帮助幼儿增强对汽车内部与外部结构的视觉感知新信息。于是，朱朱的汽车开始有了较为复杂的建构，出现了“模式”和“对称”。同时，朱朱也从一开始边选积木边搭建逐步转变为有计划有目的地拿取积木。

3. 建构时间缩短，建构表征水平凸显。建构的汽车作品难度越来越高，构造也越发复杂，但是建构所花费的时间却越来越短。可见朱朱建构能力已经向高水平发展。另外，朱朱围绕着汽车主题所展开的表征游戏也越来越多，还经常“坐”在自己的“房车”或是“战车”中，将身边的各种积木根据情节想象成“手机”或者是“咖啡”等。这一阶段，朱朱的汽车不仅外形上接近汽车，而且功能、细节等方面也与真实汽车越发相似。这一切都表明朱朱的建构表征已经凸显。

4. 具有一定自我反思与调节的能力。在游戏中我们可以看到，当同伴提出“我坐哪里？”这一问题之后，朱朱立刻对所建汽车作了调整，并在很短的时间内再为同伴搭建了一个座位，单人座汽车变成了双人座汽车。发现问题并能及时解决，可见该幼儿不仅能自我反思，同时还具有一定解决问题的能力。

下一步做什么：

1. 设计建构作品：鼓励朱朱尝试先设计建构图案，然后按照建构设计图进行搭建。进入大班，幼儿的计划性越来越强，可以通过设计建构图的方式，提升朱朱的符号表征能力。

2. 强化合作意识：朱朱是一个建构能力比较强的幼儿。可以给朱朱有意识地安排建构合作伙伴，可以是能力更强或者是能力较弱的幼儿，从而促进幼儿与幼儿之间的互动。

3. 拓展建构经验：给予朱朱不同的建构参照物，引导朱朱建构不同主题，从而更好地推动朱朱的建构能力与水平的发展。

（作者：上海市奉贤区解放路幼儿园　王奕君）

故事三十五：蜗牛宝宝，加油！

故事主人公：

蓉蓉（女，4岁，小班）

故事地点：

幼儿园操场

幼儿背景分析：

蓉蓉是我们班级月龄比较小的孩子。虽然上过托班，但在班级里属于动手能力和认知能力比较弱的孩子。有时候早上因为赖床不愿意起床而哭哭啼啼来上学。平时比较喜欢玩娃娃家，喜欢玩公主和王子的游戏。但是对于平时自然角的动植物关注得不多。

发生了什么：

户外运动的时候大家都在骑自行车，可是蓉蓉蹲在操场的一个角落里。我好奇地走过去看看蓉蓉蹲在角落里在做什么。蓉蓉看见我过来说："有好多蜗牛。"原来昨天晚上刚下过雨，场地上比较湿，蜗牛都爬出来了。另外一边的佳琪对蓉蓉说："快来看，蜗牛宝宝爬上来了。"蓉蓉听了马上走到佳琪的身边说："给我看一下。"佳琪说："爬上来了，它一个人爬上来了。"原来佳琪这边也有一只蜗牛，不过这只蜗牛在慢慢

图35-1

地爬动。佳琪说："三个人它就害怕了。"

两个孩子蹲下来看了一会，蓉蓉建议到："我们再去看一下蜗牛吧，我还看到一个蜗牛了。"两个人又来到了蓉蓉刚开始看蜗牛的地方，蹲下去又开始看蜗牛了。看了一会蜗牛，蓉蓉问："老师，蜗牛喝奶吗？""它要喝奶吗？"蓉蓉问了好几遍。我说："不喝奶吧，你觉得蜗牛喝什么？"蓉蓉说："我觉得蜗牛肯定是吃虫子。"她们看了好久这里的蜗牛都没有动一动，所以两个小朋友又来到了另外一边的栅栏旁边看在爬动的蜗牛。

这次小耿也加入到看蜗牛的队伍中，小耿说："它要滑下去了。"蓉蓉说："它要尿尿吗？"她指着蜗牛爬过的一条痕迹。我说："那是它爬动时留下的粘液，可以帮助蜗牛爬动。"蜗牛慢慢地从场地上爬到了木栅栏上了，蓉蓉说："我们来给它加油吧！""加油，加油，加油……"操场上响起了一阵加油声。我问："它爬到哪了？"小耿说："它要进去了，它要进去门了。"蓉蓉说："关门，它进来了我就关门了。"蜗牛慢慢地爬过木栅栏上的洞，爬到对面去了。蓉蓉换到栅栏的中间，趴在栅栏上，她对胡俊熙说："它马上要爬到那个屋里去了。"孩子们又挤在栅栏中间给蜗牛加油。

图35-2

图35-3

看蜗牛的孩子换了一批又一批，蓉蓉还是很耐心地蹲着看小蜗牛。朱奕辰跑过来对蓉蓉说："我发现一个虫子。"蓉蓉说："我发现一个蜗牛，大蜗牛。"隔壁班级的老师经过时问："在看什么？"蓉蓉说："我们在看蜗牛。"蓉蓉继续到另外一边去看蜗牛，一边走一边说："好可爱啊！"

学习了什么：

1. 亲近自然。喜欢接触大自然，对周围的小动物和现象感兴趣。一只小小的蜗牛能够引起蓉蓉的观察兴趣，并且持续了整个户外运动的时间。

2. 喜欢探究。在发现场地上的蜗牛后，蓉蓉在整个户外活动的时间都在观察蜗牛，观察的时间持续较长，对蜗牛表现出极大的兴趣。她们对蜗牛吃什么、蜗牛爬行后留下的痕迹都非常感兴趣，能够大胆想象。在观察蜗牛的过程中蓉蓉会说：“蜗牛背上有一个壳。”或者在碰了蜗牛以后，她发现蜗牛躲在壳里了。

3. 愿意和同伴交流。在观察的过程中，蓉蓉会把自己的发现用语言和同伴进行交流。特别是在蜗牛爬进去后，和小耿的对话充满童趣，还和同伴一起为蜗牛加油。

下一步做什么：

小班幼儿对于路边的花花草草、小虫子和一些自然现象都非常感兴趣，作为老师应该保护幼儿的这种好奇心和探索欲望，虽然孩子有时候问出的问题在成人眼里感觉有点“傻”，但何尝不是对自然现象感兴趣呢？

1. 支持孩子自发的观察活动，对蓉蓉的发现表示赞赏。认真对待孩子提出的问题，引导她猜一猜、想一想。可以陪同她和同伴一起进行观察，分享自己发现的现象，通过拍照或者图画等方式保留和积累孩子的探索和发现。

2. 把蓉蓉最近的进步和发现和家长进行交流，在家鼓励多观察她感兴趣的事物和现象。经常带孩子去接触大自然，在大自然中发现和探索，激发孩子的好奇心与探究欲望。

（作者：上海市奉贤区绿叶幼儿园　郭晓薇）

故事三十六：量身高

故事主人公：

乐乐（男，6岁，大班）

故事地点：

操场

幼儿背景分析：

乐乐家长比较重视对幼儿的培养，在各个方面发展较为均衡。在一次和他交流过程中，我问道："乐乐，你的好朋友是谁？"他说："我没有找到好朋友。"这样的答案让我感到惊讶。于是，活动中我也慢慢发现，他很少主动和其他幼儿交流，即使是自由活动也很少和别的幼儿讲话，但是在别人主动跟他交流的时候，他会表现出高兴和喜悦的一面。在这次拍摄中，几位幼儿一起在玩影子测量游戏，邀请他一起参与，于是我记录下了关于"乐乐"的故事。

发生了什么：

第一次游戏：

三个人商量让琪琪去站在线上，轩轩和乐乐对琪琪的影子进行测量，"别动啦！"乐乐边说边将第一根布棍放在了琪琪影子的尾端作标记，轩轩接着把第二根布棍接在了后面，两个人依次将布棍首尾相连地放在了琪琪的影子前面。在最后到达影子起点的时候，乐乐

图36-1

将一根布棍横过来，放在琪琪脚的前面，很快他站起来了，开始点数布棍的数量，高兴地说道：“6个！ 6个！”轩轩拿起纸笔开始在一旁记录，记录了布棍、数字6和一个小人。乐乐说道：“她还挺高的，所以用了6个对嘛！”

接着，轩轩和琪琪邀请了乐乐来进行测量，轩轩学着前面乐乐测量的样子，在他的脚前面放了第一根布棍，琪琪和轩轩拿来了许多布棍。可是排到影子前面的时候，发现布棍只有一半测量进去了，乐乐蹲下来帮忙，三个孩子都在调整布棍的位置。轩轩起来说：“歪了！”“1，2，3，4，5！”轩轩数道，连忙去做了记录。

图36-2

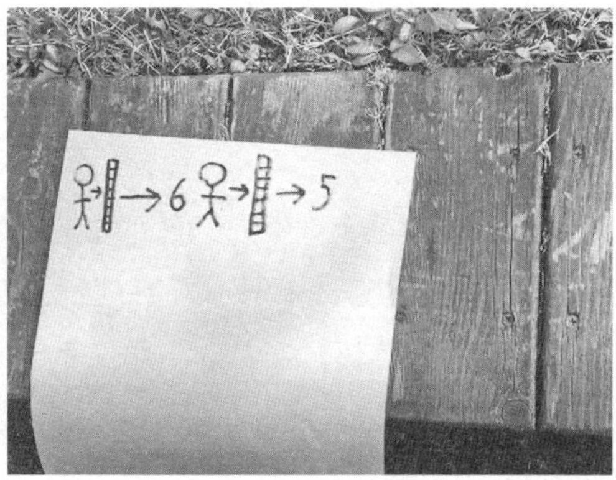

图36-3

第二次游戏：

这次测量的是乐乐的影子，“够了够了。”轩轩对在拿布棍的琪琪说。“啊？怎么11个？”乐乐说。轩轩在一旁做记录。做好记录后，乐乐才从自己站的位子上面离开，帮助轩轩和琪琪一起收布棍。接着轩轩说：“你去吧！”看到琪琪的影子比上午的长了好多，乐乐兴奋的说道：“好大啊！比我爸爸还长了好几倍！比我爸爸还长了好几倍！”乐乐和轩轩测量结束后，说道：“12！”轩轩继续做了记录。

图36-4

学习了什么：

1. 测量的经验在实践中巩固。测量的三大要素为：（1）找到目标物的始末；（2）用测量物进行首尾相接的测量；（3）根据测量的结果对数据进行统计和比较。在这个学习故事中幼儿将目标物选择为影子，用布棍来进行首尾相接的测量，并用纸笔做记录。在游戏的过程中，幼儿能够把测量的结果与同伴分享。在第一次游戏中，通过对琪琪和乐乐影子的测量得出的结果为五根布棍和六根布棍。在第二次游戏中，通过对琪琪和乐乐影子的测量得出的结果为十一根布棍和十二根布棍，两个孩子的身高不变即测量的目标不变，由于太阳照射的角度使影子发生了长短较明显的变化，三个孩子在测量的过程中测量经验得到了再现和提高。

2. 幼儿的表征行为在活动中呈现。前书写行为往往较多地出现在中班下学期和大班。轩轩通过绘画、符号、数字来表示测量影子后的结果，在旁边的乐乐对轩轩的记录进行了理解，在记录和理解的过程中，两个孩子之间得到了交流和经验共享。在大班前期，幼儿间的交流和沟通不单是语言上的和肢体上的，渐渐地会发展成书写和表征的共享，从而得到同伴之间的理解和认同。

3. 同伴的合作意识在活动中体现。在几次的游戏过程中，幼儿的角色是不断在协商中变化的，有时候是被测量者，有时候是测量者，有时候是记录者。从游戏过程中不难看出，幼儿都能够清晰地知道自己的任务和角色转换并且配合测量。在游戏中，幼儿的探索是积极的，是不断尝试的。虽然乐乐平时比较内向，但在此次游戏过程中，表现出了愉快的参与心态并进行探索，融入集体，分享想法。由于三个孩子处于大班的年龄段，分工合作的行为也会变得合理、有目的性，体现出了大班孩子之间的交往、合作以及分工。

4. 问题的探究能力在活动中加强。在探究的过程中，对影子前后的变化差异有较大的结果偏差，因此在表征结果的过程中，对这样的偏差引发了好奇，进行了后续探索，从而理解了当太阳在正上方或者角度较斜的时候，影子的长度变得比较短；当太阳在斜斜地照下来的时候，影子的长度就会变得比原来长。通过生活经验和前后的测量数据，对事物规律有了相较于之前深刻的认识。

下一步做什么：

1. 进一步帮助幼儿掌握测量方法，提高对测量过程的理解能力、对测量结果的比较能力。

2. 引导幼儿在认知过程中的表征方式，加强幼儿通过符号、文字、图画等方式进行表现，通过创造更多空间、投放针对性的材料，给予幼儿更多表征记录的机会。

3. 提高幼儿活动中的合作能力，明确幼儿在合作行为中的角色任务，提升适应不同角色变化的能力。

（作者：上海市奉贤区小森林幼儿园　毛宗绮）

故事三十七：熙熙和豆豆

故事主人公：

熙熙（男，4岁，小班）

故事地点：

教室

幼儿背景分析：

熙熙是个比较内向、聪明的孩子，他的生活自理能力比较强，衣服鞋子都是自己穿脱，平时喜欢和同伴一起游戏，能较自如地和同伴表达自己的想法和意愿。

发生了什么：

离园前我们都会给孩子们一点时间，让他们把自己的衣服整理一下。一转头发现熙熙在帮豆豆塞衣服，只见他跪在豆豆的身后，双手在把豆豆的衣服往裤子

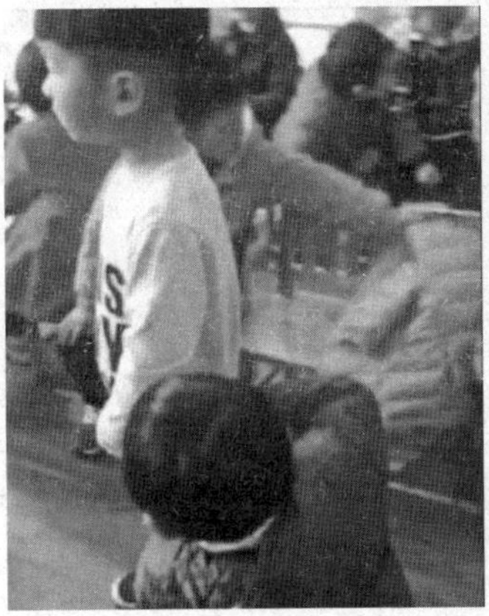

图37-1

图37-2

里塞。塞一点，拎一下，塞好后面的又塞旁边。塞完衣服，熙熙又马上去拿豆豆椅子上的外套，我以为他要帮豆豆穿的时候，他却把衣服递给了豆豆让他自己穿，转身回到了自己的座位。

豆豆拿着熙熙帮他翻好的衣服，先把一只手伸进了衣袖里，接着他把整件衣服套在了自己的头上。坐在一边的熙熙忍不住站了起来，一边拉豆豆的衣服一边说：“豆豆！错啦！”他帮豆豆把衣服脱了下来，又把缩进去的衣袖拉了出来。他走到豆豆身后，拉起豆豆的左手想让豆豆把手伸进衣袖里去，可是衣服有点大，他一手拿衣服一手拉豆豆的手不是很方便，因此没有成功。于是他又走到豆豆的右边，边走边调整豆豆的衣服，这次他成功地把豆豆的右手伸进了他的衣袖里去，一直听熙熙指挥的豆豆这次也有了反应，主动地用左手去拉衣服，配合起熙熙的行动。紧接着熙熙也走到豆豆左边帮他去拉衣服，终于成功地帮豆豆把衣服穿好了。穿好衣服之后，熙熙又开始帮豆豆拉拉链，只见他熟练地帮豆豆拉好了拉链，又很自然地帮他整了整衣领。

图37-3

图37-4

学习了什么：

在整个过程中，熙熙给予我最大的惊喜是他良好的生活自理能力、他的爱心、他的坚持、他解决问题的能力。

1. 有良好的生活自理能力。熙熙是个比较内向、聪明的孩子，他的各方面发展都比较突出。帮豆豆穿衣服这件事我们没有人提醒或暗示，但是他却主动去帮助了豆豆，开始的时候是塞衣服，然后是穿衣服，对于一个小班的孩子来说，他的这一系列行为真是太不容易了。《3—6岁儿童学习与发展指南》中健康领域中提到："3—4岁的孩子具有基本的生活自理能力，在帮助下能穿脱衣服或鞋袜。"我们的熙熙具有良好的生活自理能力，他不仅不需要别人的帮助，而且可以去帮助别人。

2. 能主动地帮助同伴。熙熙会关心尊重他人，看到别人有困难能主动关心并给予一定的帮助，他是个有爱心的孩子。当他看到豆豆不会穿衣服的时候他会主动去帮助他，虽然整个过程并不顺利，但是他还是坚持下来。

3. 有解决问题的能力。在给豆豆穿衣服的过程中，熙熙遇到了一些问题：衣服的方向、袖子的方向、衣服太大，豆豆又不是很配合，但是他都没有放弃。从开始倒着拿衣服，到后来想帮豆豆把左手伸左衣袖没成功，到最后成功穿好衣服拉好拉链，都是他一步步探索、解决的，由此可见熙熙有一定的解决问题的能力。

下一步做什么：

1. 对于熙熙今天的表现，我会和其他幼儿一起分享，让他们知道熙熙是个有爱心、愿意帮助小伙伴的孩子，而且遇到困难愿意动脑筋。

2. 在整个过程中，熙熙和豆豆的语言交流非常少，两个人之间基本没有对话，可见他们的语言发展还需要我们老师更多的关注和培养。

3. 对于豆豆，我们也会在生活自理能力方面给予更多的关注和指导，同时也会跟他的家长及时沟通，做到家园共育一致培养豆豆的生活自理能力，让他尽快学会自己塞衣服、穿衣服。

（作者：上海市奉贤区小森林幼儿园　唐燕）

故事三十八：一尘不染的小菜园

故事主人公：

小恺（男，5岁，中班）

故事地点：

中班教室

幼儿背景分析：

小恺是一个心思细腻、脾气随和、能和同伴友好交往的男孩，深受大家的喜爱。他自理能力较强，常常会主动帮助同伴。这次是他第一次进入小菜园种植蔬菜。

发生了什么：

进入小菜园，小恺、澜澜和豆豆开始认真地种植蔬菜。小恺第一个完成蔬菜盆栽，放好盆栽后主动开始打扫桌面。小恺一手拿着抹布，一手拿着簸箕开始擦拭桌面，他熟练又仔细地用抹布把泥土弄进簸箕中，旁边的澜澜不时抬头看着小恺，观察着小恺的举动。种好蔬菜的澜澜走到小恺跟前想帮忙："我来扫吧。"小恺

图38-1

图38-2

把扫帚和簸箕递给澜澜，还不忘叮嘱道："那你来扫地，我来擦桌子，要扫干净哦。"于是他们开始分工打扫。

在擦拭桌面的过程中，小恺发现垃圾桶底下也有许多泥土，他不断移动桌上的物品试图把桌面擦得更干净。过了会小恺看到地面上有一堆泥土，于是叫来澜澜："这里还有呢。"澜澜把扫帚递给了小恺，小恺二话没说打扫了起来……

等待豆豆完成了自己的盆栽后，小恺一边帮助豆豆擦拭桌面，一边和豆豆说："你来收拾桌子上的的工具吧。"就这样，三个人把小菜园打扫得一尘不染。

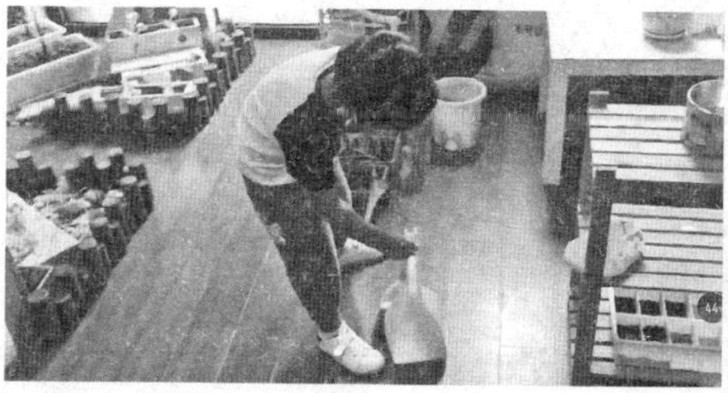

图38-3

图38-4

学习了什么：

1. 具有良好的整理习惯和能力。

（1）小恺具有主动整理的愿望。物品的整理和归纳也是幼儿自理能力的重要组成部分，我们经常看到幼儿丢三落四，用过的物品随处可见，这是因为幼儿缺少整理物品的习惯。而在这个故事中，我发现了幼儿主动整理的闪光点，当小恺在种植好自己的盆栽后，能毫不犹豫地主动拿起工具进行整理，良好的整理习惯值得点赞。

（2）小恺具有整理物品的能力。打扫时小恺首先选择了抹布和簸箕擦拭桌面，然后再清扫地面，小恺的打扫顺序是由上而下的，具有一定的条理性；在整个打扫过程中，小恺熟练地使用抹布、扫帚和簸箕，工具的熟练使用使他把小菜园打扫得干净整洁；除此之外，小恺能快速地将桌面上的物品归类摆放、物归原处。这一系列的细节动作都说明了小恺有较强的整理能力。

2. 具有良好的同伴合作意识。在澜澜加入打扫时，小恺提出："你来扫地，我来擦桌子”，小恺的建议让任务更顺利得以完成；在豆豆加入整理的队伍时，小恺又建议豆豆收拾桌上的工具，三个人有三种不同的任务，从而快速地把小菜园打扫干净。对于刚进入中班的孩子来说，他具有较强的合作意识。

3. 对同伴具有良好的榜样作用。整个过程中，小恺无形中成为了其他两名同伴的榜样。当小恺第一次拿起抹布和簸箕时，澜澜几次抬起头观察，小恺的这一举动无形中已经加强了同伴整理的意识。小恺整个打扫的过程中都是一丝不苟、投入认真的，从而带动了澜澜和豆豆的内在驱动力，一起把小菜园整理得干干净净。

下一步做什么：

1. 及时给予小恺表扬和鼓励，在班级中树立学习的好榜样。
2. 让小恺和朋友们一起分享他的打扫方法，让其他孩子获得打扫的经验。

（作者：上海市奉贤区绿叶幼儿园　唐艺）

故事三十九：给我玩一下，好吗？

故事主人公：

誉誉（男，4岁，小班）

故事地点：

小班教室

幼儿背景分析：

誉誉聪明有礼貌，但他规则意识较弱，平时比较任性，遇事经常会发脾气，每次和他交流后总是承诺会改变，但一会又忘记了。

发生了什么：

吃完午餐，他走到我旁边说："王老师，今天我没带玩具。"我说："那你愿意去自然角看看小动物吗？"于是他去自然角和同伴看了一会儿龙虾。没多久他就离开位置走向其他小朋友。

他先来到两个妹妹旁想加入她们，可看到她们不理睬他，他就走了。接着他走到书耀旁，并看看我，然后对着书耀说："书耀，给我玩一下，好吗？"书耀没有理睬他，他只好离开。他又兜了一圈，跑到强强旁边说："强强，能给我玩一下吗？"强强没理他转身走了。誉誉看看我后，就追上去说："强强，能给我玩一下吗？"但强强还是不睬他，强强在垫子上玩，誉誉也跪在垫子上说："给我玩一下吧！""不行。"誉誉又说："给我玩一

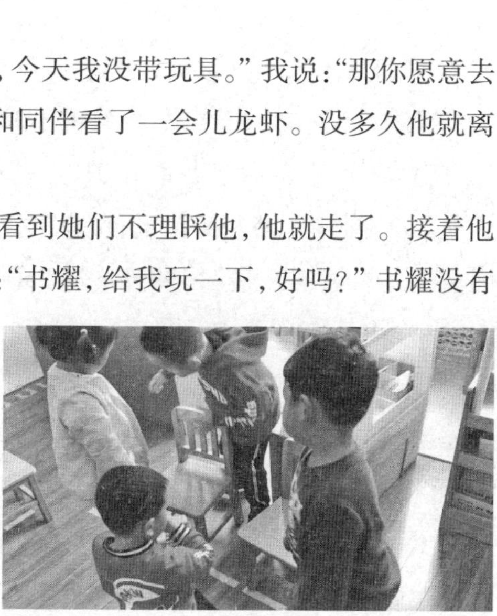

图39-1

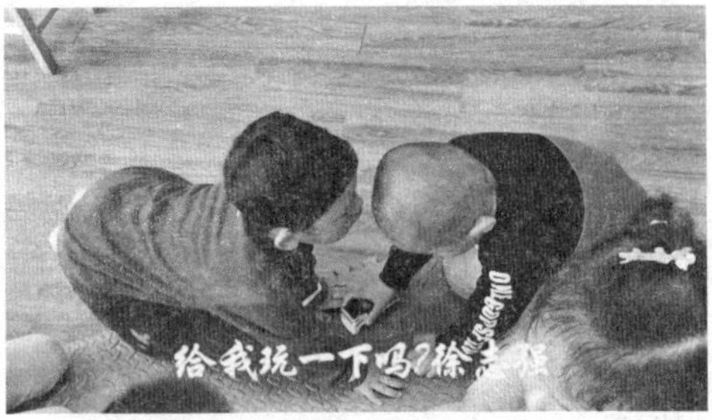

图39-2

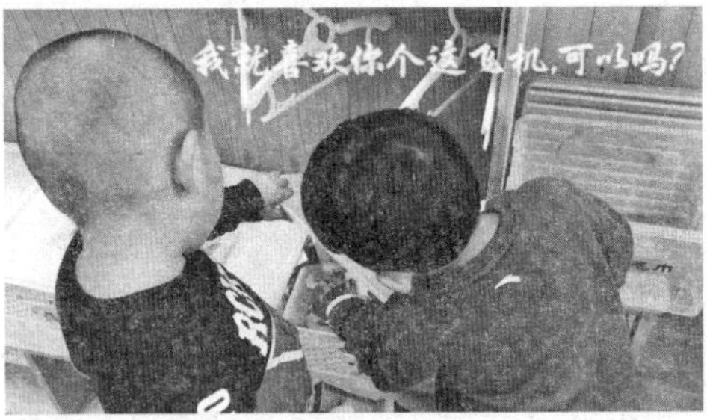

图39-3

下吗？强强。”强强还是没睬他，拿着玩具走了。誉誉站在中间四处张望，并喊到：“强强。”后来他发现强强在他的箱子旁边，于是他跑了过去。誉誉说：“给我玩一个嘛。”强强拿了一个玩具给他说：“给你。”“我不要这个，我就想要飞机。”“飞机不能给你玩。”“我最喜欢你这个飞机啦！”“你玩这个车子。”“我就想玩你这个飞机。”“不可以。”誉誉拿着飞机。强强犹豫了一下说：“好吧，给你玩！”他开心地拿着这个飞机认真地玩着……

一会儿收玩具了，誉誉对我说：“我们去散步吧。”说完他拿着玩具走到强强的箱子边，把玩具送还并对强强说：“谢谢！”

学习了什么：

1. 面对困难不气馁。在游戏的过程中，并不是一帆风顺的，刚开始面对同伴的不理睬、不回应、拒绝，尽管有些不知所措，但誉誉没有生气、没有放弃、没有气馁，仍然心平气和，他还是有礼貌地去征求同伴的意见。

2. 和同伴和谐相处。向同伴借用物品时会主动协商请求，知道要征得别人同意后才可借用。案例中誉誉想玩同伴的玩具，他没有直接动手去拿，去抢同伴的玩具，而是先主动询问同伴，“书耀，给我玩一下，好吗？”“强强，能给我玩一下吗？”在活动结束时，他主动把玩具归还同伴，并大声对同伴说：“谢谢！”这是我今天感动和惊讶的地方，也让我改变对他以往任性、调皮的印象。

下一步做什么：

1. 顺势利导。把故事分享给全班孩子，引导其他幼儿看到誉誉的闪光点，使大家看到他的进步，增强他的自信心，激励他不断进步，同时也给其他幼儿树立榜样，促使其他幼儿愿意和他交往。

2. 家园共享。把故事分享给誉誉妈妈，让誉誉妈妈了解他在园的表现和进步，让其为他的进步而高兴，同时，也激励家长后续培养幼儿做到家园共育。

（作者：上海市奉贤区小森林幼儿园　王春云）

故事四十：我们一起玩

故事主人公：

彤彤（女，4岁，小班）

故事地点：

操场

幼儿背景分析：

彤彤性格比较内向，胆子比较小，比较缺乏自信，不知道如何与别人交往、交流。在我们耐心的引导和鼓励下，她也在一天天的进步，语言表达能力也在逐步提高。

发生了什么：

吃完午餐，孩子们都带着自己的玩具在操场上晒太阳。彤彤拿着自己的玩具走到曦曦身边说："我们交换吧。"曦曦拿着玩具玩起来，彤彤看了一会说："我们交换回来吧。"于是两人又换回了玩具，曦曦带着玩具跑了起来，彤彤一看，也开心地跟着曦曦跑了起来。

图40-1

玩了一会儿，曦曦把小狗给了彤彤，彤彤甩了甩说："给你。"把玩具给曦曦后，她想了想说："我当妈妈。"曦曦说："我当爸爸。""好呀。爸爸，你能把小猫咪抱着吗？""可以。"说完把猫咪给了曦曦。然后说："我抱着小宝宝。""好的。""小宝宝要睡觉啦，你在

图 40-2

图 40-3

外面玩，宝宝睡觉了后再来玩。”“好，再见。”彤彤一边挥手再见，一边抱着宝宝走了。她一边走一边唱，手轻轻地抚摸着宝宝。还不时回头看看爸爸。她回到家，认真地照顾着宝宝。这时，爸爸在远处喊道：“妈妈，你注意安全。”“妈妈，你注意安全。”俐俐想和彤彤玩，但彤彤摇摇手说：“宝宝睡觉了。”然后继续专注地哄宝宝睡觉。

一会儿，爸爸走了过来，彤彤马上站起来说：“他睡着啦。”然后拉着爸爸坐下来看看宝宝，“他睡着了，你去玩吧。”很轻地对爸爸说，并让爸爸去玩。这时，耀耀走来说：“我是爸爸，好吗？”彤彤说：“我是妈妈。”耀耀说：“我是爸爸。”彤彤马上站起来走向曦曦说：“你做奶奶。”并拉着她走向耀耀。耀耀说：“我也有个宝宝。”彤彤说：“已经有一个宝宝啦。”说完她又开始认真地照顾宝宝，耀耀走上前说：“我这个宝宝会咬人的。”彤彤马上用她的宝宝在耀耀脸上舔一舔“舔、舔、舔。”然后又认真地照顾宝宝，一边摸，一边摇，还一边唱歌。这时，曦曦走来了，彤彤说：“宝宝要上床了。”并对曦曦挥挥手，要她不要打扰宝宝。彤彤把宝宝放在椅子上并轻轻的对旁边的小朋友说：“宝宝睡觉了，你别动哦。”她刚放下，又把宝宝抱起来放到旁边的椅子上。一会后就带着宝宝出去玩了……

学习了什么：

1. 愿意与同伴交往交流。在案例中，我们可以看到彤彤主动与同伴交换玩具，勇于表达自己的想法，也愿意回应同伴的询问。她今天的表现让我眼前一亮，无论是在语言表达，还是在与同伴交往上她都有了新的突破。

2. 经验内化与迁移。小班孩子会把生活中所看到的，所经历的都在游戏中表现出来，这是他们学习的重要方式之一，在活动中，彤彤在游戏情节上有了新的突破，她把角色游戏的经验在今天活动中进行了完整的重现，同时把游戏经验和生活经验相结合：哄孩子睡觉，为孩子唱歌，轻柔的动作和轻声的语言等。从这些都能看出她是在运用已有经验来丰富游戏情节。

3. 有爱的孩子，满满的爱意。从故事中，感受到彤彤是个有爱心的孩子，过程中处处洋溢着满满的关心和爱。彤彤对宝宝的关爱体现在照顾宝宝时的专注、爱的抚摸、轻轻说话、叮嘱爸爸和同伴动作要轻，只因宝宝睡着了。对同伴的爱体现在当耀耀说他的宝宝会咬人，彤彤马上把她的宝宝往耀耀脸上舔一舔，表达安慰等。

下一步做什么：

1. 集体分享。把故事分享给全班幼儿看，一是表扬彤彤的进步，鼓励彤彤多与同伴交流，愿意与同伴有更多的互动。二是共享她们在自由活动时的互动——有礼貌的协商，有爱的相处方式，积极的语言互动等，给其他孩子树立榜样，激励其他幼儿向她学习。

2. 家园共享。把故事分享给彤彤和曦曦的妈妈，让彤彤妈妈也了解她的进步，为她在幼儿园的成长而安心。让曦曦妈妈了解她的有爱，为她的懂事而自豪，从而达到家园共育的效果。

（作者：上海市奉贤区小森林幼儿园　王春云）

故事四十一：量一量

故事主人公：

轩轩（男，6岁，大班）、涵涵（女，6岁，大班）、阿杰（男，6岁，大班）

故事地点：

大班教室

幼儿背景分析：

视频里有三名幼儿。轩轩，男孩，平时能主动地与人交流，但是回答问题往往缺乏逻辑性，喜欢帮助他人，心地善良。涵涵，女孩，平时不太主动与人交流，但是学习能力较强。阿杰，男孩，创新意识比较强，会想出很多有趣的点子，喜欢尝试、探究、发现，遇到问题好问，做事情比较细致。

图41–1

发生了什么：

圣诞节快到了，班级里一位幼儿从家里拿来了一棵小型圣诞树，我们把它放在了自然角里。自由活动的时候，阿杰、涵涵和轩轩正在给自然角的植物浇水，突然轩轩问我："圣诞树有多高？"看到孩子有兴趣，于是我问道："怎么样才能知道它的高度？""可以量一量。"阿杰说道，"你们可以用什么来量？""尺。"涵涵笑着说。于是孩子们问我借了尺进行测量。

涵涵将尺放在了地上，在树的最顶端用手水平滑到尺上，其他两人也依次做

图41-2

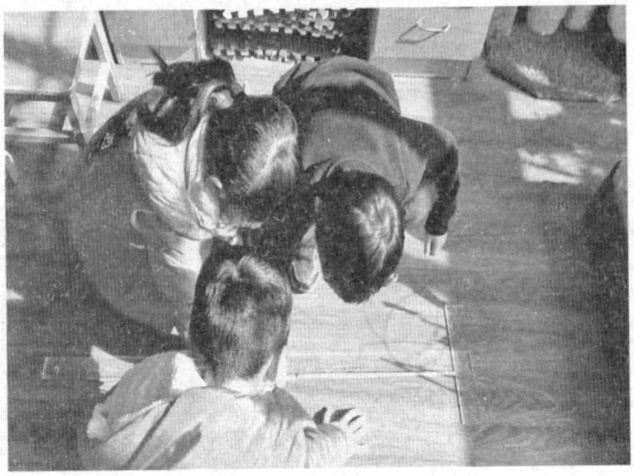

图41-3

了这个动作，并说：“87”。用尺量好，他们又去材料区取来了几根吸管，将吸管放在地上一根接着一根量，涵涵和轩轩合作拿着下面的吸管，阿杰拿着最上面的吸管，他发现最上面的吸管明显高于圣诞树的最高点，于是他在圣诞树的最高点用剪刀水平滑到了最上面的吸管上，并剪下多余的吸管。

这时他们把测量圣诞树的吸管一根接着一根放在尺边上，发现长度不一样，并喃喃自语。这时阿杰突然站起来说：“我忘了，在量圣诞树时我们把盆也量进去了。”这次他们把第一根吸管放在了花盆上，一根接一根，涵涵和阿杰合作拿下面的吸管，有了第一次的经验，轩轩也学着用剪刀剪下了多余的吸管。这次他们量出来是“75”，阿杰把自己测量的方法和结果记录了下来。

学习了什么：

1. 同伴合作有商量。活动中三人友好相处，并且有分工，如在用吸管进行测量的时候由于吸管短，需要几根一起，于是他们两两合作来扶住吸管，不让吸管倒下来，完成测量。

图41-4

2. 问题解决能调整。在分别用尺测量和吸管测量之后，幼儿发现两次测量的结果不一样是因为把花盆算进去量了，于是就有了第三次的测量，去掉花盆开始测量，说明幼儿有自我发现问题、解决问题的能力。

3. 测量方法有经验。当轩轩提出“圣诞树有多高的时候”，涵涵就想到了用尺来量，说明幼儿对用尺来进行测量有经验。并且在测量时能用首尾相接的方法，一根吸管跟另一根吸管连接在一起，不重叠、不间断，说明掌握了测量的方法。

4. 学习表征有意识。在测量结束之后，阿杰将刚才测量结果进了记录，他用一根细长线表示吸管，后面又画了“75”，表示吸管在尺上的刻度是“75”，还画了几个格子，幼儿表征记录有自己的方法，也知道测量之后要用表征的方式记录测量的结果。

下一步做什么：

1. 继续开展测量活动，积累测量经验：可以让幼儿选择自己喜欢的“测量工具”去量一量其他的物品，感受测量的乐趣。并且通过测量活动，让幼儿逐渐体验到“测量工具”的长短和测量结果的关系。

2. 引导幼儿用正确的数学语言表达测量结果：活动中幼儿会记录测量结果，但是要用语言描述测量结果，幼儿则没有很好地掌握，所以后续要开展相关的活动，有意识地去引导幼儿用正确的数学语言来表达测量结果。

（作者：上海市奉贤区绿叶幼儿园　王燕燕）

故事四十二：勇敢者的挑战

故事主人公：

睿睿、倩倩、东东、莎莎、涵涵（6岁，大班）

故事地点：

野趣运动竹竿区

幼儿背景分析：

竹竿区一直是大班野趣运动中的挑战项目，长长的竹竿以及杆顶的“王冠”一直是孩子们梦想的地方，但是爬杆对于大班孩子来说也极具挑战，需要有上肢力量以及下肢的蹬腿力量和技巧，每次运动开始，竹竿底下总是围着一群孩子……

发生了什么：

片段一：“哇，你看睿睿，好厉害啊，他像猴子一样会爬树。”睿睿是我们班第一个将自己的照片贴在竹竿顶部的“王冠”上的，“你看，睿睿还会像消防员叔叔一样一下子滑下来。”在孩子们的簇拥和羡慕眼光下，睿睿连续登顶了4次，最后手上没劲了，换了一个运动区。

图42-1

片段二：倩倩和莎莎看见睿睿这么厉害的表现后也开始一人一根竹竿爬了起来，连着几次跳起来抓住、滑下来，跳起来抓住、滑下来后，倩倩走到莎莎旁边，跟莎莎说：“我抱你吧！”于是

图42-2

图42-3

倩倩在背后使劲抱起莎莎，莎莎用力往上勾，真的比之前跳起来高出了一些，接着两个人轮换着抱，努力往上抓。

片段三：东东和涵涵也跳了一会，发现高度并没有发生变化，跳起来后依然不能再往上了，于是开始四处环望，突然东东像是发现了什么，跑到山坡区搬来了一个正方形的草垛，涵涵看着东东搬草垛突然明白了什么，也跑过去搬了一个，原来东东想将草垛垫在脚下，这样就能抓到更高的地方，爬得更高了。

片段四：倩倩和莎莎抱了一会后也没力气了，爬杆依然会往下滑，这时倩倩跟我说："老师，我的鞋子太滑了，我的脚勾不住，我可以脱掉鞋子吗？""你可以试一试哦！"于是倩倩脱了鞋子，但是她发现袜子也一样滑，"老师可以脱袜子吗？""试试吧！"在皮肤的阻力下倩倩往上爬了一点，突破了原先的高度，这时明显倩倩兴

图42-4

图42-5

奋了许多，但是手上的力量依然不够，试了几次后，倩倩又把袖子拉长，手垫着袖口的衣服往上爬，但是没有第三个高度的突破。

学习了什么：

1. 浓厚的运动兴趣

兴趣是快乐运动的源泉。根据《指南》中的要求，5到6岁的孩子能够双手抓杠悬吊起20秒左右，所以孩子的手臂其实有一定的力量，先前孩子们已经尝试了悬吊竹竿的运动了，所以初到竹竿区，看见高高的竹竿以及睿睿登顶的英姿，看见睿睿可以将自己的照片贴在“王冠”上荣耀，孩子们对于竹竿的攀爬兴趣是非常大的，一开始总有一群孩子冲向竹竿区。

2. 主动的合作意识

倩倩和莎莎一开始是一人一根竹竿，不断地通过跳高抓竿，让自己看起来好像“爬高”了，但试了几次后，倩倩和莎莎想出了通过合作“抱”的方法，让自己的抓竿的高度又往上了点，让运动产生了合作的形式。

3. 运动中的小智慧

不要低估孩子的运动智慧，在没有提供辅助物的情况下，东东在尝试几次无果后，他开始开动脑筋，并开始环顾四周寻找辅助物，而涵涵看见东东搬草垛的那刻就明白了东东解决问题的办法，并且也是认同的，所以也去搬了一个草垛。当爬杆这个“困难”勾起了孩子们的挑战欲望，并且想方设法想要爬到更高的地方，不断地尝试，挑战自我，就像倩倩尝试脱鞋、脱袜、用衣服布料增加手部抓握力等等这些运动智慧被激发了出来。

下一步做什么：

1. 孩子乐于尝试、乐于挑战，但对于大班来说这个“挑战”有些难度，所以首先从材料调整上还需要更体现层次性，能够让一些手劲比较小的孩子也能够积极参与其中。例如可以在部分竹竿上缠绕粗的麻绳，增加幼儿手握力以及腿部蹬爬的借力点。

2. 激励那些愿意尝试、挑战的孩子，其实爬竹竿是一项锻炼意志力的体育活动，运动中发现往往有一部分孩子非常“执着”，一部分孩子容易放弃，一部分孩子在激励后能够“斗志昂扬。”

（作者：上海市奉贤区满天星幼儿园　董佳）

故事四十三：跷跷板比体重

故事主人公：

遥遥、知行、炫屹（男，5岁，中班）
可歆、婉婷、之安（女，5岁，中班）

故事地点：

幼儿园操场

幼儿背景分析：

幼儿正在玩跷跷板，班里婉婷比较胖，和她玩跷跷板的幼儿都被她翘起。旁观的幼儿认为婉婷在我们班是体重最重的，所以玩跷跷板会被她翘起来，从幼儿的对话中可以知道，幼儿对体重和跷跷板的高低关系有初步的了解。

参与游戏的幼儿总共有6位，其中3位是男孩，3位是女孩。知行和遥遥思维非常活跃，并且有一定的组织和领导力，还有1位男孩炫屹平时话不多，较少表达自己的想法。3位女孩，可歆、婉婷、之安性格活泼且愿意表达。

发生了什么：

游戏中，教师提供了一些材料：画有跷跷板的记录纸、空白记录纸若干张。

第一次游戏：三个人的体重比较（参与幼儿：婉婷、知行、之安），在游戏前，幼儿没有事先进行商量，而是随机两两组合进行比较。

第一次游戏的第一次比较：婉婷和知行自告奋勇进行第一次体重的比较，结果很快就出来了：婉婷将知行高高地翘起。从跷跷板上下来后，知行自言自语地说："看来我比婉婷轻"。婉婷听到后马上接了一句："我比知行重"。知行在记录纸上跷跷板低的一边写上了自己的学号，接着婉婷在跷跷板高的一边写上了自己的学号，记录呈现结果是：婉婷>知行。在记录时旁观的一个孩子问：记录纸上的跷跷板怎么是平的，知行贴心地将记录纸转了个方向说："因为你这个角度看不清楚。"

图43-1

第一次游戏的第二次比较：接着婉婷和之安进行了第二次的体重比较，之安被婉婷高高翘起。跷跷板下落的时候会有很强的冲击力，这时旁观的幼儿纷涌而上帮助两个女孩压住跷跷板来减缓冲击力。在记录结果时婉婷自信地对之安说："这次记录很简单！"

通过记录我们可以看到，两组幼儿的比较结果是：婉婷>知行，婉婷>之安。

第一次游戏的最后一次比较：婉婷对体重比较轻的知行和之安说："最后一次，你们两个要上去比。"在记录结果的时候，知行能准确地记录，并且给之安也做好了记录。

通过三次的比较得知：婉婷>知行；婉婷>之安；知行>之安。所以最终体重排序的结果应是：婉婷>知行>之安。但是只有婉婷清楚自己是最重的，之安和知行没有排出顺序。

图43-2

在排序的过程中知行用自己的表征方式将排序的依据记录在纸上，他说实心圆（●）重，空心圆（○）轻，所以●→○代表的是三人的体重由重到轻排序。

因为第一次游戏三个人的体重没有成功排序，于是旁观者遥遥提出建议：首先两人比较，体重重的那位一直留在跷跷板上，然后其他人和这位体重重的幼儿比，这样能够确定到底谁是最重的，于是第二次比较游戏开始了。

第二次游戏：四个人的体重比较（知行、遥遥、可歆、炫屹），这一次他们事先商量了比较的方法，4人分成2组，每一组里2人先进行比较，2组体重较重的再次比较，2组体重较轻的两人比较。

第一组是知行和遥遥，知行将遥遥翘起，遥遥说："我比知行轻，知行比我重。"

（知行>遥遥）

第二组是可歆和炫屹，可歆将炫屹翘起，两位幼儿没有说出谁比谁重，但是能将结果准确地记录。（可歆>炫屹）

幼儿按照事先讨论的方法，第三次比较是由两组中体重较重的进行比较，结果是知行比可歆重。（知行>可歆）

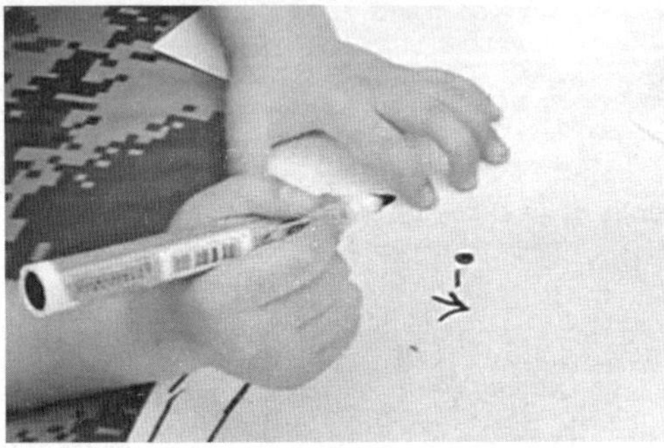

图43-3

最后一次比较是两组中体重较轻的两位幼儿进行比较，遥遥比炫屹重（遥遥>炫屹）。最终4位幼儿成功地将体重由重到轻进行了排序，并且知行对排序的表征又有了自己的想法，他画了一个实心圆和香蕉皮，并告诉了他的小伙伴：实心圆是石头很重，香蕉皮轻，所以体重是由重到轻排序。

学习了什么：

1. 通过推理，思考轻重比较。在游戏中，幼儿先两两比较，通过推理、判断，建立了自身体重与翘翘板高低之间的关系，并通过量的传递性，推算出4位幼儿中，哪一位体重最重，哪一位体重最轻。

2. 具有坚持、探索的精神。第一次三人比较体重时，因为涉及到了量的传递性，需要幼儿在两两比较的基础上进行合理的逻辑判断，因此幼儿思路显得有些混乱。这对于初次体验的幼儿的确有困难，但是幼儿还是兴致高涨想要继续尝试，活动状态都非常积极，幼儿在观察和思考的过程中进行不断的比较、纠错和记录，活动中体现了幼儿坚持不懈、积极探索的精神。

3. 同伴间互帮互助的精神。游戏中，当同伴力气不够时，幼儿会蜂拥而上帮助同伴压下跷跷板，同伴因为下落的冲击力受伤疼痛的时候，大家都会用小手扶住跷跷板，这个举动虽然很小，但是老师为你们竖起大拇指，非常高兴能看到幼儿愿意帮助他人这一可贵的品质。

下一步做什么：

1. 我会再一次地鼓励和强化会用符号表征的知行和善于思考的遥遥，也要肯定和鼓励其他幼儿，“他们在游戏中的探索精神就像一位科学家那样”，激励他们继续努力。

2. 由于用跷跷板比体重是一种抽象的比较，而且涉及量的传递性。在游戏中看得出幼儿对量的传递性比较难理解，我需要有步骤地去帮助幼儿建立有序的比较和逻辑判断。

（作者：上海市奉贤区小森林幼儿园　杜燕雯）

故事四十四：滑滑梯之初体验

故事主人公：

小石头（男，4岁，小班）

故事地点：

操场滑梯区

幼儿背景分析：

小石头，一个大眼萌娃。8月底家访的时候，听他的家长说他怕小朋友，喜欢大人，看他跟老师的互动很好，跟老师的语言交流也很流畅，当初的第一感觉就是可能是个性格比较内向的孩子。9月1日，他和其他孩子一样，入园情绪比较大，一直拉着老师，不愿意离开，也没觉得哪里不一样。9月2日全园准备了迎新生活动，他不愿意离开我们自己的教室，手全程都是紧紧地拉着老师的衣角。

慢慢地所有的孩子都渡过了分离焦虑期，但是我们却发现了小石头跟其他孩子的不同。他有两个不能离手：一是每天从早到晚必须拉着三位老师中的一位，手从不离开老师的手或者衣服，一旦离开老师的范围就会情绪很激动，并且大声哭闹，很难平复情绪。二是"玩具"不离手，吃饭、午睡、上课、游戏任何时间玩具都不能离手，一秒钟都不能离开他的手和视线。

午睡室里他选的床是最边上、靠近窗子的，因为他睡觉不能看着或者挨着小朋友，要看向窗外。

就这样我们的小石头从9月1日开始正式成为了老师的"小尾巴"，吃饭要陪，学习要陪，上课永远坐在老师身边，运动从不参加，一直站在老师旁边抓着老师的手或者衣角。午睡不能脱衣服，不能脱鞋子，老师必须坐在他的床上。直到第二年的4月17日，我们看到了不一样的小石头。

发生了什么：

图44-1

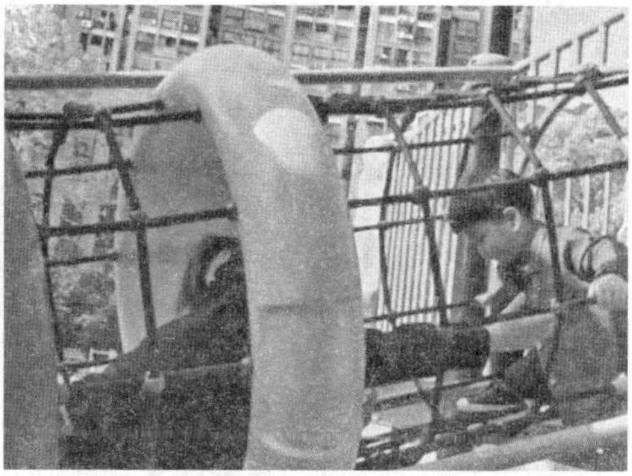

图44-2

这天的户外运动是玩滑滑梯，那是孩子们的真爱，每个孩子都玩得很开心，为了让石头也能参与活动，基本上每次运动的时候，老师都会站在器材中间、活动器材上，就为了让石头拉着老师的时候也能够接近玩具，今天石头虽然愿意站在滑滑梯上，但是还是不愿意参加活动。翁老师："没事的，你踩这个绳子。"石头："我拉住了。"（一边说，一边用手按绳子，试探）翁老师："没关系的，你踩这里。"石头："试探地伸出了一只脚，又退了回去。"翁老师主动伸出手，石头也伸出手握住了老师的手，尝试性的迈出了一只脚，另一只手也往前扶了一下。翁老师："加油！"石头："下不来。"翁老师："没关系的，加油，你的脚踩上来。"石头退回了脚和手。翁老师："你跟我一样趴着。"石头看了看老师，犹豫了一下双手扶着绳子，俯身下去，准备了一会，但是还是退了回去。翁老师："你可以的，你跟我一样。"石头自言自语了一会，还是没有继续，摸摸自己的头，眨了眨眼睛（平时紧张的表现），又俯身酝酿了一会，说："会掉下去，老师你过来。"翁老师把自己的衣袖给他，让他加油，指给他看踩住就可以过来了，说："我拉着你的手好不好？"石头犹豫了一下还是退回去了，翁老师换了一个地方，相对比较低、斜坡式的，在上面等着他。石头自己爬了上去，准备去滑旁边的长梯。但是在长梯口站了一会，最后还是滑了下来，脸上带着放松的笑容。接下来又爬上去，滑下了两次。

这时运动时间结束了，翁老师组织其他幼儿排队、整理，石头站在滑滑梯上没

图44-3

图44-4

有去找翁老师，也没有到我这边拉着我，而是站在滑滑梯上大声地对翁老师说：“你来看我玩呀”，然后就自己继续玩滑滑梯，最后还开心地跟我击掌。

学习了什么：

1. 尝试独立。对于石头来说，离开老师、独立活动是一年来最大的进步，也是他突破自我的重要一步。虽然还没有参与其他幼儿一起活动，但是能够参与活动，不再是老师的“小尾巴”，已经是他学习路上举足轻重的一步。而且他在这看似简单的滑滑梯过程中突破的是内心的一种焦虑甚至是恐惧感，初步体验到快乐，这一次的体验将为他后续参与其他活动打下良好的基础。

2. 有自我调节的能力。活动初始，在老师的多次鼓励、陪伴下他也不愿意走过那个绳索过道，从他多次的纠结、犹豫、语言可以看出，他是害怕的，对材料、对老师都缺乏信任感，他有着较强的自我保护意识。但是在老师的多次鼓励下，他的心里在萌发参与活动的兴趣，所以在调整地方后，他愿意尝试玩，也体验到了快乐。他在活动中有自己的思考和判断，能够根据自己的能力和心理调整自己的行为。

下一步做什么：

1. 分析石头乐于参与活动的原因。首先小石头经历过午睡的成功，让我们教师也积累了一些经验，那就是多次提前的心理暗示给他有个适当的过渡期。其次是教师的陪玩，运动活动中教师站在运动器具中间，让他慢慢靠近玩具，让他感受玩的乐趣，最后在其他幼儿走开后，他独自玩，这样慢慢地尝试，他会越来越愿意参与活动、与人接触。

2. 分享石头的每一点进步。跟同伴和家长分享他的进步，本次故事的内容，看似简单普通，但确是石头参与运动的关键一步。他肯独立玩，脸上不再是纠结的表情，而是发自内心的笑容。相信接下来在游戏、学习环节，石头也会有更多的进步的。

3. 梳理指导石头参与幼儿园一日活动的有效措施。我们将继续采用陪玩体验的形式，建立积极的心理暗示，让他逐渐接受幼儿园的各类活动，接受参与集体活动。同时也会进一步地观察，探索更多更有效的鼓励策略。

（作者：上海市奉贤区绿叶幼儿园　侯玲）

故事四十五：一根绳子的游戏

故事主人公：

乐逸（男，4岁，小班）

故事地点：

户外运动场地

幼儿背景分析：

乐逸是一个理性、腼腆、乐于静下心来探究事物的孩子。他喜欢玩拼图、搭积木、研究地球仪。从孩子的爸爸妈妈那里了解到孩子在上幼儿园之前很少出去玩。小班刚开始我们观察到他很少主动去找朋友一起玩，更多的时候乐乐是看着别人玩或者玩着自己的玩具，他不善于交往，也不太愿意表达自己的情感和想法。但是经过时间慢慢推移，我们发现他在变化。

发生了什么：

图45-1

在一次户外运动中，圆圆的一句“我上不来了”，开始了绳子拉人的游戏。拿着绳子的女孩用绳子拉起了第一个朋友圆圆，乐逸也看到女孩把绳子伸过来，他就立马接住了绳子，被“救起来”后还露出了开心的笑容。第三个被拉起的是昕阳，因为玩过用绳子拦路游戏，他沾沾自喜道：“不用付钱就进来啦。”这时女孩觉得没人了，放下绳子就走去其他的地方玩。拉人的女孩走了，可乐逸的驻足回眸将“绳子拉人游戏”记在了心头。

没想到，刚驻足回眸的乐逸玩了一圈回来看到女孩走了后便举起绳子也想救人。他伸出绳子说：“昕阳，你抓住绳子，我把你拔上来。”昕阳被拉上来的时候脚绊了一下，乐逸急忙又使出力气拉了一把，好不容易被拉起的昕阳高兴地连忙道谢，脸上露出了高兴的笑容，接着乐逸又成功救起了后面的瑶瑶。这时，乐逸发现远处还有同伴，就立马喊道：“若馨你过来，你那里要爆炸啦！”等若馨过来后，乐逸一边拉一边说：“你抓住绳子，我等会儿把你拔上来。”就这样他成功救起了第三个人、第四人、第五人、第六人，每次他都会热心地提醒同伴要抓牢绳子，“我把你拔上来”。最后被救上来的宥涵很高兴地对老师说：“乐逸他救了我呢。”老师问女孩：“那你有没有谢谢他呀？”女孩马上走过去跟乐逸说：“谢谢沈乐逸。”腼腆的乐逸虽然没说什么，但是心里一定非常高兴。

图45-2

图45-3

图45-4

学习了什么：

1. 积极的情感体验。乐逸看到同伴拿起绳子在玩拉人游戏时，他的驻足停留让他发现了好玩的绳子游戏，关注到了别人的活动，并对同伴的游戏产生了好奇和兴趣。于是他在之后乐此不疲地参与救人游戏，并且愿意用自己的语言“若馨你过来，你那里要爆炸啦”来吸引同伴共同游戏，自发与人进行互动，享受救人游戏的活动过程，在救起很多人之后他体验到了游戏的成功与快乐。

2. 从模仿性游戏到创造性游戏。乐逸看到同伴用绳子拉人的游戏能模仿别人的想法和活动，游戏中他加入自己的想象和创造性的语言情境来吸引同伴与他一起游戏，他会对同伴说：“昕阳，你抓住绳子，我把你拔上来；若馨你过来，你那里要爆炸啦！”他的“救人游戏”发挥了他自己的想象、创造，简单的“绳子拉人游戏”升级成了“救人游戏”。

3. 积极的同伴交往。在这个游戏中让我更欣喜的是乐逸与同伴的游戏、交往和表达。过去乐逸一直是个很腼腆的男孩子，不怎么愿意将自己的想法向同伴表达。可是在今天的游戏中，他能够用语言和行动吸引同伴与他一起游戏，能够与同伴积极地交往，这对乐逸来说也是一个很大的改变。

下一步做什么：

1. 同伴关系是幼儿成长过程中一种重要的人际关系，当今社会的幼儿，独生子女占多数，很多孩子都是在家里自己玩，缺少与同伴交往的机会，所以很多时候都是自己想怎么玩就怎么玩，自个儿玩自个儿的，也缺乏如何吸引同伴与自己一起游戏的方法。对于乐逸今天与同伴的交往，老师应该及时地肯定他、鼓励他，让他有交往的自信。

2. 与其父母进行故事的分享，共同感受孩子与同伴交往的进步，让其父母要多带乐逸与其他孩子共同游戏，获得更多的情感体验和交往经验。

（作者：上海市奉贤区绿叶幼儿园　黄莉莉）

故事四十六：玩油桶

故事主人公：

小豪（男，6岁，大班）

故事地点：

操场

幼儿背景分析：

小豪就是我们口中的“皮小囡”，稍不留神，他就无影无踪地跑走了。只有当人少的时候他才能专注地参与活动，特别是在集体教学中，对于不感兴趣的学习内容，他经常游离在学习状态外。可是就是这样一个孩子，有许多可爱的地方。精彩的时刻就在户外运动玩油桶时悄悄地发生了……

发生了什么：

片段一：

起初，小豪玩油桶的时候并没有那么顺利，我远远地看到他不断地站到油桶上面去，掉下来，再站上去，再掉下来，后来他发现有同伴在旁边放了一个轮胎能更加稳当，他立马也去拿来了轮胎，开始新的一轮尝试。

片段二：

孩子们对玩油桶的游戏十分感兴趣，在一旁游戏的小杰更想自己探索，并未想要与一旁的大宝共同游戏，可是大宝却很有兴趣参与，小豪发现后就让大宝参与到自己的游戏中，他用手帮大宝固定住滚动的轮胎，还不断地提醒大宝：“往后往后”，又自己示范给大宝看，大宝在中途的时候不愿意拿轮胎固定，他还是去从远处将轮胎推来，帮助大宝，并且扶好油桶，提醒大宝“小心脚”、“加油加油，往后往后”。

图46-1

图46-2

片段三：

小豪和大宝一起上了油桶，小豪说：“我们一起来配合，小心”，小豪的手扶住了大宝的肩膀，努力让身体保持平衡，并不断地提醒大宝要配合，“我们互相配合”，“我往前你也往前”，过程中，旁边的女孩子也想尝试的时候，小豪非常主动去帮她们拿了轮胎，拿好又快速回到自己的游戏中。

图46-3

图46-4

片段四：

这次他们开始尝试3个人的合作游戏，三个人的身体紧紧地靠在一起，嘴里说着：“慢慢地，小心一点。”可是一不小心又掉了下来。

片段五：

这次游戏是小豪和小杰参加，这一次他们不仅能够很好地相互扶持，还能统一步伐和节奏，在游戏中，和同伴快碰撞的时候，能原地等待也没有从油桶上跌下来……油桶仿佛变成了能游刃有余控制的游戏玩具……

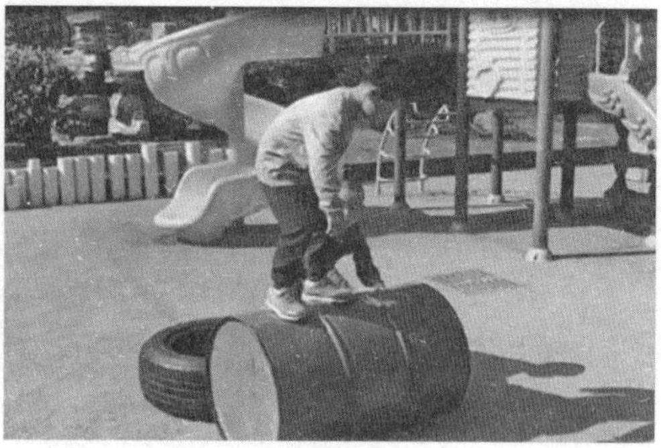
学习了什么：

1. 具备一定的学习能力和反思能力。当小豪屡次在站立油桶时失败后，能观察并学习同伴的方法，让自己起初站立时更加平衡。当和小杰一起合作的时候，他们尝试慢慢地调整步伐，尝试通过控制速度，尝试两个人喊“1、2、3”各种方法，直到可以一起前行了很长一段距离……在这个过程中，小豪有自己的策略和想法，在不断的尝试和改变后找到了适合自己的方法去成功地进行游戏。这都体现了小豪有一定的学习能力和反思能力。

2. 关注同伴，乐于助人。在活动中不仅仅想自己成功，也想同伴也能一起成功，当发现大宝一直在关注他和小杰玩油桶的时候，他便和大宝共同游戏，对于大宝表现出的胆怯，小豪不仅紧紧地扶好轮胎，保护好同伴的安全，并且在一次次的尝试中大声地给大宝加油，鼓励大宝不断地尝试……小豪关注着同伴的情绪，并在整个过程中鼓励、支持同伴、帮助同伴，最后在他的帮助下，大宝能够体验到成功的乐趣。

3. 具备较好的运动能力和挑战精神。对于油桶这个游戏，班中大部分的孩子是比较畏惧的，但是小豪勇于挑战，即便是不断从油桶上掉落，都没有在他的表情中发现任何挫败感，也没有因为摔在地上而不再尝试，整个过程表现得十分积极。从一开始不能在油桶上站稳，到最后可以和同伴共同同行一段距离，在这短短的时间内，可以有如此大的进步都说明了小豪有较好的运动能力。

下一步做什么：

1. 鼓励并表扬小豪今天的表现，并且和孩子们分享今天的小故事，让所有孩子知道他非常乐于助人，懂得关爱同伴。

2. 和小豪家长分享视频，并告诉他们，不要再拿“皮”这样的标签来形容自己的孩子，其实小豪是一个爱帮助别人、替别人成功感到高兴的、善良的孩子。

（作者：上海市奉贤区小森林幼儿园　姜雯婷）

故事四十七：有趣的曲棍球

故事主人公：

量量、源源、小泽、嘟嘟（男，6岁，大班）

故事地点：

操场

幼儿背景分析：

小朋友们很喜欢拿着彩色的棉棒玩游戏，这一次量量想到了用棉棒赶球，其他幼儿看到以后也开始用棉棒游戏。但毕竟是第一次游戏，幼儿都是漫无目的地进行游戏，于是我便参与其中，引发了之后的游戏……

发生了什么：

运动时间开始了，小朋友们看到了棉棒，就拿出来开始玩了起来，刚开始有的幼儿拿着抛，有的幼儿拿着跑，还有幼儿玩起了抓尾巴的游戏……

图47-1

这时，量量拿着一个球，用棉棒赶球玩。其他幼儿看到后觉得很好玩，也加入了游戏。于是大家开始在操场上一起用棉棒玩曲棍球的游戏，只见小朋友们从北面场地追到了南面场地，满操场追着球跑。量量发球后，大家围在一起赶球……

眼看着场面很混乱，我就问："你们在玩什么游戏啊？"量量回答："赶球游戏。”我接着问：“那你们怎么算赢呢？”量量说：“我们弄个球门，球进洞就算赢吧！”他拿来了平时运动的拱门来当球门。看到球门后，量量对小泽说：“把球打进来，我在那边守门。”一旁的源源说：“那我也守门。”源源看到球门的颜色说：“这边是黄队。”小泽对着对面的小朋友说：“你们是蓝队。”孩子们自己分了不同的队，开始进行游戏。

在玩的过程中，幼儿发现皮球玩起来不方便，小泽说：“要用那种刺的球。”嘟嘟试了一下说：“球太硬了。”于是他们换了刺球。这时候小泽用脚踢球，子妍说：“小泽你用脚了。”小宝也附和着说：“小泽你用脚了，陆老师，小泽犯规了。”嘟嘟说：“拿黄牌和红牌。”我就追问：“黄牌是什么意思？”嘟嘟：“黄牌就是不能再这样的意思。”我说：“就是警告的意思。”嘟嘟说：“红牌直接罚下场。”

有了球门以后，大家都在努力地追赶球，跑出区域后努力把球赶回来。黄队的守门员走开了一会，这时候蓝队成员看准时间把球赶了进去。“进球啦！”他们玩得非常开心。

图47-2

在第一次玩游戏的时候，幼儿对规则还不是很清楚，所以第二次游戏前，几个幼儿先商量了一下并制定了规则：1. 不能用手和脚来运球，只能用棉棒。2. 只能在绿色点子里玩，不然也是犯规。3. 黄牌警告、红牌直接退出。最后他们用画画

图47-3

图47-4

的方式把规则记录了下来。

在制定好规则后，幼儿开始进行游戏。游戏开始前，我问他们：“你们怎么区分是什么队的？”萱萱马上回答：“蓝队用蓝色的棉棒，红队用红色的棉棒。”于是他们分别拿了蓝色和红色的棉棒，还拿来了蓝色和红色的球门……在玩的过程中，幼儿觉得之前的拱门太小了，所以搬来了大球门。为了区分两队的球门，红队小朋友在球门上贴了红色的纸，蓝队小朋友在球门上放了蓝色的海棉棒。准备工作做好以后，幼儿再次进行游戏……

学习了什么：

1. 在游戏中积累规则经验。在第一次游戏中，幼儿对曲棍球游戏很感兴趣，但是在玩的过程中，由于一开始没有制定规则，导致个别幼儿没有遵守规则。看到这个情况后，我觉得有必要让他们制定规则再进行游戏，所以我马上介入，引导他们先把规则说清楚，明确了规则再进行游戏。嘟嘟在看到小朋友犯规后提到了红牌和黄牌，把自己的个人经验与大家进行了分享。

2. 在合作中制定游戏规则。在第二次游戏前，我觉得很有必要让幼儿先把规则说清楚，于是就组织幼儿进行了讨论，帮助幼儿达成共识。幼儿有了第一次玩赶球游戏的经验后，对于规则比较明确，他们自发地想出了几个简单的规则：1. 只能用棍子来赶球，不能用手和脚。2. 只能在规定的区域里玩赶球游戏。3. 黄牌警告，红牌直接出局。

3. 在游戏中不断解决问题。在一次次的游戏过程中，游戏材料也在游戏过程中不断被调整，这很好地体现了幼儿解决问题的能力。

（1）球的选择：幼儿在运球的时候发现皮球太硬，刺球比较合适，所以拿刺球游戏。

（2）棉棒的选择：幼儿第一次游戏的时候，没有关注棉棒的颜色，但是在后面的游戏中，他们有意识地选择了与自己队颜色相同的棉棒，非常清晰地帮助他们区分自己的队伍和成员。

（3）球门的选择：幼儿一开始在选择球门时用了自己小队的颜色，玩游戏的时候就更加有目的性。在过程中，他们发现拱门比较小，而且拱门后面也可以将球赶进去，球门的选择上不是很合适。所以想到用大球门来替代，大球门更加符合游戏的需要。当发现两队球门一样，使部分队员游戏时产生混淆时，幼儿用自己最简单直接的方式来解决问题。红队的幼儿在球门上贴上了红纸代表红队的球门，蓝队的幼儿则在球门上放了蓝色的棉棒代表蓝色的球门。

下一步做什么：

1. 共同探讨，梳理经验。教师在游戏后可以帮助幼儿梳理今天的游戏经验，也可以回顾一下游戏中存在的问题，请孩子们一起帮忙探讨在活动过程遇到了什么困难，是否已解决，是怎么解决的，为下一次活动总结经验。同时也可以请他们自己收集关于玩球的一些经验，帮助他们更好地进行游戏。

2. 仔细观察，有效推进。在进行游戏的时候及时、灵活地捕捉游戏中的点点滴滴，观察幼儿在制定规则后的游戏行为，然后继续支持和推进幼儿的游戏。

（作者：上海市奉贤区小森林幼儿园　陆丽）